RENCONTRES
505

Les Déictiques à l'épreuve des discours et des pratiques

Ouvrage publié avec le soutien de l'université du Luxembourg

Les Déictiques à l'épreuve des discours et des pratiques

Sous la direction d'Amir Biglari et Marion Colas-Blaise

PARIS
CLASSIQUES GARNIER
2021

Amir Biglari, chercheur associé à l'équipe d'accueil « Sens, texte, informatique, histoire » de Sorbonne Université, a publié plusieurs articles et dirigé plusieurs projets scientifiques. Il a notamment codirigé l'ouvrage *La Présupposition entre théorisation et mise en discours* (avec Marc Bonhomme).

Marion Colas-Blaise, professeur émérite à l'université du Luxembourg, a publié seule ou en collaboration de nombreux ouvrages collectifs et articles en sémiotique littéraire et visuelle ainsi qu'en linguistique. Elle a notamment codirigé l'ouvrage *Synesthésies sonores* (avec Verónica Estay Stange).

ISBN 978-2-406-11290-7 (livre broché)
ISBN 978-2-406-11291-4 (livre relié)
ISSN 2103-5636

INTRODUCTION

La deixis, le déictique et la déictisation : ces trois notions, ici nodales, réclament des éclairages variés, de la part de la sémiotique, de la linguistique, de la philosophie, de la théorie littéraire, de la théorie de l'art, de l'esthétique, ou encore de l'anthropologie. En faisant dialoguer plusieurs de ces champs de recherche, le présent ouvrage, d'une part, propose une réflexion théorique et épistémologique qui constitue son soubassement conceptuel, et, d'autre part, fait appel à des études de cas très variés, portant sur des corpus authentiques pris dans leur intégralité et complexité, qui mettent les hypothèses à l'épreuve du concret. Il souhaite ainsi échapper au verbocentrisme, d'abord en pratiquant une ouverture sur le langage visuel et sur les sémiotiques-objets syncrétiques, ensuite en se penchant sur des pratiques interactionnelles, au-delà des textes et des discours. On y ajoutera qu'il cherche à rendre compte non seulement des marques laissées par une instance d'énonciation, mais encore du mouvement de la déictisation.

Par ce biais, ce livre présente une vue qui, à défaut d'être panoramique, entend renouveler et diversifier les approches d'un phénomène particulièrement complexe qui, malgré les nombreux travaux qui y ont été consacrés, continue à opposer une certaine résistance. Ainsi, on pourrait se demander si la catégorie du déictique garde sa pertinence quand elle est confrontée à un tableau, à un objet syncrétique ou à une pratique.

La deixis au sens large constitue un continent que l'on ne saurait aborder qu'avec prudence : si consensus il y a – du moins en apparence –, nombreux sont les points critiques qui demeurent. Ébauchant un parcours, cet ouvrage cherche à apporter des réponses à un ensemble de questions transversales aux débats animés que la problématique suscite depuis l'antiquité grecque et le « ceci sensible » d'Aristote jusqu'à des publications récentes qui, tel le numéro de *Langue française* (2017) adoptant une perspective multimodale, visent à prendre en considération l'actorialisation, la spatialisation et la temporalisation de comportements signifiants plus larges. On peut, sur ces bases, circonscrire un champ de questionnement et tracer quelques pistes que les textes ici réunis se proposent d'explorer.

DE LA DEIXIS À LA DÉICTISATION

Si l'on adopte le point de vue de l'énonciation, la notion de déictique concerne-t-elle, d'emblée et uniquement, ce que l'on a pu appeler l'« énonciation énoncée » ? Se contentera-t-on de présupposer un sujet d'énonciation désincarné, qui se soustrait à l'analyse, ou dont l'analyse tombe sous le coup d'une forclusion, comme cela peut être le cas en sémiotique greimassienne ? En quoi et sous quelles conditions les déictiques – ou du moins le mouvement de la déictisation – permettent-ils de surmonter ce clivage entre l'énonciation énoncée et l'énonciation en acte ? On peut argumenter ce dépassement doublement : à travers la prise en considération d'une instance *sensible* et d'un *mouvement* originaire.

Essayons de préciser ces points en partant d'un noyau définitionnel partagé, surtout en linguistique et en sémiotique. Pour Benveniste (1966), une instance sujet s'approprie la forme « je » et ses corrélats spatio-temporels (deixis de personne, deixis spatiale et deixis temporelle), implantant en face de lui le « tu » ou le « vous ». On en trouve confirmation dans le *Dictionnaire de linguistique* de Jean Dubois *et al.*, qui met en avant, outre la deixis personnelle, les deixis spatiale et temporelle :

> Tout énoncé se réalise dans une situation que définissent des coordonnées spatio-temporelles : le sujet réfère son énoncé au moment de l'énonciation, aux participants à la communication et au lieu où est produit l'énoncé. Les références à cette situation forment la deixis, et les éléments linguistiques qui concourent à « situer » l'énoncé (à l'embrayer sur la situation) sont des déictiques. (1972, p. 137)

Ce que Franck Neveu reformule en ces termes, à l'entrée « Deixis » du *Dictionnaire des sciences du langage* :

> Mot grec signifiant « désignation ». On appelle deixis (ou exophore *vs* endophore) un mode de relation référentielle qui se manifeste par le fait que les signes

> linguistiques qui l'expriment ne peuvent être interprétés indépendamment des coordonnées personnelles et spatio-temporelles définies par la situation d'énonciation. (2004, p. 91)

On peut ainsi dégager une vulgate énonciative, dont Greimas et Courtés se font l'écho à leur manière : « les déictiques (ou indicateurs, pour E. Benveniste) sont des éléments linguistiques qui font référence à l'instance de l'énonciation et à ses coordonnées spatio-temporelles : je, ici, maintenant » (1979, p. 86-87).

Sur ces bases, le présent ouvrage souhaite étudier le passage à la déictisation. Cette dernière peut être « interne » ou « externe » (voir ici Bertrand et Estay Stange, Colas-Blaise). Plus fondamentalement, elle peut être comprise comme un mouvement attestant la prise de position d'une instance : une prise de position *au* monde, quand l'instance sensible sort tout juste de l'inhérence à elle-même ; *devant* le monde, grâce à la perception ; *dans* le monde, qui est *expliqué*, au sens guillaumien du terme ([1929] 1970), par une topographie et une articulation du temps en passé, présent et futur (voir Colas-Blaise, 2019). Les enjeux sont réels, puisque c'est se donner les moyens de considérer la genèse du sens, en remontant vers le geste d'énonciation, vers une attitude primordiale qui suppose une instance non seulement perceptivo-cognitive, mais aussi sensible. On peut mettre l'« *origo* » déictique, analysée par Karl Bühler (1934), en relation avec l'organisation, dans une perspective phénoménologique, d'un « centre déictique » dont le « champ de présence » est en effet, selon les mots de Fontanille,

> [...] cerné, dessiné, prédiqué par la visée de l'autre ; cerné dans le temps aussi bien que dans l'espace, puisque c'est cet autre même qui définit les limites du champ en rétention et en protension. Et cette activité présuppose elle-même une visée du sujet-centre déictique, au cours de laquelle il identifie l'autre comme autre chair intentionnelle, en empathie avec sa propre chair. (1996, p. 171-172)

FONCTIONNEMENT RÉFÉRENTIEL ET RÉFLEXIVITÉ

En quoi peut-on parler, avec Georges Kleiber, d'un « excès énonciatif » (2016, p. 42) ? Faut-il privilégier le fonctionnement référentiel ? Cette question délicate est traitée par plusieurs contributions à ce volume. La focalisation de l'attention sur ce que Benveniste appelle l'« appareil formel de l'énonciation » (1966) ne doit pas masquer une fonction centrale du déictique, à savoir celle qui consiste à organiser le passage de la parole au monde « réel », c'est-à-dire son fonctionnement référentiel ou mode de référence (*cf.* ici même Maingueneau, Bordron, Brandt, Petitjean, Colas-Blaise, Klinkenberg, Périneau-Lorenzo, De Luca). Georges Kleiber plaide pour une meilleure prise en considération de l'indexicalité et de la *token*-réflexivité (« renvoi à l'occurrence ») au détriment d'une définition localisante qui réduit le *je* et le *tu* aux rôles de locuteur et d'interlocuteur : « [...] la vague énonciative a été trop forte et a empêché de voir que la référence, même pour *je* et *tu*, s'opère de manière indexicale, à la façon d'un doigt tendu, c'est-à-dire à partir d'éléments en relation spatio-temporelle avec l'occurrence de *je* ou de *tu* » (2016, p. 42). Benveniste met lui-même la dimension référentielle en avant :

> Dans l'énonciation, la langue se trouve employée à l'expression d'un certain rapport au monde. La condition même de cette mobilisation et de cette appropriation de la langue est, chez le locuteur, le besoin de référer par le discours, et chez l'autre, la possibilité de co-référer identiquement, dans le consensus pragmatique qui fait de chaque locuteur un co-locuteur. (1974 [1970], p. 82)

On peut cibler plusieurs aspects. Sémiotiquement, l'enjeu consiste à considérer que le *geste déictique* en tant que « geste de pointage » ne se contente pas de renvoyer à une « réalité » déjà constituée, mais qu'il est impliqué dans la *construction* d'un référent donné en partage (voir ici même De Luca).

Ensuite, la référence peut être conjuguée avec l'*autoréférence*, au sens où l'entend notamment Jacques Fontanille, quand il fait découler la « structure déictique » de la « prédication assomptive » ([1998] 2003,

p. 284). L'autoréférence entre ainsi dans la définition même de la référence déictique, une instance d'énonciation indiquant sa position. La déictisation comme mouvement y est irrémédiablement liée.

D'un autre point de vue, les déictiques permettent de penser une « irruption du discours à l'intérieur de la langue » (Ducrot, 1995, p. 370) : non seulement le lien entre la parole et le monde « réel », mais encore leur *emploi*. Plus largement, la question concerne la prise en considération du *contexte*, dont Catherine Kerbrat-Orecchioni (1980, p. 30-31) envisage une version restreinte et une version étendue. Ce point mérite une considération particulière en sémiotique qui, au-delà d'une possible « sémiotisation » du contexte, confronte la notion de contexte avec celle de *situation sémiotique* (Landowski, 1997, 2004 ; Fontanille, 2008). Un des défis à relever consiste à mettre la situation d'énonciation, analysée en linguistique, en regard avec la situation comme niveau d'immanence ou de pertinence : donnant lieu à une expérience sensible, la situation correspond en sémiotique à une configuration hétérogène rassemblant les éléments dont sont fonction la production et l'interprétation d'une « interaction communicative » (Fontanille, 2008, p. 25).

La notion de contexte garde sa pertinence dès lors que l'on cherche à penser ensemble la dimension référentielle et la capacité réflexive (voir Brandt ici même), dans le sillage de l'opposition wittgensteinienne entre le *dire* et le *montrer*. François Recanati note au sujet des « token-réflexifs » qu'

> [...] on ne peut en général déterminer le contenu propositionnel d'un énoncé si l'on ne prend pas en considération, à côté de ce que signifie la phrase-type, ce que montre le contexte de son énonciation, et certaines expressions figurant dans la phrase ont précisément pour fonction, en réfléchissant le fait de l'énonciation, d'inviter à prendre en considération ledit contexte. (1979, p. 157-158)

LA « CLASSE » DES DÉICTIQUES

Les unités linguistiques qualifiées de déictiques se regroupent-elles dans une classe ? De quelle nature sont les marques ou traces « déictiques » laissées par le geste d'énonciation dans les images ou les objets syncrétiques ? La prise en considération des interactions plurimodales et, plus largement, des pratiques (voir ici même De Luca, Thiburce), nous invite-t-elle à être sensibles à des phénomènes suprasegmentaux ? Enfin, est-il possible de découpler la deixis et les déictiques repérables comme tels ? Nous sommes face à un nouveau nœud de complexité.

Les limites de la classe des déictiques peuvent être contestées ou franchies. Nous savons que, pour d'aucuns, les pronoms personnels ne constituent pas des déictiques, la notion de déictique étant réservée aux démonstratifs. Une réflexion sur l'index défini à partir du signe indexical (par exemple, le doigt pointé) ou indexant, de la portion d'espace désignée et de la relation instaurée entre le premier et la deuxième pourrait aller dans ce sens (voir ici Maingueneau, Bordron, Brandt, Klinkenberg, Périneau-Lorenzo). L'indexicalité fait ainsi l'objet d'une réflexion poussée. On peut faire état d'une double deixis : « centrifuge » et « centripète » (Beguin-Verbrugge, 2006 ; et ici même Klinkenberg). Pour autant, les notions d'indexicalité, d'ostension référentielle et de deixis (ici Colas-Blaise) sont-elles superposables ? Cette question appelle un examen approfondi.

Comme nous venons de le suggérer, nous partons des définitions des déictiques les plus courantes, qui englobent l'instance de l'énonciation à côté des coordonnées spatio-temporelles, comme c'est le cas chez Greimas et Courtés – ils postulent des « deixis de référence à partir desquelles des catégories temporelles, aspectuelles et spatiales peuvent se déployer » (1979, p. 87) – et dans *L'énonciation* de Catherine Kerbrat-Orecchioni :

> Nous proposons donc des déictiques la définition suivante : ce sont *les unités linguistiques dont le fonctionnement sémantico-référentiel (sélection à l'encodage, interprétation au décodage) implique une prise en considération de certains des éléments constitutifs de la situation de communication, à savoir :*
> – *le rôle que tiennent dans le procès d'énonciation les actants de l'énoncé,*
> – *la situation spatio-temporelle du locuteur, et éventuellement de l'allocutaire.* (1980, p. 36)

Le recensement des déictiques n'en demeure pas moins délicat, pour au moins deux raisons. D'une part, la partition benvenistienne qui oppose le locuteur « je » et l'interlocuteur « tu » au « il » comme non-personne résiste mal à la volonté de proposer un traitement catégoriel unitaire qui définit le « il » par rapport à la situation de communication (négativement, il est vrai, le « il » ne pouvant être un des co-locuteurs), à l'instar du « je » et du « tu » (Kleiber, 2016, p. 36). Surtout, si le « il » est « celui dont on parle », la même analyse vaut pour le « je » et pour le « tu », dès lors que l'on accepte avec Guillaume et Benveniste de considérer le « je » et le « tu » comme des délocutés à la manière du « il » (*ibid.*, p. 38-39). Enfin, la classe des déictiques est-elle stabilisée ? Il faut parler d'un emploi déictique du « il », quand ce dernier se hausse lui-même au rang de déictique (ex. : un enfant devant un tableau pointe un personnage du doigt, en s'exclamant : « Regarde, comme il est beau ! ») (Riegel, Pellat, Rioul, [1994] 2009). La prise en compte de degrés de *saillance* invite à considérer l'implication d'une instance perceptive ou du moins, dirons-nous à la suite de *Deixis am Phantasma* de Bühler ([1934] 1965), l'engagement d'une instance corporelle, également fictionnelle, caractérisée par des schèmes d'expérience.

Autre problème : la partition en exophoriques et endophoriques. On peut avancer avec Catherine Détrie, Paul Siblot et Bertrand Verine que « deixis et anaphore sont les deux pôles extrêmes d'un processus graduel de saturation référentielle » (2001, p. 74). En même temps, la frontière entre les deux est quelque peu poreuse. Georges Kleiber aborde (1986) la question de l'élargissement de la deixis à la situation anaphorique, que peut justifier la « présence » du référent d'une expression anaphorique dans la situation d'énonciation, ainsi que la notion de deixis textuelle de Lyons (1980) (ici même, voir notamment Périneau-Lorenzo). Ce qui ne manque pas de soulever le problème de la nature et de l'étendue du contexte d'énonciation, comme le souligne Frédéric Landragin (2006) dans l'entrée « Déixis » de *Sémanticlopédie, Dictionnaire de sémantique.*

Plus largement, cet ouvrage s'interroge sur le possible repérage de déictiques dans les textes et discours non verbaux : il s'agit de prêter attention à des propriétés à la fois iconiques et plastiques de l'image. Si l'on privilégie le point de vue de la déictisation, c'est-à-dire du mouvement déictique sous-jacent, on peut s'interroger sur une possible extension des limites de la classe, au point d'englober l'aspectualisation spatiale et temporelle signalée, par exemple, par la ponctuation du texte ou la gestion des blancs de la page, le phénomène du rythme et de la prosodie, en marge des catégories grammaticales (Landragin, 2006). À cela s'ajoutent des mouvements mimo-faciaux et, plus généralement, des gestes et des postures, dans le cas des comportements interactionnels signifiants (Jacquin, 2017) et des pratiques signifiantes (voir ici

Périneau-Lorenzo, De Luca, Thiburce). Fondamentalement, c'est prévoir la possibilité d'une deixis qui ne soit pas portée par le mot, comme c'est le cas avec *je*, *ici*, *maintenant* ; c'est restituer les modulations continues contre les discontinuités. Enfin, sans doute peut-on, au-delà des repérages stricts, qui recourent à la segmentation, tabler sur une « déicticité diffuse » (voir De Luca ici même).

La référence ostensive, qui implique un geste ostensif, devra-t-elle être distinguée du déictique au sens étroit du terme, ainsi que le propose Frédéric Landragin (2006) ? L'adoption d'un point de vue plus sémiotique permet d'aller plus loin. Nous retiendrons trois aspects. D'abord, mettre en avant le geste ostensif nécessitera la prise en compte de la dimension sensible de l'instance d'énonciation. Cette composante fait l'objet de plusieurs contributions à ce volume (Bertrand et Estay Stange, Parret, Colas-Blaise, Biglari, Le Guern, Soulages, Darrault-Harris, De Luca, Thiburce). Ensuite, le geste ostensif s'articule avec le geste déictique au sens étroit du terme ; tous les deux signifient au sein de la déictisation comme mouvement à la base de toute production sémiosique du sens. Y participe l'installation d'un *je*, *ici*, *maintenant* qui embraye sur la situation d'énonciation (ce volume donne l'occasion d'un réexamen de l'opposition embrayage *vs* débrayage ; voir surtout l'analyse de Darrault-Harris). Or, cette installation clôt le processus du déploiement des catégories personnelle, spatiale et temporelle, qui connaît des étapes. Il faudra donc se demander, dans une perspective génétique, en quoi l'installation du « je » est préparée, annoncée, par d'autres formes, émergentes.

Finalement, est-il possible de parler de référence en l'absence même de déictiques, explicites ou implicites ? C'est la question, centrale, que se pose Oswald Ducrot :

> On peut en effet se demander si un acte de référence est possible sans l'emploi, explicite ou non, de déictiques. Les démonstratifs [...] comportent un aspect déictique. C'est le cas aussi des noms propres (« Dupont » – « le Dupont que tu connais »). Enfin les descriptions définies ne peuvent généralement pas satisfaire à la condition d'unicité si elles ne font pas allusion, directement ou non, aux circonstances de la parole (« l'homme à côté de Pierre » – « l'homme qui, à l'endroit et au moment où je parle, se trouve à côté du seul Pierre dont il peut être question dans notre présente conversation »). (1995, p. 370-371)

On assiste, fondamentalement, à un élargissement considérable de la classe des déictiques, qui inscrit la deixis dans un texte ou un discours explicitement, mais aussi implicitement[1]. Dissocier la question de la deixis de celle des déictiques explicites, au sens restreint du terme, et donc ériger la deixis ou, mieux, la déictisation au niveau d'un mouvement de base, constitutif de toute production du sens, au même titre que la modalisation, c'est se donner les moyens de réfléchir sur de nouveaux frais à la manière dont une instance, qui peut être subjective, construit un être-au-monde, un rapport au monde – au temps, à l'espace et à l'A(a)utre (voir Colas-Blaise, 2012). Cela en amont de toute textualisation ou discursivisation qui donne une forme de manifestation linguistique aux choix souterrains. La déictisation consiste ainsi dans la projection d'une deixis (profonde) personnelle, spatiale et temporelle comme forme liminaire d'organisation du sens. On pourra parler d'une qualité, d'une coloration ou tonalité déictique, surtout pour rendre compte, à terme, de phénomènes diffus et supra-segmentaux. À cela s'ajoute que la déictisation organise un espace textuel interne (sur le modèle du syntagme nominal démonstratif suivi d'une proposition relative) et le fait entrer en résonance avec l'espace externe du récepteur. Enfin, nous l'avons vu, elle se charge de la référenciation.

La question se pose tout particulièrement pour les images et les pratiques multimodales. Les demandes qui nous sont adressées sont nombreuses : est-il possible de repérer des unités ou des dispositifs signifiants spécifiques au texte visuel ? Les déictiques s'organisent-ils en configurations ? Quel est le lien établi avec le spectateur ? On le voit, les questions sont en partie transversales aux productions du sens, quels que soient les langages retenus ; en même temps, il s'agit de rendre compte des modulations que la prise en considération de productions visuelles et syncrétiques impose à la notion de déictique. C'est une posture semblable qu'adopte ici Jean-Marie Klinkenberg, en abordant la relation entre le texte verbal et l'image du point de vue de l'index, mais aussi Herman Parret, quand il table sur une « analogie » entre le « *Voici* artistique » et la deixis énonciative pensée par Benveniste. Si les questions ne sont pas nouvelles, il s'agit de pousser la réflexion plus avant. Précisément, ce sont les termes de cette « analogie » qu'un certain nombre de contributeurs étudient ici.

1 Selon Charles Bally, « la parole est un déictique général, qui identifie l'expression à la pensée du parleur. Il suffit de dire *Il pleut* pour que l'entendeur comprenne qu'il s'agit d'une constatation faite par le parleur ». ([1932] 1965, p. 51).

L'ADRESSE AU *TU/VOUS*

On sait que, selon les théories de l'énonciation, la référence de type déictique met dans le jeu des coordonnées personnelles, spatiales et temporelles. Les déictiques ont ainsi pour mission d'articuler des textes ou des discours à des situations conçues non point comme des situations de communication au sens large, dont on pourrait donner une description sociale, mais comme un système dont le co-énonciateur constitue une des trois positions (voir Maingueneau, 2004). Dans ce cas-là, théoriser la situation sémiotique, à la suite de Jacques Fontanille, c'est déplacer l'accent sur l'*interaction* et sur l'ajustement entre plusieurs interactions (« situation-conjoncture », 2006, p. 223).

La question de l'énonciataire – interlocuteur, lecteur, spectateur, récepteur, participant, partenaire… – est ici traitée par un nombre important de contributions (Maingueneau, Brandt, Parret, Petitjean, Colas-Blaise, Biglari, Le Guern, Klinkenberg, Périneau-Lorenzo, Soulages, De Luca, Thiburce).

D'abord, la question, nodale, reçoit son soubassement théorique de Benveniste, qui, ainsi que nous avons pu le rappeler, implante d'emblée un « tu » face au « je ». C'est mettre sur le devant de la scène la triade ou le triangle déictique (ici Brandt, Parret), mais aussi, plus spécifiquement, prévoir un dédoublement du corps du regardeur et dégager des « régimes scopiques » (ici Soulages). Plus largement, l'énonciataire est celui qui est affecté vivement, qui subit, mais aussi cette instance sensible et perceptivo-cognitive qui s'implique activement dans l'interprétation du texte verbal ou visuel, dans l'interaction, en mobilisant son bagage encyclopédique, des formes praxiques, des représentations doxiques et des normes. L'adhésion *à* quelque chose, voire l'immersion *dans* un spectacle, mais aussi la gestion de la distance sont alors modulables. Quant à la dimension interactionnelle, elle peut prendre des formes diversifiées : ainsi celles de la danse ou de la balade urbaine, comme le développent respectivement ici De Luca et Thiburce.

COMPOSITION DE L'OUVRAGE

Le volume s'organise en quatre parties, qui permettent d'explorer différentes facettes de la deixis, des déictiques et de la déictisation. Dans un premier temps, il est question d'une réflexion conceptuelle au confluent de la sémiotique, de la linguistique, de la philosophie et de l'esthétique. La deuxième partie aborde le discours verbal, à travers des textes dramatiques, romanesques, poétiques ou juridiques. Ensuite, l'étude des déictiques dans le discours visuel et syncrétique témoigne de notre souhait de ne pas cantonner l'analyse aux textes et discours verbaux. Enfin, dans la dernière partie, il s'agit de s'interroger sur le rôle que les déictiques jouent dans différents types de pratiques interactionnelles. L'idée, souvent développée, de la triade déictique qui prévoit l'adresse à un énonciataire est alors appliquée à l'interaction et à la pratique.

La première partie entame une réflexion de fond sur le déictique, qui peut être « particularité pure et instabilité » ou « présence absolue » (Maingueneau), mais aussi désigner une « singularité » et l'« universalité » (Bordron). Selon des points de vue théoriques différents, la deixis est considérée comme un réseau d'espaces mentaux (Brandt) ou la « charpente déictique » élémentaire, aspectuelle et tensive, est dite prendre en charge des traits rythmiques du sensible (Bertrand et Estay Stange). Enfin, l'idée de la présence absolue est conjuguée avec celle de l'expérience esthétique comme expérience de vie (Parret).

Dans le premier texte, *Dominique Maingueneau* prend appui sur deux exemples de discours issus d'époques très différentes (l'allocution par laquelle Hegel a inauguré sa chaire à l'université de Berlin en 1818 ; un discours prononcé par Barack Obama lors de sa première campagne pour la présidence des États-Unis en 2007), pour étudier le rôle que le déictique joue à l'intérieur d'une scénographie produisant un « surmonde » construit par l'énonciation : le passé mythique d'une histoire collective, pour le discours politique ; une doctrine, pour la philosophie. Un élargissement du modèle à l'un des usages les plus remarquables des déictiques, la formule de l'Eucharistie « Ceci est mon corps », lui permet de souligner davantage l'ambivalence du déictique, tendu entre « particularité pure et instabilité » et « présence absolue ».

Dans ce dernier cas, l'activité énonciative impose et donne en partage une évidence première.

Dans le deuxième article, *Jean-François Bordron* s'interroge sur les fondements de l'acte de la désignation ou, mieux, de la monstration. Prenant d'abord appui sur la logique de Port-Royal et, plus particulièrement, sur la formule sacramentelle déjà évoquée, à savoir « Ceci est mon corps, ceci est mon sang », l'auteur réexamine la possibilité de rapporter le fait de montrer, par le truchement d'un déictique, à la « présence sensible d'une chose ». Plus largement, il évalue les conséquences sur la nature du déictique « ceci » du débat sur la nature ontologique de la « chose présente en général ». La question est celle de l'engagement ontologique, l'idée de la singularité de ce que peut désigner « ceci » devant être conjuguée avec celle de l'« universalité » des déictiques : les déictiques semblent devoir désigner des choses particulières et en même temps ne posséder qu'une valeur universelle.

Pour sa part, *Per Aage Brandt* cherche à défendre l'idée que ce qui rend la déicticité référentielle, c'est son caractère auto-énonciatif : « je dis *que* je dis ce que je dis ». Voyant les manifestations les plus importantes de la deixis langagière dans les démonstratifs, les articles et les embrayeurs, il considère la déicticité des pronoms *ceci* et *cela* (*ça*) comme étant la plus « pure » en français. L'accent est mis sur la triade déictique – le sujet énonciateur et l'énonciataire se trouvent liés par la monstration d'un référent –, mais aussi sur la sémantique déictique commune aux démonstratifs et aux articles. Ces derniers sont vus d'abord comme des *déterminateurs* dont la variation morphologique concerne la sémantique du renvoi, générique, spécifiant ou autre, ensuite comme des *classificateurs*, révélant l'existence d'une ontologie naturelle distinguant des classes de choses dans le monde. Per Aage Brandt esquisse une théorie des déictiques qui conçoit la deixis comme un réseau d'espaces mentaux (de présentation et référentiel) soumis au processus du *blending*. Il s'agit, plus particulièrement, d'étudier leur rôle, proche de celui de l'hypotypose, dans la déictification théâtrale du référent.

Denis Bertrand et *Verónica Estay Stange* s'attachent à cerner les propriétés déictiques de l'aspectualté considérée comme le « siège d'un dispositif déictique à part entière qui, sans médiation langagière, renvoie en dernière instance au corps percevant et à ses multiples projections ». En se référant au cinéma expérimental et à la musique, en rapprochant des phénomènes visuels et auditifs, les auteurs cherchent à appréhender l'art « abstrait » ou la musique qualifiés de « pure énonciation » ainsi que la déictisation phénoménale, interne et externe. Ils visent à identifier les mécanismes de production d'une « charpente déictique » élémentaire, à la fois aspectuelle et tensive, qui relève des traits rythmiques du sensible. Ils cherchent à montrer comment une ligne déployée dans l'espace, pour ce qui est du domaine du visuel, une « ligne mélodique », dans le domaine du sonore, parviennent à désigner un *là-bas* par rapport à un *ici*, point d'ancrage du dispositif spatio-temporel, un *après* par rapport à un *avant* (déictisation interne), mais aussi se positionnent par rapport au *ici* et au *maintenant* du récepteur (déictisation externe).

Mobilisant les travaux de Benveniste, de Husserl, de Merleau-Ponty et de Lyotard, *Herman Parret* envisage le triangle déictique dans l'expérience esthétique : l'œuvre d'art montre et touche un « tu » ; il est question d'un ajustement entre le « je », l'œuvre d'art, et le « tu », l'audience des amoureux de l'art. L'esthétique culmine dans une politique du « *Nous* ». L'auteur soutient qu'une œuvre d'art est dotée d'une *présence* absolue, « vécue » comme un événement, qui nous interpelle, qui nous touche charnellement. Non seulement le corps sensoriel se place sous le signe du « Sensible en soi » appelé chair – la chair de l'amoureux de l'art se confond avec la chair de l'œuvre –, mais aussi l'expérience esthétique est la « trace de la touche ». Enfin, si l'art est « quémandeur d'amour » et si nous sommes toujours des « amoureux de l'art » – « *Nous* » comme communauté de vie –, c'est que l'expérience esthétique est expérience de vie, dans la « con-vivance ».

La deuxième partie examine le fonctionnement des déictiques dans le discours verbal. Trois articles consacrés à trois types de discours littéraire – théâtral, romanesque et poétique – sont suivis d'une contribution focalisée sur le discours juridique. Il s'agit alors d'étudier le rôle que la deixis spatiale joue dans la référenciation spatio-temporelle propre à la fiction dramatique (Petitjean), la déictisation interne et externe dans *La Modification* de Michel Butor (Colas-Blaise), ainsi que la manière dont les déictiques participent au partage des expériences dans la poésie lyrique (Biglari). Enfin, l'attention se porte sur les raisons de la rareté des déictiques dans le discours juridique (Barraud).

Empruntant ses exemples à des œuvres dramatiques classiques et contemporaines, *André Petitjean* se propose de montrer comment la deixis spatiale intervient dans le processus de référenciation à la base de la détermination des cadres spatio-temporels accueillant les événements de la fiction dramatique. Il traite plus spécialement des emplois des adverbes spatiaux que sont *ici* et *là(-bas)*, en soulignant les particularités de ces derniers : « leur composante instructionnelle » demande à ce que, pour chaque occurrence, l'on cherche à imposer la « chaîne référentielle indexicale qui permet de passer de l'occurrence à la portion d'espace qu'elle sert à désigner ». Plus largement, l'auteur met en évidence des spécificités du langage dramatique, tout en établissant des liens avec les interactions verbales ordinaires. Il s'interroge, plus particulièrement, sur les contraintes qui pèsent sur les déictiques fonctionnant dans des dialogues fictifs et destinés aux lecteurs et aux spectateurs. C'est ainsi que, distinguant la « dialogie interne » de la « dialogie externe », il propose de décomposer le « macrocosme » global de la fiction dramatique en deux chronotopes, « mimétique » et « diégétique ».

Visant à mettre ses hypothèses à l'épreuve de *La Modification* de Michel Butor, *Marion Colas-Blaise* étudie la question de la deixis et du déictique à partir d'un double mouvement : celui de la déictisation interne et celui de la déictisation externe. Réexaminant sur de nouveaux frais le « vous » si caractéristique de *La Modification*, qui est récurrent dans le roman avant l'émergence sporadique du « je », l'auteure aborde l'auto-dialogisation sous l'angle de la genèse de l'ipséité : une genèse marquée par un « vous » conçu comme une espèce d'équivalent d'un « on » ou d'un « ça » témoignant du passage du proto-embrayage à l'embrayage sur la situation d'énonciation. Ensuite, adoptant le point de vue de l'indexicalité et du fonctionnement référentiel du déictique, l'auteure porte toute son attention sur le SN démonstratif. Enfin, sensible à une « iconisation » du plan de l'expression, elle propose de voir dans la singularisation de la ponctuation et de l'organisation de la page les traits d'un style déictique.

À partir d'une étude systématique des différents types de déictiques dans *Les Contemplations* de Victor Hugo, *Amir Biglari* propose une réflexion générale sur la fonction de cette catégorie linguistique dans la poésie lyrique. L'auteur montre que les déictiques, en constituant – ou en feignant de constituer – un cadre coréférentiel entre l'énonciateur et le lecteur, font partager le même champ de présence et le même espace tensif ; d'où la synchronisation des flux perceptifs et des modulations affectives. Ainsi les déictiques peuvent-ils être considérés comme les principaux éléments linguistiques pour le partage des expériences, pour que le lecteur, au-delà de la compréhension rationnelle de la poésie lyrique, la reproduise, l'assume et la fasse sienne en touchant l'instance originelle de la signification qui est le corps sensible. Cette hypothèse semble généralisable à d'autres types de discours, de même qu'à des pratiques.

Boris Barraud souligne le caractère marginal de la linguistique juridique et, surtout, en son sein, la rareté des travaux consacrés aux déictiques. Bien plus, à moins d'être oral, le discours juridique est réfractaire aux déictiques, cela en raison, d'abord, de sa vocation à la « généralité » et à l'« impersonnalité » ainsi que de son caractère spécialisé et technique. Selon l'auteur, cela s'explique également par le besoin de sécurité juridique : les règles de droit sont censées être neutres, applicables à tout le monde, partout et à tout moment, au-delà des contextes d'énonciation particuliers. À cela s'ajoute le déplacement d'accent sur le récepteur, qui doit avoir accès à un langage aussi « distancié » que possible, qui réduise le nombre des interprétations possibles. L'auteur propose alors de distinguer du contexte d'énonciation le contexte général, qui doit garantir la pertinence des normes.

La troisième partie regroupe des contributions explorant le rôle des déictiques dans le langage visuel et dans les langages syncrétiques, notamment dans la bande dessinée, le tableau et l'audiovisuel. La question est d'abord celle de l'entrejeu de la deixis et de l'indexicalité dans le cas de textes scripto-iconiques (Klinkenberg). Elle est également celle de la place du spectateur, la limite entre l'univers du spectateur et celui du récit pouvant s'effacer plus ou moins (Le Guern). Il s'agit de préciser les modalités de la participation des spectateurs dans le cas des productions audiovisuelles (Périneau-Lorenzo) et de distinguer différents « régimes scopiques » (Soulages).

Odile Le Guern s'intéresse à la deixis dans l'énonciation visuelle, ceci alors même que l'iconicité semble peu compatible avec le système de la deixis tel qu'il se déploie dans le verbal. L'auteure s'attache à défendre l'idée que la deixis picturale est orientée vers le spectateur, qui est désigné comme témoin de la scène et impliqué par le geste et le regard comme acteur dans l'espace représenté. La frontière entre l'univers du spectateur et celui du récit peut s'en trouver estompée. Plus précisément, le visiteur s'engage plus ou moins dans le récit, revêtant également le rôle d'acteur/actant dans un programme narratif. Concrètement, l'auteure fait référence à l'œuvre emblématique de Philippe de Champaigne, *Saint Jean-Baptiste dans le désert*, où Jean-Baptiste désigne le Christ à l'intention du spectateur par un « regard camera ». Selon l'auteure, cette réflexion dépasse le contexte religieux et elle est aussi valable pour les pratiques profanes de la scène de genre de la tradition hollandaise et flamande du XVIIe siècle.

Jean-Marie Klinkenberg focalise sa réflexion sur les relations entre texte et image (bande dessinée, affiche…). Si ces relations ont souvent fait l'objet d'études de cas, les instruments théoriques manquent encore pour les décrire, certains concepts ayant cette prétention, comme le « relais » et l'« ancrage » barthésiens, se révélant insuffisants. Dans la perspective d'une grammaire exhaustive de la relation scripto-iconique, cet article insiste sur les unités – démonstratifs, déictiques, adresses – fonctionnant à l'intérieur d'une deixis interne ou externe, centripète ou centrifuge, ainsi que sur les facteurs guidant l'interprétation. Se fondant sur une série d'exemples empruntés à des aires culturelles et à des époques différentes, l'auteur décrit le jeu de la deixis et de l'indexicalité, qui incombe autant au composant visuel de l'énoncé scripto-iconique qu'à son composant verbal. Les index peuvent être explicites ou implicites, correspondre à des marques localisées (par exemple, la flèche) ou à la globalité de l'« espace sémiotisé ».

Explorant les enjeux de la deixis dans les productions audiovisuelles, *Sylvie Périneau-Lorenzo* propose une conception intégrative de la deixis, dans une perspective multi-modale et sémio-pragmatique. À cet effet, elle prend appui sur un corpus de productions modernes et contemporaines (film grand public, série télévisée atypique, film d'auteur), cherchant à distinguer la deixis anaphorique de la deixis indicielle. En même temps, la richesse des jeux déictiques constatés ainsi que la version cognitive de la théorie de la deixis conduisent l'auteure à affiner l'identification des phénomènes, en montrant qu'il faut résolument compter avec la participation des spectateurs. Ainsi, considérant la nature syncrétique de l'audiovisuel et visant à rendre compte de la réception à la fois perceptive, cognitive, narrative et pathémique, l'auteure propose, dans une optique sémio-pragmatique, d'aborder les productions audiovisuelles sous l'angle d'une « deixis spectatorielle ».

Traçant un vaste parcours de l'image fixe à l'image animée au cinéma et à la télévision ainsi qu'à l'image numérique, *Jean-Claude Soulages* s'interroge sur les configurations des déictiques iconiques, plastiques et cinétiques. Le spectateur est sensible à des signifiants indiciels qu'il est possible d'articuler en « percepts locaux et singuliers ». On peut y associer des « instructions de sens » en direction du regardeur. Un premier déictique est relatif à la pratique sociale qui confère à l'image un statut générique et y associe des instructions commandant à un « modèle perceptif ». La deixis doit également être pensée par rapport au « *double corps du spectateur* » (vision du dehors et regard du dedans). Ensuite, sous l'effet de l'image animée, qui comporte ses propres déictiques temporels, spatiaux, cinétiques, sonores, le corps « performé » du sujet regardant entre dans le monde des images. La télévision supprime la distance entre le spectacle et le spectateur (construction d'un « nous » inclusif), avant un dernier régime scopique, voulu par les technologies numériques et les industries créatives.

La dernière partie aborde les pratiques dans trois domaines très différents : la psychanalyse, la danse et l'expérience urbaine médiatisée. Il s'agit non seulement de se réinterroger sur les opérations sémiotiques du débrayage et de l'embrayage en psychothérapie (Darrault-Harris), mais encore d'identifier des gestes à vocation déictique dans le tango argentin, en dégageant un dispositif énonciatif (De Luca), et de proposer une approche « écologique » de la deixis à même de rendre compte des interactions liées à la balade urbaine (Thiburce).

Ivan Darrault-Harris met en avant la théorie du changement en psychothérapie dénommée « Psychiatrie de l'Ellipse », qui suppose que le patient accomplit un déplacement de son énonciation, depuis la diction en *je, ici, maintenant* jusqu'à la fiction en *il, ailleurs, alors*, depuis le « débrayage énonciatif » jusqu'au « débrayage énoncif ». L'auteur note que le récit est bien le mode d'énonciation mobilisé par le travail de création proposé au patient accueilli en Art-thérapie, mais que des difficultés et obstacles peuvent surgir : une production trop proche du « foyer de diction », où s'exprime la souffrance, ou au contraire une production qui, du fait du récit fictif, installe une distance trop importante s'avèrent inefficaces. Enfin, le débrayage énoncif installé et réussi manifeste un phénomène singulier : il faut que la triade *il, ailleurs, alors* se charge de la triade *je, ici, maintenant*, principalement en termes passionnels, pour que le changement attendu se produise. D'où une ouverture en direction d'un embrayage sous-jacent, invisible mais indispensable.

Valeria De Luca se penche sur les formes et figures gestuelles du tango argentin, c'est-à-dire sur une possible fonction déictique, notamment spatiale, de certains gestes dansés et sur leur variabilité praxéologique. Dans ce cadre, elle se concentre sur l'identification de gestes à vocation déictique, notamment à partir du dispositif énonciatif appelé *marcación* et de la relation entre forme et figure gestuelle. Ainsi se révèle leur double nature, à savoir un déploiement par *esquisses* et par *marquages*, témoignant de la variété et de la variabilité de ces mêmes gestes. Les qualités déictiques des gestes, dans l'espace et dans le temps, sont tributaires de propriétés que l'auteure dit « iconiques/figurales », mais aussi « proprioceptives, sensibles », voire « affectives ». À un niveau plus général, elle fait l'hypothèse d'une déicticité diffuse suivant laquelle les déictiques fonctionneraient comme des « attracteurs » qui se rattachent à l'une ou l'autre face de la « *forme-signe* » de la danse. L'auteure introduit également la notion plus englobante de motif.

Enfin, à partir d'enregistrements audiovisuels de deux balades urbaines guidées (*Esprit skate*), *Julien Thiburce* propose une approche « écologique » de la deixis, plus particulièrement des processus d'actorialisation, de temporalisation et de spatialisation dans le cadre d'interactions étudiées *in vivo* et de scénarisations de l'action. Plus précisément, il se propose d'approcher une *origo déictique* sur le plan « micro-interactionnel » en articulant l'expérience polysensorielle avec le caractère polysémiotique de l'espace, ceci grâce à la multimodalité langagière. Finalement, l'auteur interroge conjointement une scène pratiquée en public et sa discursivisation à travers l'énonciation photographique de l'espace. Il attache une attention particulière aux usages qui ne sont pas considérés comme déjà-là. Il montre comment, sur le fond d'un double ancrage – un « ancrage de l'énonciation dans un espace social par des acteurs et un ancrage des acteurs dans un espace social par l'énonciation » –, les pratiques émergentes peuvent être pensées comme des usages, mais aussi comme des praxis et des ruses.

PREMIÈRE PARTIE

SOUBASSEMENTS CONCEPTUELS

ENTRE PHILOSOPHIE ET POLITIQUE

S'approprier l'*ici* et le *maintenant*

Les déictiques ont traditionnellement été abordés de trois points de vue. Le premier, qu'on pourrait dire *logico-linguistique*, s'est intéressé aux spécificités de ce mode de référence. Le second a porté l'attention sur les propriétés linguistiques des marqueurs qui dans une langue ou un groupe de langues donnés relèvent de cette catégorie. Quant au point de vue *discursif*, il s'est appuyé sur les apports des deux approches précédentes pour appréhender les déictiques à l'intérieur d'énonciations soumises aux contraintes imposées à un moment déterminé par un type, un genre de discours, un positionnement. À la différence des approches logiques ou linguistiques, ces approches discursives ont peu visé à la généralité et préfèrent s'intéresser à l'usage des déictiques dans tel ou tel corpus. Même quand les déictiques ne sont pas au centre de ces analyses, ils sont constamment pris en compte : il est difficile de trouver une étude de texte un peu précise qui ne fasse pas intervenir, fût-ce fugacement, quelques considérations à leur propos. On peut se contenter de ces analyses locales, mais on peut aussi dégager, de manière plus large, des opérations qui concernent des discours très variés mais soumis à des contraintes du même ordre. C'est ce que nous allons essayer de faire ici, comme un certain nombre de contributions dans le présent volume qui tentent d'associer l'analyse d'un corpus précis et des réflexions générales. Pour ce faire, nous allons considérer deux textes d'époques, de genres et de types très différents, en l'occurrence une allocution de Hegel à l'Université de Berlin et un discours de campagne de Barack Obama.

KAIROS ET ÉVÉNEMENT ÉNONCIATIF

L'énonciation de tels textes doit à la fois se soumettre aux normes du genre de discours impliqué et instituer une scénographie singulière (Maingueneau, 1998), déterminer souverainement les coordonnées de la scène dont elle prétend surgir grâce à une *appropriation* de ses éléments déictiques. Benveniste, on le sait, définit l'énonciation comme un « acte individuel d'appropriation de la langue » (1970, p. 14) : à un niveau supérieur, celui de la scène d'énonciation, le locuteur doit s'approprier la situation d'énonciation où sa parole intervient, faire siens les déictiques en les faisant signifier dans l'univers qu'il configure. Pour ce faire, il va construire le récit dans lequel l'événement que constitue sa propre énonciation pourra se présenter comme *kairos*, comme ce moment décisif où il lui faut prendre la parole, parler comme il est précisément en train de le faire.

Dans le type de situation que nous envisageons ici, ce kairos s'inscrit dans une structure temporelle de *crise*, où l'énonciation se veut thérapeutique. *L'Encyclopédie philosophique universelle* caractérise ainsi la crise[1] :

> Structure de *discontinuité*, de l'ordre de *l'événement* et du *moment* (au sens de « moment critique »), affectant le développement régulièrement progressif d'un processus dont le sens se voit par là même altéré, compromis et risqué de façon décisive et significative. (Auroux (éd.), 1990, p. 511)

Le processus régulier où intervient la discontinuité se révèle rétrospectivement, par l'irruption même de cette discontinuité, harmonie, équilibre… menacés ou perdus. La métaphore médicale s'impose ici inévitablement : l'opposition entre santé et maladie, vie et mort, travaille à l'arrière-plan, susceptible d'affleurer à tout moment.

Dès lors que l'énonciation doit définir la crise dont elle se présente comme le remède approprié, deux discontinuités doivent être articulées : le surgissement de l'événement énonciatif, et la crise qui affecte la communauté à laquelle s'adresse l'énonciation. L'énonciateur remédiant doit se présenter comme un membre de cette communauté, mais aussi montrer qu'il sait prendre de la distance pour énoncer une parole

1 On notera que cette encyclopédie philosophique attribue, comme le lexique usuel, une valeur dysphorique à la crise, valeur qui ne figure pas dans l'étymon grec.

remédiante lucide et efficace. L'ouvrage posthume de Husserl *Die Krisis der europäischen Wissenschaften und die transzendentale Phänomenologie* repose sur le diagnostic d'une crise, celle « des sciences européennes » : le projet grec d'une « humanité issue de la raison », à la source des mathématiques et de la philosophie, se serait perdu dans l'autonomisation progressive des sciences. Mais la crise ainsi dénoncée est aussi ce qui fonde la nécessité de la phénoménologie, qui entend y porter remède. Posée comme préalable à l'énonciation, la crise est aussi construite par cette énonciation, et cette construction légitime l'énonciation qui la porte, en l'occurrence la doctrine phénoménologique.

HEGEL

Le premier texte qui va retenir notre attention est le début de l'allocution que fait Hegel le 22 octobre 1818 quand il prend possession de sa chaire à l'université de Berlin, une chaire occupée précédemment par Fichte. Sa nomination s'inscrit dans un vaste projet politique de l'État prussien : le ministre du roi de Prusse, Altenstein, lui a d'ailleurs écrit personnellement une longue lettre pour lui proposer le poste.

En faisant cette allocution, Hegel inscrit sa parole dans une scène générique reconnue par l'institution académique. Mais cette légitimité ne lui suffit pas : il entend montrer que le *ici et maintenant* de son énonciation est approprié d'un point de vue philosophique également. Appréhendant sa carrière dans les catégories de sa doctrine, il entend montrer que sa nomination à Berlin est une étape dans le développement de l'Esprit dont il a retracé le parcours dans sa *Phénoménologie*, parue en 1807. Ce 22 octobre 1818 il s'attache ainsi à démontrer que son énonciation s'ancre dans un kairos défini à l'intérieur de ce parcours. Pour ce faire, il mobilise les déictiques de personne, de temps et de lieu : « cette université », par exemple, ne désignera pas seulement l'institution d'enseignement où Hegel est en train de parler mais un lieu au service du développement de l'Esprit :

> En me présentant aujourd'hui (*heute*) pour la première fois en cette université (*auf hiesiger Universität*) en qualité de professeur de philosophie, fonction à laquelle j'ai été appelé par la faveur de S.M. le Roi, permettez-moi de dire

> dans cet avant-propos (*dieses Vorwort*) combien, en ce qui me concerne, je considère comme particulièrement agréable et désirable, de me consacrer à une activité académique plus importante, précisément en ce moment (*gerade in diesem Zeitpunkt*) et en ce lieu (*auf hiesigem Standpunkt*). En ce qui concerne le moment, des circonstances paraissent s'être produites, à la faveur desquelles la philosophie peut de nouveau se promettre d'attirer l'attention et la sympathie et cette science presque réduite au silence, espérer élever à nouveau la voix. En effet, il y a peu (*vor kurzem*), c'était [...] la misère de l'époque qui donnait une grande importance aux intérêts mesquins de la vie quotidienne. [...] L'esprit de l'univers, si occupé par la réalité, entraîné vers l'extérieur, se trouvait empêché de se replier vers le dedans et sur lui-même, pour se rendre dans la patrie qui lui est propre et jouir de lui-même. Maintenant (*nun*), alors que ce torrent de la réalité a été brisé et que la nation allemande a, d'une manière générale, sauvé sa nationalité, le fondement de toute vie vraiment vivante, le temps est venu aussi pour le libre empire de la pensée de fleurir dans l'État, de la manière qui lui est propre, à côté du gouvernement du monde réel. (1978, p. 7)[2]

En lisant le texte, on voit que les déictiques de temps *heute*, *nun*, *in diesem Zeitpunkt* et celui de lieu (*auf hiesigem Standpunkt*) réfèrent sur deux plans à la fois : dans l'espace académique, celui de la scène générique, et dans l'espace philosophique, celui de la scénographie. Ce qui suppose une conversion performative de l'espace académique en espace philosophique, la fusion du « je » de l'énonciateur professoral et de l'instance qui articule la doctrine hégélienne.

Le choix réitéré de *hiesig* (*hiesiger Universität, hiesigem Standpunkt*) plutôt que d'un déterminant démonstratif met l'accent sur le caractère local de l'ancrage ; *hiesig* ne peut en effet avoir d'emploi anaphorique, il ancre directement dans un « ici ». La réitération de *–punkt* (« point ») et l'adjonction de *gerade* (= précisément) renforcent cet ancrage d'une énonciation qui s'approprie l'espace et le temps, l'organise autour du « point » de son propre surgissement. Par là il s'agit de fonder philosophiquement la singularité de cet événement énonciatif, d'en faire un kairos, un moment philosophiquement critique. Un geste évidemment crucial pour une philosophie de l'Histoire qui doit construire la nécessité de sa propre émergence.

Pour déterminer ce kairos, Hegel entreprend de montrer que « l'esprit de l'univers » (*Weltgeist*), auparavant « entraîné vers l'extérieur » par la

---

2 Nous avons légèrement retouché la traduction pour mieux faire ressortir les éléments déictiques.

tourmente napoléonienne, peut « maintenant » (*nun*) « se rendre dans la patrie (*Heimat*) qui lui est propre et jouir de lui-même ». Le mouvement centripète fait converger l'ici et le maintenant : *auparavant* il y avait la perte dans l'extériorité, *à présent* l'Esprit est revenu au centre, là même où se tient cette énonciation. Reste à identifier cette « patrie ». Hegel commence par évoquer la Prusse, qu'il désigne déictiquement comme « cet État » (*dieser Staat*) qui enveloppe l'orateur et ses auditeurs. En son centre se trouve « *cette* université » où il est précisément en train de parler : « dans cette université, l'université du centre, le centre de la culture de l'esprit, de toute science et de toute vérité la philosophie doit trouver sa place et être par excellence un objet d'étude » (*auf hiesiger Universität, der Universität des Mittelpunkt, muss auch der Mittelpunkt aller Geistesbildung und aller Wissenschaft und Wahrheit, die Philosophie, ihre Stelle und vorzügliche Pflege finden*). On notera qu'en allemand « Stelle » désigne une place, mais peut désigner aussi un emploi, un poste, par exemple celui qu'occupe présentement le professeur Hegel. Le « Mittel*punk*t » vient couronner le « Zeit*punkt* » et le « Stand*punkt* » : la chaire de philosophie depuis laquelle il s'exprime concentre dans un point l'espace et le temps, l'intériorité de l'Esprit qui se manifeste à travers cette énonciation même. L'université de Berlin est bien ce lieu où l'Esprit est chez lui.

Ce kairos doctrinal est sous-tendu par une métaphore organique, obsédante chez Hegel comme dans l'ensemble de la philosophie romantique : « La nationalité, fondement de toute vie vraiment vivante (*den Grund alles lebendigen Lebens* », « la culture et la floraison des sciences (*die Blüthe der Wissenschaften*) »... L'allocution inaugurale de la chaire de Berlin est témoignage de la bonne santé de l'Esprit, revenu à lui-même, comme la paix et la prospérité à l'État. En s'appuyant sur un référentiel ultime, la Nature, le locuteur peut inscrire son énonciation dans le cycle de la Vie.

Je n'entre pas plus avant dans le détail de l'argumentation de Hegel. Ce que j'ai dit est suffisant pour illustrer une opération typique des « discours constituants » (Maingueneau et Cossutta, 1995 ; Maingueneau, 1999), en l'occurrence l'appropriation de la situation institutionnelle qu'implique l'énonciation. Mais dans le cas de Hegel, cette contrainte prend un tour paroxystique puisque son système doit construire la nécessité de cet événement central et invisible : sa propre énonciation.

On le voit, il ne suffit pas de montrer que l'allocution de Hegel se soumet aux normes d'un genre de l'institution universitaire, ni au contraire de mener une analyse de texte où l'institution universitaire apparaîtrait comme un simple « contexte ». Cette institution rend possible une scénographie philosophique qui en retour s'attache à légitimer l'activité discursive dans laquelle sont engagés les acteurs de cet événement énonciatif.

OBAMA

Les meetings des élections présidentielles américaines au début du XXIe siècle obéissent à des contraintes bien différentes de celles qui président à l'ouverture d'une chaire universitaire allemande en 1818. Mais dans les deux cas, le locuteur doit élaborer dans son énonciation même le kairos qui rend celle-ci nécessaire.

L'allocution de B. Obama que nous allons considérer à présent a été prononcée à Des Moines, capitale de l'Iowa, le 27 décembre 2007, dans le but de remporter le Caucus quelques jours plus tard. Obama est alors en compétition serrée avec Hillary Clinton et John Edwards. Figure nouvelle dans la vie politique américaine, il se pose en challenger[3]. Sa moindre notoriété et sa relative inexpérience l'amènent à s'appuyer moins sur la légitimité que confèrent une longue carrière politique et le soutien d'un parti que sur une « inspiration » qui ancre sa propre énonciation dans un kairos qui permet de remédier à une crise qu'il définit lui-même[4].

Obama entend montrer à ses auditeurs que le contexte qu'ils partagent ne se réduit pas à un caucus d'élection présidentielle, mais s'inscrit dans un récit transcendant qui donne sens à leur activité et à leurs personnes. Investir les déictiques de temps et de lieu est une stratégie qui s'impose naturellement aux orateurs quand les discours de commémoration sont proférés sur les lieux mêmes des événements : ainsi la célèbre « *Gettysburg address* » d'A. Lincoln ou le discours de R. Reagan à la Pointe du Hoc

3 Il sera d'ailleurs élu candidat officiel du parti démocrate avec moins de voix que sa rivale, mais légèrement plus de délégués.

4 Les derniers mots de ce discours d'Obama explicitent cette dimension thérapeutique : « *the real journey – to* heal *a nation and* repair *the world – will have truly begun* » (nous soulignons).

(Prasch, 2015). Ce n'est pas le cas dans ce discours de Des Moines ; pourtant, Obama va accorder un rôle privilégié aux déictiques, en les projetant dans un autre espace-temps que celui de l'environnement immédiat[5].

Significativement, son allocution s'ouvre par un déictique, le premier dans une chaîne de circonstants temporels :

> Ten months ago, *I stood on the steps of the Old State Capitol in Springfield, Illinois, and began an unlikely journey to change America.*
>
> *I did not run for the presidency to fulfill some long-held ambition or because I believed it was somehow owed to me. I chose to run in this election* – at this moment – *because of what Dr. King called "the fierce urgency of* now." *Because we are* at a defining moment in our history. *Our nation is at war. Our planet is in peril. Our health care system is broken, our economy is out of balance, our education system fails too many of our children, and our retirement system is in tatters.*
>
> At this defining moment, *we cannot wait any longer for universal health care. We cannot wait to fix our schools. We cannot wait for good jobs, and living wages, and pensions we can count on. We cannot wait to halt global warming, and we cannot wait to end this war in Iraq*[6]. (nous soulignons)

En disant « *ten months ago* », l'orateur inscrit son énonciation dans une unité discursive plus vaste, celle de la « campagne », métaphorisée comme une « *journey* », un voyage. L'ici et le maintenant de l'énonciation sont mis en rapport avec une autre scène d'énonciation (la déclaration de candidature faite au « *Old State Capitol* » de Springfield), borne initiale de la quête. La mention des « *steps* » qui mènent au Capitole convertit en étape chaque élection locale – y compris, évidemment, ce discours pour le Caucus de l'Iowa.

Le « je » s'attribue les qualités qui en font le héros de cette quête. Sa mission est définie de manière négative (« *I did not run for the presidency to fulfill some long-held ambition or because I believed it was somehow owed to me* ») : il n'est pas un politicien pris dans un réseau d'obligations, sa candidature n'est pas l'aboutissement d'un processus prévisible (d'où l'association de « *unlikely* » à « *journey* »), mais la décision de quelqu'un

5 Indépendamment de ce discours, dans sa campagne de 2008 Obama a fait un usage remarqué des déictiques. On se souvient de l'aphorisation « *Our moment is now* », qu'il a introduite pour la première fois dans un dîner de collecte de fonds (« *Jefferson Jackson Dinner* ») dans la même ville, Des Moines, le 10 novembre 2017. Il l'a répétée trois fois dans la péroraison de son allocution. Sur ce discours, voir Rossette (2016, 2018).

6 Sur youtube : https://www.youtube.com/watch?v=jPtg-gvgWhE.

qui, confronté à la crise dont est victime la communauté à laquelle appartiennent ses destinataires et lui-même a été saisi par une inspiration.

Dans cette allocution comme dans l'ensemble de cette première campagne présidentielle d'Obama, l'appropriation des déictiques spatiaux passe par une opposition systématique entre « Washington » et le reste des U.S.A., et donc le « ici » de l'Iowa. Le rappel que la déclaration de candidature a été faite au « *Old State Capitol* » de l'Illinois a une double fonction :

1. Elle permet d'ancrer l'orateur dans un lieu autre que Washington, lieu d'un pouvoir inauthentique : Obama est sénateur de l'Illinois ;
2. Elle place ce premier candidat afro-américain dans une filiation : c'est du même Old State Capitol qu'Abraham Lincoln a annoncé sa candidature en 1858.

Mais en ce début de discours, ce n'est pas l'espace mais le temps qui est mis en avant. L'importance de *this* est d'autant plus grande qu'en anglais il est accentué, même quand il est déterminant. Le circonstant « at this moment » ne tranche pas entre les deux emplois de *this* : déictique anaphorique et exophorique. Vu le cotexte, *this* est ici anaphorique (il renvoie au début de la campagne), mais la valeur exophorique n'est pas exclue. Sur le plan prosodique, la vidéo montre d'ailleurs un net détachement de ce groupe circonstanciel, marqué à l'écrit par les tirets : cela permet de ne pas fixer sa référence sur le seul début de la campagne. Si Obama avait employé « that moment », il aurait marqué une distance, alors qu'il veut maintenir l'actualité de l'événement initial, affaiblir la frontière entre ce moment et la situation présente : l'esprit qui a présidé au début de la quête anime encore son énonciation. En outre, « at this moment », interprété de manière exophorique, implique un changement de perspective : « now » aurait ancré directement l'énonciation dans le présent, alors qu'avec « at this moment », le présent est envisagé d'un point de vue surplombant, ici celui d'une Histoire en train de se construire. « At this moment » vient d'ailleurs après « this election », qui englobe à la fois le moment de la décision de partir en campagne et le moment de l'allocution qui la mentionne. La coexistence du prétérit et du présent d'énonciation (« *I chose to run in this election – at this moment [...] because we are at a defining moment in our history* ») le souligne : « *at this moment* » joue à la fois sur le passé et le présent de l'énonciation.

Comme Abraham Lincoln, le pasteur M.-L. King fait partie des autorités incontournables dans le discours politique américain contemporain. Or, les quelques mots de lui que cite B. Obama portent sur le déictique *now*, glosé par King lui-même comme moment critique, kairos. Obama donne ce *now* comme le motif de sa candidature : c'est l'urgence de la situation présente qui exige qu'il soit candidat. La politique est faite de circonstances changeantes, au jour le jour, mais le *now* s'arrache à cette trivialité du présent en se projetant sur une constellation de repères absolus, d'événements emblématiques dont l'ensemble constitue ce qu'on pourrait appeler un légendaire américain. Le fait d'attribuer le *now* à King, qui appartient à ce légendaire, permet d'assurer le pontage entre les deux temporalités, de dé-singulariser le *now*, désormais partagé par King et Obama.

La formule « the fierce urgency of now » est devenue un cliché aux USA. Ici elle active par métonymie l'ensemble de la scène validée (Maingueneau, 1998) dont elle fait partie, le discours de King, comme une sorte de relique qui sacralise l'ensemble de l'énonciation où elle figure. Elle a en effet été employée dans le fameux discours « I Have a Dream », du 28 août 1963, et précisément au Mémorial Lincoln de Washington. Ce qui nous ramène à la figure de Lincoln, mais aussi au héros de la quête : ce « I » qui sur les traces de Lincoln a entamé le « voyage » vers Washington, du « Old State Capitol » vers le « Capitol » de Washington. Le discours du 28 août 1963 a lui-même été prononcé au terme d'une marche sur Washington (*March on Washington for Jobs and Freedom*), qui entre en résonance avec ce « journey » dont prétend participer cette énonciation d'Obama. L'esprit des deux morts illustres, Lincoln et King, anime ainsi celui qui place son énonciation dans leur sillage : d'une certaine façon, c'est *now* que King est en train de parler, et à travers lui Lincoln.

Le choix du nom *moment* est crucial. En anglais comme en français, dans l'une de ses acceptions il est l'équivalent du kairos grec. Le passage de « at this moment » à « we are at a defining moment in our history » explicite, par l'adjonction de « defining », ce caractère de moment opportun, décisif. L'apparition de « our history » fait surgir le légendaire dans lequel sont projetés les déictiques : le présent partagé (« we are ») est intégré dans un récit englobant dont la borne gauche est l'acte fondateur, et la borne droite ouverte. L'emploi de l'article défini (« a defining moment ») permet de faire entrer le présent de l'énonciation dans une classe ouverte d'autres moments critiques, dont la conjonction forme le légendaire de l'histoire américaine. L'orateur en énumère quelques-uns un peu plus loin dans son allocution : la déclaration d'indépendance, l'abolition de l'esclavage, la présidence de Roosevelt, le combat de M.-L. King. Il y inscrit implicitement sa propre élection :

> *But I also know this. I know that hope has been the guiding force behind the most improbable changes this country has ever made. In the face of tyranny, it's what led a band of colonists to rise up against an Empire. In the face of slavery, it's what fueled the resistance of the slave and the abolitionist, and what allowed a President to chart a treacherous course to ensure that the nation would not continue half slave and half free. In the face of war and Depression, it's what led the greatest of generations to free a continent and heal a nation. In the face of oppression, it's what led young men and women to sit at lunch counters and brave fire hoses and march through the streets of Selma and Montgomery for freedom's cause. That's the power of hope – to imagine, and then work for, what had seemed impossible before.*

Le passage s'ouvre par un *this* à valeur cataphorique résomptive, qui permet de rattacher l'énonciation présente à l'ensemble du légendaire. Dans la liste qui le déplie, le moment des « founding fathers », borne initiale de la chaîne, joue un rôle privilégié. Ce que rappelle le déictique qui ouvre la « Gettysburg address » de Lincoln, sommet de l'art oratoire américain : « *Four score and seven years ago* our fathers brought forth on this continent, a new nation, conceived in Liberty, and dedicated to the proposition ». Chez Lincoln aussi le déictique pointe vers le légendaire. Obama a ouvert son allocution par un déictique référant à un acte fondateur, celui dont il est le héros, activant la figure de Lincoln qui lui-même renvoie à ces autres héros que sont les fondateurs des U.S.A.

Dans cette allocution de Des Moines « at this moment » et « at a defining moment » sont suivis de « at this defining moment », qui en opère en quelque sorte la synthèse. Le déterminant « this » joue lui aussi de l'ambiguïté entre références exophorique et anaphorique ; placé à cet endroit du texte, le « moment » en question est à la fois la déclaration du début de la campagne, la crise décrite un peu plus haut qui motive la candidature et un épisode voué à entrer dans le légendaire national.

« CECI EST MON CORPS »

Les deux exemples que nous avons évoqués sont à l'évidence très différents. Pour autant, ils ne sont pas incommensurables pour ce qui concerne le rôle qu'y jouent les déictiques. Dans un cas comme dans l'autre, l'énonciation s'inscrit dans une scène générique garantie par une institution, mais le locuteur s'efforce de projeter cette situation qu'il partage avec ses auditeurs dans un autre espace-temps, de la réévaluer à travers une scénographie qui active ce qu'on pourrait appeler un « surmonde ». Pour le discours politique, ce surmonde est le passé mythique d'une histoire collective ; pour la philosophie c'est une doctrine. Qu'il s'agisse de philosophie ou de politique, d'ouverture de chaire universitaire ou d'élection présidentielle, la scénographie doit construire un univers dans lequel s'impose la nécessité de l'énonciation qui opère cette construction. L'allocution d'ouverture de la chaire de Hegel donne sens à cette chaire, à l'université de Berlin et à la politique qui la rend possible ; voter pour Obama au caucus de l'Iowa, c'est réparer le monde en ajoutant une page au légendaire des U.S.A.

Aussi étrange que cela puisse sembler, le « ceci est mon corps » de l'Eucharistie relève pour une part de la même logique, qu'il pousse à son paroxysme. Je parle ici non de cette formule de consécration de l'Eucharistie au cours de la messe, ni de ce qui se serait « vraiment » passé lors de la Cène, événement à jamais inaccessible, mais de la Cène telle qu'elle est représentée dans l'Évangile qui institue l'Eucharistie. Là comme dans les deux exemples que nous avons évoqués, une conversion de la référence des déictiques est opérée souverainement par l'énonciateur, qui ancre son énonciation dans un surmonde. Le « now » devient « a defining moment in our history », « cette université » devient « le centre de la culture de l'esprit, de toute science et de toute vérité », le pain devient le corps du Christ. À l'intérieur d'une scène générique routinière (un repas de Pâques, une leçon inaugurale, une allocution de campagne électorale) le locuteur s'approprie souverainement les éléments de la situation pour les intégrer dans un surmonde à sa mesure. Mais l'institution de l'Eucharistie inscrit dans le récit la conversion performative de déictiques en référents d'un surmonde, alors que chez Hegel ou Obama la conversion des déictiques se fait de manière tacite.

L'attention des théologiens s'est naturellement focalisée sur les propriétés de la formule sacramentaire « Ceci est mon corps », qui convertit le pain en corps du Christ. Ils se sont donc interrogés sur sa valeur illocutoire et sur le rôle essentiel qu'y jouent les déictiques[7]. Mais on ne saurait oublier l'importance du surmonde qu'esquisse l'énonciateur pour donner sens à son énonciation. On le voit clairement dans le texte de l'Évangile :

> Or, tandis qu'ils mangeaient, Jésus prit du pain et, après avoir prononcé la bénédiction (λαβὼν ὁ Ἰησοῦς τὸν ἄρτον, καὶ εὐχαριστήσας), il le rompit et le donna à ses disciples, en disant : Prenez et mangez, ceci est mon corps (τοῦτό ἐστιν τὸ σῶμά μου). Puis, prenant une coupe, il rendit grâces (Καὶ λαβὼν τὸ ποτήριον, καὶ εὐχαριστήσας), et la leur donna en disant : Buvez-en tous ; car ceci est mon sang, le sang de l'alliance, qui va être répandu pour une multitude en rémission des péchés (τοῦτο γάρ ἐστιν τὸ αἷμά μου, τὸ τῆς καινῆς διαθήκης, τὸ περὶ πολλῶν ἐκχυνόμενον εἰς ἄφεσιν ἁμαρτιῶν). Je vous le dis, je ne boirai plus désormais de ce produit de la vigne, jusqu'à ce jour où je boirai avec vous le vin nouveau dans le Royaume de mon Père (Λέγω δὲ ὑμῖν ὅτι οὐ μὴ πίω ἀπ' ἄρτι ἐκ τούτου τοῦ γεννήματος τῆς ἀμπέλου, ἕως τῆς ἡμέρας ἐκείνης ὅταν αὐτὸ πίνω μεθ' ὑμῶν καινὸν ἐν τῇ βασιλείᾳ τοῦ πατρός μου). Matthieu 26, 26-29[8].

Le Christ commente l'opération qui convertit deux objets accessibles par le pronom déictique τοῦτο (« ceci ») en des réalités autres, elles aussi accessibles par des déictiques (« mon corps » et « mon sang ») qui appartiennent au surmonde qu'il évoque. Le choix des démonstratifs est ici essentiel : le déictique grec τοῦτο, lié à la deuxième personne, met l'accent sur le caractère immédiat et partagé du référent ; en revanche dans τῆς ἡμέρας ἐκείνης (« ce jour ») le démonstratif ἐκείνης, lié à la troisième personne, permet de référer à un moment distant, coupé de la situation d'énonciation[9]. Les disciples se croient dans un repas de Pâques traditionnel, mais le Christ leur affirme que ce pain ou ce vin ne sont pas ce qu'ils voient mais autre chose, dans le surmonde qu'est « le royaume de mon père », dont ils participent déjà par cette Eucharistie. Il reste à Jésus à légitimer son

---

7 Au croisement de la logique et de la théologie on citera en particulier les réflexions de la *Logique de Port-Royal* d'A. Arnauld et P. Nicole, brillamment commentées par L. Marin (1975).

8 Nous avons légèrement retouché la traduction de l'École Biblique de Jérusalem (Éditions du Cerf, Paris, 1961) pour faire apparaître le démonstratif.

9 On notera que c'est le même démonstratif qui est employé pour la formule évangélique *en ce temps-là* (Ἐν ἐκείνῳ τῷ καιρῷ). Pour les Chrétiens la vie de Jésus est devenue un légendaire.

énonciation en l'instituant en kairos, en moment critique : sa parole se présente comme ultime, juste avant la mort, fondatrice d'une nouvelle « alliance » et d'une nouvelle « Pâque ». Là encore il s'agit de mettre un terme à une crise, ici en rachetant l'ensemble de l'humanité.

CONCLUSION

Au-delà de ces exemples, force est de s'interroger sur le rôle que jouent les déictiques dans ce type d'emploi. Comme le rappelle Georges Kleiber, ce « sont des expressions qui renvoient à un référent dont l'identification est à opérer nécessairement au moyen de l'entourage spatio-temporel de leur occurrence. La spécificité du sens indexical est de "donner" le référent par le truchement de ce contexte » (Kleiber, 1986, p. 19). Ce qui est ainsi au cœur du fonctionnement déictique, c'est l'événement énonciatif. En s'appropriant les déictiques, l'énonciation joue pleinement son rôle de médiatrice : elle projette un contexte sur un autre en faisant référer les mêmes déictiques dans deux univers. Une opération qui s'appuie crucialement sur le décalage entre scène générique et scénographie, l'énonciation étant prise dans la nécessité de construire la situation à partir de laquelle elle prétend énoncer. Cela prend un tour extrême quand on a affaire à des types de discours qui doivent constamment redonner sens au monde dont ils surgissent. Les déictiques sont par nature les signes linguistiques les plus ancrés dans l'immédiateté d'un environnement toujours changeant ; le processus d'appropriation que nous avons analysé a pour effet de les convertir paradoxalement en désignateurs dans un surmonde qui, lui, est censé transcender les circonstances. La déicticité apparaît ainsi dans toute son ambivalence : sur une face elle est particularité pure et instabilité, sur l'autre face elle est présence absolue, l'évidence première qu'impose l'activité énonciative à ceux qui la partagent.

Dominique MAINGUENEAU
Sorbonne Université

QUE MONTRE-T-ON EXACTEMENT ?

Réflexions sur une énigme de la deixis

On appelle très généralement déictiques des unités de discours inséparables d'une situation d'énonciation et qui comprennent des indications de temps, d'espace et de personne (d'interlocution). Par ailleurs il est également admis que les déictiques possèdent une valeur référentielle, quelle que soit la conception que l'on puisse avoir de la notion de référence. Admettons donc que des termes comme *ceci, ici, toi*, *je*, etc. sont des déictiques se rapportant respectivement à une entité, un lieu, une personne. Centralement, un déictique *montre* ou *désigne*, ce qui est d'ailleurs conforme à son étymologie. Nous préférerons dire qu'il *montre*, ce verbe convenant mieux à une perspective sémiotique qui, par nature, envisage aussi bien des contextes iconiques, gestuels, musicaux ou gustatifs que des énoncés strictement linguistiques.

Parmi les multiples problèmes posés par les déictiques, il nous semble que la nature de leur référence présente la plus grande difficulté. Ceci paraît vrai qu'il s'agisse des unités linguistiques, des gestes, des images ou de toute autre forme de monstration. Notons, banalement, que la référence peut porter sur des entités individuées, comme le font les noms propres ou les descriptions définies. Elle peut aussi se rapporter à des termes plus généraux dans le cas des noms, surtout lorsque, dans certains contextes, ils subissent une élaboration telle qu'ils acquièrent une forme conceptuelle. Mais à quoi réfèrent les déictiques, si l'on admet qu'ils réfèrent en effet ?

On peut sans doute répondre que des pronoms apparaissant dans une interaction verbale réfèrent aux personnes qu'ils désignent à l'intérieur de cette interaction. Il s'agit d'une tautologie qui ne dit pas ce que c'est que d'être un « je », un « tu », un « il », etc. Ce sont là des questions qui mettent en jeu une multitude de problèmes que nous laisserons, pour l'essentiel, hors de notre champ d'investigation. Nous nous intéresserons ici au cas particulier des déictiques qui servent à montrer, à désigner, comme le ferait un geste par exemple, sans pour autant spécifier la nature de ce qu'ils montrent ou désignent. Il en va ainsi d'expressions comme « ceci » ou encore de gestes orientés ou même d'images dont la référence peut être problématique. Il ne s'agit pas de faire de la référence le centre de gravité d'une sémantique dite « référentielle », mais plutôt de tenir compte d'une strate de sens, parmi beaucoup d'autres, ayant pour première particularité de mettre un certain ordre dans le champ de notre perception ou de notre imagination. Lorsque nous disons « ceci », nous supposons un ordre relativement complexe susceptible de permettre un repérage et une identification. C'est la structure de cet ordre qui va nous intéresser ici.

« CECI EST MON CORPS »

Nous prendrons comme point de départ la réflexion des Logiciens de Port-Royal lorsqu'ils rencontrent le problème de l'eucharistie[1]. C'est là sans doute une question assez particulière, en partie logique, en partie doctrinale. Nous verrons pourtant que peut en être dégagé un aspect fondamental de ce que veut dire montrer, aspect que nous rencontrerons dans d'autres occurrences.

Le problème de l'eucharistie apparaît dans la *Logique* à l'intérieur des chapitres ajoutés à la cinquième édition (Arnauld et Nicole, 1992). Il s'agit de répondre à certaines objections de nature théologique formulées par les ministres protestants. Les auteurs précisent cependant :

> Mais quoi que ce soit des contestations théologiques qui ont donné lieu à ces additions, elles ne sont pas moins propres ni moins naturelles à la logique et l'on les aurait pu faire quand il n'y aurait jamais de Ministres au monde qui auraient voulu obscurcir les vérités de la foi par de fausses subtilités. (*ibid.*, p. 8)

La difficulté se présente ainsi : avec l'énoncé de la parole sacramentelle, le pain, de chose qu'il était, devient signe. La substance du pain, ce qui à proprement parler le définit comme chose, devient corps de

1 Nous reformulons ici, mais dans une autre perspective, une problématique engagée dans Bordron (2016).

Jésus-Christ. Du point de vue de la représentation, il ne reste du pain que l'apparence.

La question est donc : que désigne « ceci » dans la formule sacramentelle « ceci est mon corps » ? On comprend aisément que les ministres protestants objectent au dogme de la transsubstantiation l'évidence sensible de la présence du pain. Mais, par ailleurs, est-il si évident que l'on puisse simplement rapporter le fait de montrer, par le moyen d'un déictique, à la présence sensible d'une chose ? Dans cet acte de monstration, tous les termes font problème et en particulier celui de chose. Regardons sur ce point les réponses des Logiciens.

Dans le chapitre intitulé « Des Idées des Choses et des Idées des Signes » se trouve exposée la structure générale de la représentation :

> Quand on considère un objet en lui-même et dans son propre être sans porter la vue de l'esprit à ce qu'il peut représenter, l'idée qu'on en a est une idée de chose, comme l'idée de la terre, du soleil. Mais quand on ne regarde un certain objet que comme en représentant un autre, l'idée qu'on en a est une idée de signe, et ce premier objet s'appelle signe. C'est ainsi qu'on regarde d'ordinaire les cartes et les tableaux. Ainsi, le signe enferme deux idées : l'une de la chose qui représente, l'autre de la chose représentée. Et sa nature consiste à exciter la seconde par la première. (*ibid.*, p. 46)

De la nature du signe se déduit la maxime qui veut qu'une même chose puisse simultanément cacher et découvrir. « Car la même chose pouvant être en même temps et chose et signe peut cacher comme chose ce qu'elle découvre comme signe » (*ibid.*).

Ainsi, la cendre chaude cache le feu comme chose et le découvre comme signe. « Ainsi, les symboles eucharistiques cachent le corps de Jésus-Christ comme chose et le découvrent comme symbole » (*ibid.*)[2].

On perçoit que la difficulté centrale réside dans la nature de la représentation. Comment un même représentant peut-il représenter deux choses distinctes sans changer de nature ? La solution proposée par Port-Royal consiste à réarticuler la structure de la représentation autour du problème du déictique (voir Marin, 1975).

Les chapitre XV (première partie) et XII (seconde partie) viennent répondre à la question : que signifie *ceci* dans l'énoncé « ceci est mon corps » ? Le chapitre XV (« Des Idées que l'Esprit ajoute à celles qui sont

2 *Symbole* signifie ici *signe* et s'oppose à *figure*.

précisément signifiées par les Mots ») reprend la distinction entre idée signifiée et idée accessoire pour l'appliquer au démonstratif neutre. *Hoc* signifie « cette chose ». Or, le mot « chose » marque un attribut très général et très confus de tout objet. Il n'y a guère que le néant à quoi on ne puisse attribuer le mot « chose ». *Hoc*, démonstratif neutre, signifie donc l'idée de chose en général. À cette signification propre viennent s'ajouter selon les circonstances des idées accessoires :

> Mais comme le pronom démonstratif *hoc* ne marque pas simplement la chose en elle-même et qu'il la fait concevoir comme présente, l'esprit n'en demeure pas à ce seul attribut de chose ; il y adjoint d'ordinaire quelques autres attributs distincts : ainsi, quand on se sert du mot de *ceci* pour montrer un diamant, l'esprit ne se contente pas de le concevoir comme une chose présente, mais il y ajoute les idées de corps dur et éclatant qui a une telle forme. (Arnauld et Nicole, 1992, p. 92)

Avec le déictique neutre, le signe n'est plus tel signe singulier, comme le pain signe de Jésus-Christ, ni la chose telle chose particulière, comme le corps de Jésus-Christ. Le déictique neutre substitue au rapport signe/ chose la liaison signe / « chose présente en général » ou encore « fonction de signe » et « fonction de chose ». Le déictique neutre n'est pas un signe mais l'idée d'un signe, de même que ce qu'il signifie n'est pas une chose mais l'idée d'une chose. Les logiciens de Port-Royal peuvent alors répondre à l'objection principale des Ministres : que désignait exactement Jésus-Christ lorsqu'il dit à ses disciples : « ceci est mon corps » ?

> Et ainsi, quand Jésus-Christ prononça de « ceci » que c'était son corps, les apôtres n'eurent qu'à retrancher l'addition qu'ils y avaient faite par les idées distinctes de pain, et retenant la même idée de « chose présente », ils conçurent après la proposition de Jésus-Christ achevée que cette chose présente était maintenant le corps de Jésus-Christ ; ainsi, ils lièrent le mot de *hoc*, ceci, qu'ils avaient joint au pain par une proposition incidente, avec l'attribut du corps de Jésus-Christ. L'attribut du corps de Jésus-Christ les obligea bien de retrancher les idées ajoutées, mais il ne leur fit point changer l'idée précisément marquée par le mot de *hoc*, et ils conçurent simplement que c'était le corps de Jésus-Christ. (*ibid.*, p. 151)

On comprend qu'il suffise alors d'introduire la scansion temporelle pour que, au moins au niveau de la logique, le sacrement de l'eucharistie ne fasse plus problème. « Ceci est mon corps n'est que l'abrégé de cette autre proposition parfaitement claire : ceci qui est pain dans ce moment-ci est mon corps dans cet autre moment » (*ibid.*).

Le temps, comme le pain, et comme le corps de Jésus-Christ, n'est lui-même rien d'autre que l'idée accessoire d'un avant et d'un après, affectant l'idée de chose présente en général ; simple « addition de temps ».

SUBSTANCE ET ACCIDENTS

Remarquons cependant que cette compréhension de la transsubstantiation suppose deux options théoriques également problématiques : il faut pouvoir distinguer dans la chose, quelle qu'elle soit, ce qui relève de la substance et ce qui relève des accidents. Dans ce cas précis, la nature de la substance est changée puisque, de substance du pain, elle devient substance du corps de Jésus Christ. Les accidents pour leur part restent invariants puisque rien ne change dans l'apparence. Ainsi, dans sa controverse avec Descartes, Arnault peut écrire :

> Car nous tenons pour article de foi que la substance du pain étant ôtée du pain eucharistique, les seuls accidents y demeurent. Or ces accidents sont l'étendue, la figure, la couleur, l'odeur, la saveur, et les autres qualités sensibles. (Arnault, dans Descartes, 1967, p. 287)

Toute la question est alors de savoir s'il est possible de séparer la substance de ses accidents. Descartes, en refusant aux accidents un autre mode d'existence que l'existence modale, semble, selon Arnauld, poser une grave difficulté aux théologiens. Arnauld pense que la distinction entre la substance et les accidents est réelle, Descartes non.

Ce qui importe pour notre présent propos est de savoir si ce débat sur la nature ontologique de la « chose présente en général » a des conséquences sur la nature du déictique « ceci ». Plus précisément, le déictique entraîne-t-il avec lui une certaine forme d'engagement ontologique ?

Notons tout d'abord que la division entre substance et accident est traditionnelle, même si ces termes, comme nous venons de le voir, n'ont pas toujours été définis de la même manière. L'essentiel est de remarquer que cette « chose présente en général », lorsqu'elle est désignée par un déictique, peut apparaître de multiples façons. Le déictique, à lui seul, ne dit pas ce dont il est question et pour cette raison autorise la transsubstantiation. On aurait cependant tort de croire qu'il s'agit là d'une particularité théologique. Examinons le problème en prenant d'autres exemples.

Dans la mesure où nous avons tendance, pour des raisons pratiques, à croire à la stabilité des choses, nous sommes plutôt enclins à admettre que la substance est permanente et les accidents changeants. Ainsi le ciel est gris mais peut devenir bleu sans cesser d'être le ciel. Pourtant le bleu que j'aperçois à l'horizon peut me paraître être la mer et finalement se révéler être le ciel par cette étrange transsubstantiation que produisent les illusions. Mais s'agit-il seulement d'illusions ? L'équivoque entre la mer et le ciel ne change pas la stabilité du bleu qui peut alors, comme c'est parfois le cas en peinture ou dans la perception sensible, jouer le rôle de substance. Il y a donc quelque chose que le « ceci » désigne mais il est totalement indéterminé quant à sa constitution ontologique.

On objectera sans doute que ce que désigne le « ceci » se trouve, au moins dans le cas le plus simple, surdéterminé par l'ensemble de la deixis. Il s'agit d'un « ici », d'un « maintenant » et d'un destinateur que l'on peut assimiler à un « je » s'adressant à un « tu ». Pourtant aucun de ces éléments de la deixis ne possède de référence absolument stable. Il est de l'essence de la deixis de dépendre, pour sa référence, de l'acte d'énonciation. Cet acte cependant dépend à son tour de multiples instances dont il n'est pas aisé de déterminer exactement la nature et encore moins la permanence dans le temps. Pour toutes ces raisons, nous devons examiner plus avant la trame que dessine l'acte de montrer dans le champ où se déploient les actes d'énonciation.

Dire « ceci » comporte, comme tout acte d'énonciation, un versant négatif. La volonté de montrer qui s'y exprime suppose une négation de tout ce qui n'est pas montré : « ceci mais ceci seulement ». Ainsi s'opère une limitation dans le champ de présence que l'on suppose commun aux interlocuteurs. Si l'on envisage la désignation d'un point particulier dans un texte ou dans une discussion, on peut parler de champ de conscience. Mais l'essentiel est de remarquer que le « ceci » délimite une zone à la façon d'un dessin sur la surface d'une page. À la négation initiale s'ajoute un accent d'intensité, variable mais nécessaire. Le « ceci » a une valeur d'index mais, dans la mesure même où il met en jeu simultanément une négation et la force positive d'un accent, son indexicalité transmet à ce qui est désigné une valeur d'indice. Nous désignons par ce dernier terme la forme sensible que peut prendre une question qui s'ouvre lors d'une désignation.

Prenons le cas du moment présent. Dire « maintenant », c'est nécessairement désigner ce qui est déjà passé et en cela envisager un moment qui n'est plus. Cette absence de réalité appartient à tous les éléments de la deixis car aucun d'entre eux ne désigne à proprement parler quelque chose de réel. Il n'y a pas plus de « ici » que de « je » dans la mesure où ces termes ne désignent aucune réalité particulière mais plutôt ce qui universellement appartient à toute réalité. On objectera sans doute, avec Benveniste, que le « je » désigne bien la personne qui dit « je ». Mais c'est là encore reconnaître l'universalité du déictique en ce sens que « je » n'ajoute aucun contenu spécifique à la personne qui parle si ce n'est qu'elle se trouve prise dans les règles d'un langage. Or cette emprise du langage sur la réalité n'a pas de contenu ontologique mais possède seulement la fonction d'un référentiel indifférent à la nature des êtres particuliers qu'il permet de situer.

Ainsi, nous pouvons nous représenter l'espace de la deixis comme un référentiel délimitant, à l'intérieur d'un champ variable, un espace d'inscription dont il fournit les coordonnées. Si tel est le cas, la neutralité ontologique de ce dispositif laisse ouverte la question de son rapport au monde sensible. On dit souvent que le langage est comme une grille qui découpe le réel à sa façon. Mais c'est là une image aussi trompeuse qu'exagérément répandue. L'exemple de la deixis ne suggère l'idée d'aucune grille, d'aucun découpage. Il s'agit plutôt d'un mode d'appréhension, d'une condition requise non pas pour redessiner le monde mais pour avoir affaire à lui. Essayons maintenant de décrire plus précisément cette situation.

UNIVERSALITÉ ET SINGULARITÉ

Ce que désigne le langage lorsqu'il énonce « ceci » est un universel. Hegel exprime ainsi cette propriété générale du langage :

> Si on ne dit de quelque chose rien d'autre, sinon que c'est une *chose effectivement réelle*, un *objet extérieur*, alors on dit simplement ce qu'il y a de plus universel, et par là on prononce plus son égalité avec tout que sa différence. Si je dis *une*

> *chose singulière*, je l'exprime plutôt comme entièrement *universelle*, car toute chose est une chose singulière ; et pareillement *cette chose-ci* est tout ce qu'on veut. (1946, p. 91)

L'universalité de « ceci » s'oppose donc à la singularité de ce qui est par lui désigné. La différence entre les deux est grande cependant, car ce qui est désigné n'a pas besoin de cette désignation pour exister alors que la désignation a besoin de postuler qu'il y a quelque chose à désigner. Dans la conception de Hegel, le langage appartient à l'universel *en soi* et par là se contredit lorsqu'il dit viser la particularité. Cette tension nous semble être au cœur du problème posé par les déictiques qui, tout en semblant exprimer leurs relations à des êtres particuliers, ne disent en fait rien d'autre que l'universalité.

Il faut pourtant, dans l'usage du langage comme dans celui de la gestualité, que quelque chose de la singularité puisse trouver à s'exprimer. Envisageons maintenant le problème de la manifestation du singulier.

Pour reprendre les termes de Wittgenstein, on pourrait dire que pour déterminer la visée d'un acte déictique il faut l'inscrire dans un jeu de langage. Un jeu de langage est au fond un rituel, d'ampleur variable, qui semble avoir toutes les caractéristiques d'une institution. Il définit l'usage du langage dans telle ou telle situation. La question de la signification devient par là une question pragmatique beaucoup plus qu'une question sémantique. Ainsi, dans le jeu proposé par Wittgenstein au § 8 des *Recherches philosophiques* ([1953] 2004), un constructeur doit s'adresser à son aide pour qu'il lui fournisse des matériaux de différentes couleurs. Lorsque le constructeur prononce des mots comme *dalle, colonne, poutre, etc.*, l'aide apporte les objets correspondants. À cela s'ajoutent des termes comme *là-bas*, *ceci*, qui accompagnent les mots précédents. Il est clair, sans entrer plus en détail dans les arcanes du jeu, que celui-ci se présente comme une étape entre la pure universalité des déictiques que nous avons soulignée et la singularité de ce que peut désigner un « ceci », c'est à dire non pas une poutre, une dalle, etc., mais l'objet singulier (cette poutre-là qui n'est pas une autre). On peut conjecturer que le geste d'ostension du constructeur est suffisamment précis pour que l'objet à saisir soit celui-ci et pas un autre. Pour autant nous ne dépassons pas encore le stade de la généralité : ceci est une dalle de telle ou telle couleur. On peut demander si ce qui est désignée par « ceci » est une dalle ou sa couleur ou les deux. Nous sommes plus près de l'existence individuelle que dans l'idée, proposée par Port-Royal d'une « chose présente en général ». Mais jusqu'à quel point pouvons-nous espérer parvenir à rencontrer la singularité des choses ?

Pour croire qu'une telle rencontre est possible, il faut d'abord s'assurer que cette singularité existe. Peut-on imaginer qu'il existe des êtres, ou une de leurs parties, qui soient suffisamment simples pour que l'on puisse les désigner sans spécifications supplémentaires ? En d'autres termes, se peut-il qu'il ne soit plus possible de se tromper quant à la nature de ce qui est désigné ? Dans un jeu de langage, un « ceci » va-t-il attirer notre attention sur un arbre, la couleur de l'arbre, une branche, etc. ? Nous retrouvons par là le problème dont nous sommes partis : que désigne exactement « ceci » dans l'énoncé « ceci est mon corps » ?

Wittgenstein pose le problème ainsi :

> Mais que sont les parties constituantes simples dont se compose la réalité ? – Quelles sont les parties constituantes simples d'un fauteuil ? – Les pièces de bois à partir desquelles on l'a fabriqué ? Ou les molécules ou bien les atomes ? – « Simple » veut dire non-composé. Et voilà ce qui importe : « composé » en quel sens ? Parler sans plus de précision des « parties constituantes simples d'un fauteuil » n'a aucun sens. (*ibid.*, § 47)

Mais que pourrait être un constituant simple et en quoi cette question rejoint-elle le problème des déictiques ? Il semble que le sens de « ceci » comporte l'idée d'une réalité individuée à laquelle un énonciateur se rapporte. Or nous avons vu jusqu'ici que, pour que cette réalité problématique soit atteinte, il faut situer l'acte d'énonciation à l'intérieur d'un champ de présence. Il faut ensuite que celui-ci soit spécifié par le référentiel de la deixis qui, nous l'avons vu, possède une signification universelle. Pour nous approcher de ce qui est particulier il faut alors introduire un jeu de langage, une institution à laquelle se rapporte l'acte en cours. Finalement est-il nécessaire pour que le « ceci » atteigne son but que l'on suppose ce dernier absolument simple ? Nous retrouvons par là le problème ontologique qui nous avait jusqu'ici sembler étranger au monde de la deixis.

Wittgenstein paraît refuser tout sens à l'idée de partie constituante simple. Mais l'on peut pourtant demander si ce qui est visé est ou n'est pas divisible en parties. Si oui, où s'arrête la division ? Si non, comment peut-on justifier le caractère monadique de ce qui est atteint ?

Ces problèmes classiques nous semblent directement liés à l'acte de montrer. Dire « ceci », faite un geste ostensif, dessiner une flèche pour indiquer un chemin, sont diverses façons d'établir des relations intentionnelles. Celles-ci impliquent une certaine conception du mode d'existence de ce qui est visé et que l'on nomme, d'un terme sans doute équivoque, l'« objet ». Le fait même de montrer paraît déterminant dans ces circonstances car il semble que la monstration exige quelque chose à montrer, pour des raisons simplement grammaticales. Mais y a-t-il pour autant une nécessité nous imposant de concevoir le monde comme constitué d'entités séparées ?

Bergson semble avoir sur ce point une conception assez radicale : « Toute division de la matière en corps indépendants aux contours absolument déterminés est une division artificielle » ([1896] 1993, p. 220). Ou encore :

> Bien plus, en démontrant de mieux en mieux l'action réciproque de tous les corps matériels les uns sur les autres, la science revient, en dépit des apparences [...], à l'idée de continuité universelle [...]. D'où vient alors l'irrésistible tendance à constituer un univers matériel discontinu, avec des corps aux arrêtes bien découpées, qui changent de place, c'est-à-dire de rapports entre eux ? (*ibid.*)

Pour Bergson, la raison de ces divisions réside essentiellement dans une nécessité pratique que l'exemple suivant illustre clairement :

> Chez le plus humble des êtres vivants, la nutrition exige une recherche, puis un contact, enfin une série d'efforts convergeant vers un centre : ce centre deviendra justement l'objet indépendant qui doit servir de nourriture. [...]. Mais le besoin de se nourrir n'est pas le seul. D'autres s'organisent autour de lui, qui ont tous pour objet la conservation de l'individu ou de l'espèce : or chacun d'eux nous amène à distinguer, à côté de notre propre corps, des corps indépendants de lui que nous devons rechercher ou fuir. Nos besoins sont donc autant de faisceaux lumineux qui, braqués sur la continuité des qualités sensibles, y dessinent des corps distincts. (*ibid.*)

La réponse de Bergson consiste au fond à inverser le problème. Nous ne vivons pas dans un monde fait de discontinuités mais c'est le fait même de vivre qui crée des discontinuités. Le monde matériel est continu mais nos besoins y découpent des corps distincts.

SYNTHÈSE

Nous sommes partis du problème des déictiques à l'intérieur de la *Logique* de Port-Royal. Dans ce contexte il apparaît clairement que le sens du pronom démonstratif dépend essentiellement de la nature de ce qui est montré. Nous avons, sur cette base, accompagné notre réflexion sur les déictiques d'une autre consistant à rechercher s'il n'y avait pas un lien entre la théorie que l'on pouvait proposer des déictiques et un certain nombre d'hypothèses ontologiques. Parmi celles-ci, nous avons examiné la distinction entre substance et accident admise depuis Aristote. Mais la deixis prise dans son ensemble nous a d'abord paru ontologiquement neutre pour deux raisons. La première est qu'elle s'offre comme un cadre, un référentiel, qui est en lui-même indifférent à ce qu'il permet de situer. La seconde est que sa réalité est universelle et ne détermine donc aucun être dans sa singularité mais le situe simplement dans un espace formel. Il reste que la simple possibilité de montrer semble supposer l'existence d'entités distinctes les unes des autres. On est alors en droit de demander s'il existe des éléments simples ou seulement un continu homogène. Finalement la solution proposée par Bergson nous semble apte à offrir une formulation adaptée au problème spécifique du pronom démonstratif. Nous l'énoncerons ainsi : nous ne montrons pas des objets parce qu'ils sont des parties détachables de notre univers, mais ils deviennent des parties détachables parce que nous les montrons. Il restera pourtant une incertitude essentielle concernant la nature exacte de la singularité que l'on cherche à montrer, précisément parce qu'il ne s'agit pas d'un problème pratique mais d'un problème spéculatif.

Jean-François BORDRON
Université de Limoge

LA DEIXIS LANGAGIÈRE

Approche sémiotique

En sémiotique, le geste qui consiste à pointer vers quelque chose n'est pas bien compris, parce que les catégories disponibles s'y prêtent peu. Le problème est peut-être semblable à celui des actes de parole (*speech acts*), à savoir que l'aspect performatif grâce auquel on obtient un effet de changement dans le rapport entre les sujets en communication est dû à l'inclusion de l'expression même dans le contenu de l'expression, alors que cela n'est pas prévu dans la théorie du signe. Faire signe de manière à ce que le fait de faire signe fasse partie du signe que l'on fait, n'est pas une chose facile à théoriser. C'est pourtant ce que nous faisons tous les jours sans nous demander comment, quand nous attirons l'attention de l'autre sur une chose, un signe ou une idée, par le simple fait de lever un doigt ou une main, d'activer la mimique oculaire, ou d'utiliser une expression déictique. Quand l'officiant prononce les mots *hoc est enim corpus meum*, il n'est pas en train de désigner son corps mais de pointer, par ce *hoc*, vers un pain que ses mots transforment immédiatement en chair (pour le croyant catholique). *Hoc* est un déictique, et sans lui la phrase ne pourrait pas opérer son « abracadabra » performatif. Si je dis, en accompagnant mes mots par un geste (dé)monstratif, « Voici ma maison », je ne suis pas en train de décrire une maison, mais plutôt d'expliquer que ce qui se trouve là où la flèche imaginaire sortant de mon geste l'a placé dans l'espace de l'énonciation et de mon geste, est ma maison. Mon geste et mes mots reliés à *voici* renvoient donc à ce que signifient mon geste et ce mot indicateur, démonstratif, et pas exclusivement à ma maison. Le signe déictique n'est d'ailleurs ni saussurien, ni peircien[1]. Quand je dis *que* je dis ce que je dis, je fais clairement autre chose que de dire ce que je dis. Je fais travailler le signifiant *dans* le signifié, et c'est paradoxalement cela qui crée la référence à un réel en dehors du signifié. La déicticité est auto-énonciative,

1 Voir à ce sujet Brandt (2016, 2017).

c'est précisément ce qui la rend référentielle[2] ! Sans les déictiques, dans la morphologie des langues, le langage serait par conséquent inutilisable, il ne créerait aucun lien entre les sujets et leur réel partagé.

Dans ce qui suit, nous allons considérer quelques aspects élémentaires du phénomène déictique en français. Certains des modèles proposés peuvent sans doute être transposés et servir à l'étude d'autres langues et peut-être à d'autres pratiques signifiantes, mais dans un premier temps, il s'agira simplement d'observer et d'organiser l'observé de ce champ linguistique particulier.

LES DÉMONSTRATIFS

Les pronoms démonstratifs sont considérés comme les représentants, dans le langage, de la deixis originelle, c'est-à-dire celle qui opère dans l'espace-temps de la gestualité intersubjective, prototypiquement par l'acte qui consiste à *pointer* (du doigt). On pointe vers une chose, un état de choses, un signe, une idée, un acte, un temps, ou un espace ; ce sont là les *réalités* auxquelles on se « réfère » par le fait de pointer et, en général, par la deixis. La référence à une réalité (dans ce sens large) est toujours l'effet sémiotique d'une deixis.

La grammaire française[3] connaît notamment un adjectif appelé démonstratif, *ce*, et un pronom également démonstratif, *celui*. Les deux peuvent être renforcés par des morphèmes déictiques de distance, *-ci*/*-là*, qui distinguent deux degrés de proximité de la cible visée. Voici[4] quelques exemples de l'usage de *ce* visant des circonstances situées dans l'espace (1), le temps (2), la pensée (3) ou le discours (4, 5).

---

2 L'auto-énonciation en question correspond précisément à ce que je viens de décrire comme la présence du signifiant dans le signifié caractérisant le performatif. Dans l'impératif, par exemple, *Fais ce que je dis !* indique morphologiquement, c'est-à-dire signifie, que la force énonciative (*speech act force*) vient du fait que c'est l'énonciation en cours qui s'auto-autorise. La deixis produit une référence à un réel parce qu'il place son signifiant dans le réel signifié. C'est cela même qui transforme le signifié en « référent ».

3 Dans ce bref chapitre, nous nous limiterons à la langue française, alors que la problématique relève évidemment de la linguistique générale. Les exemples *infra* proviennent de Togeby (1965) et de Sandfeld (1965).

4 *Voici* et *voilà* sont des déictiques qui se construisent comme des verbes transitifs. Voir *infra*.

(1) Où suis-je ? Ah, je connais ce tournant, ce buisson, cette borne. (Régnier)
(2) Ah ! Que ce dernier jour de septembre est donc beau. (Rostand)
(3) Je n'avais pour vous [...], surtout après cette scène avec votre père, qu'aversion et que rancœur. (Bourget)
(4) Je recherche, en général, les rues où il n'y a personne. Ces rues-là sont rares à Paris. (Duhamel)
(5) Puis il fit cette réflexion : ils parlent trop vite. (France)

Le démonstratif *celui* présuppose une référence déjà établie dans le contexte immédiat, situationnel (6, 7), imaginaire (8) ou discursif (9)[5] :

(6) Je préfère celui-ci à celui-là. (Togeby : la phrase est accompagnée d'un geste)
(7) Je ne suis pas celle qu'il vous faut. (Colette)
(8) Ils faisaient celui qui ne comprend pas. (Mille)
(9) Il composait ... des poèmes exquis et des impromptus badins et il tenait davantage à ceux-ci qu'à ceux-là. (Fabre)

La déicticité des pronoms *ceci* et *cela* (*ça*) est sémantiquement plus autonome, car elle ne présuppose aucune spécification nominale. Elle se réfère directement à un « quelque chose » qui n'a besoin d'être ni nommé, ni connu. En ce sens, elle peut être considérée comme la forme déictique la plus pure en français :

(10) Ceci est à moi, cela est à vous. (Togeby)
(11) Et ça, qu'est-ce que c'est ? (Togeby)
(12) Je le dis, parce que cela est. (Daudet)

Ces derniers exemples montrent aussi l'importance de l'autre devant qui une certaine monstration est faite, et à qui s'adressent la revendication

5 On distingue d'habitude les déictiques et les *anaphoriques*. Cette habitude repose sur la distinction entre une visée mondaine et une visée textuelle. Ce sont là deux réalités distinctes, mais il y en a même une troisième, purement conceptuelle : *Celui qui penserait comme ça serait un ...* Ce n'est pourtant pas la grammaire qui les distingue, c'est le philosophe ; pour le langage, par contre, il s'agit d'une visée, d'un acte déictique de pointage, ou *targeting* (Talmy 2017), et c'est cela qui est important. Le langage n'est pas philosophe, il traite le conceptuel, le textuel, le mondain de la même manière : c'est du réel, pour la sémantique langagière. L'exophorique et l'endophorique sont des termes « philosophiques » en ce sens. Le langage ne marque pas la différence entre un « dedans » et un « dehors » ; tout est simplement *là*. Sinon, il y aurait des morphèmes distincts marquant la différence entre un *ceci* déictique et un *ceci* anaphorique, par exemple ; entre un voilà endo- et un voilà exo- ; ce n'est pas le cas. C'est là l'originalité du langage, comparé à la philosophie du langage.

(10), la demande (11) ou la parole insistante (12)[6]. L'autre peut même être la source de ce qui est mis au premier plan, souvent émotionnellement (13, 14, 15) :

(13) C'est cela. Moque-toi de moi ! (Togeby)
(14) C'est cela, gronde-moi, toi, je veux bien. (Pailleron)
(15) Ferme ça ! (= Tais-toi !) (Togeby)
(16) Mais non ! Ne dis pas cela ! Ce n'est pas vrai. (Togeby)

Le simple *ce* peut alors reprendre anaphoriquement un *ceci* ou un *cela* (11, 16).

L'énonciation, et notamment le rapport à l'autre de l'énonciateur, est au premier plan dans ces phrases « démonstratives », et il faut voir en quoi ce rapport détermine le sens déictique.

Le sujet énonciateur (S1) et l'autre sujet, l'énonciataire (S2), se trouvent momentanément liés par l'acte énonciatif de la monstration d'un *cela* (X), c'est-à-dire d'un référent, situé dans le domaine de la situation de communication, dans celui de la pensée, ou dans le domaine discursif. Cette relation S1-S2-X est irréductible. On peut la représenter comme une triade déictique élémentaire :

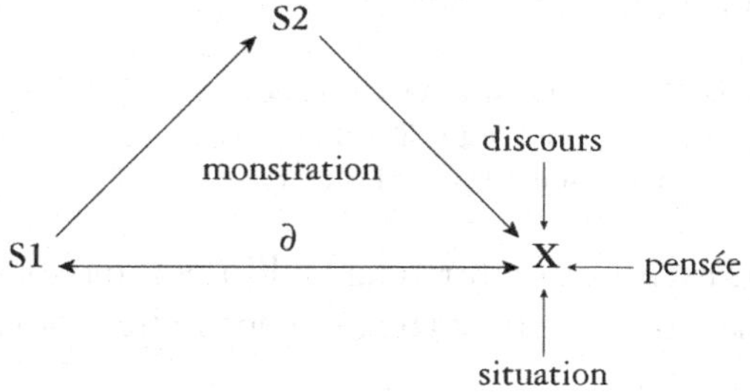

FIG. 1 – La triade déictique.

6 Dans une interview publiée par *New York Times* en avril 2016, la fille de Donald Trump dit : "People ask me from a gender perspective, '*He said this and this about women*,' and I've said, 'Have you looked at the things he's said about men ? Why would our gender be treated differently ?'" (Les italiques sont de nous : *this and this*...). Littéralement : *Ceci et ceci*... Il s'agit là d'une visée particulièrement marquée que tout le monde connaît désormais : *Grab them by the pussy !* – L'exclamation de Flaubert, en 1879 : "Comment a-t-il tiré ceci de cela ?", où "ceci" renvoie à une illustration jugée médiocre, et « cela » renvoyant à son conte Saint Julien l'Hospitalier, montre encore l'usage évaluatif du déictique.

Le référent ciblé par la deixis démonstrative constitue un ancrage élémentaire et fondamental du langage dans le réel. Ce réel (du X) devient tel du fait que S2 le reconnaît, alors que pour S1, il reste un signifié, peut-on dire. Il doit ainsi être marqué par le réel « transcendant » de l'énonciataire pour pouvoir sortir de la sémantique « immanente » et purement signifiée de l'énonciateur. C'est S2 qui doit retrouver dans la situation présente, dans la pensée partagée avec S1, ou dans le discours entendu par lui, l'entité désignée *là-bas* ou *ici-même*, dans le monde – physique, imaginaire ou discursif – où se trouve l'énonciataire[7].

DÉMONSTRATIFS ET ARTICLES
Une sémantique déictique commune ?

L'article, défini ou indéfini, est absent dans beaucoup de langues. Il apparaît dans les langues latines modernes, ainsi que dans les langues germaniques, par l'effet d'une affixation du pronom personnel (latin : *ille* –> fr. : *le*) et du premier nombre (latin : *unum* –> fr. : *un*) ; mais on peut soutenir l'hypothèse contemporaine[8] selon laquelle même les langues qui n'ont pas d'article, comme les langues slaves, possèdent néanmoins une fonction, non marquée, mais bien présente et sémantiquement active, de « détermination » nominale. Dans le même esprit, on peut supposer

7 Dans la psychose, la perte du sens du réel est directement liée à la perte du contact différentiellement intentionnel avec l'autre (c'est-à-dire le phénomène du "moi… ceci ; toi… cela"). L'intentionnalité devient celle du sujet et celle des autres, indistinctement, comme le décrit particulièrement bien le psychiatre Henri Grivois (1995). À propos de l'un des jeunes patients, il note : « Pour Éric, 17 ans, c'est l'impression que la personne en face de lui n'existait plus », « et moi non plus bien sûr, je n'existais pas », ajoute-t-il. La psychose naissante est décrite comme une expérience de centralité qui découle de cette perturbation intentionnelle. La perte du sens du réel qui en serait la conséquence donnera lieu plus tard aux hallucinations de tous ordres. Que se passe-t-il alors avec l'usage des déictiques dans la parole du malade ? Il semble succomber à l'indifférenciation, et la parole même devient difficile, elle perd souvent toute pertinence.

8 Par exemple, celle de la théorie grammaticale *x-bar* de Noam Chomsky. Nous avions proposé le même principe dans Brandt 1973. Ce dernier nous permettait de concevoir et de décrire le syntagme nominal (NP) comme un syntagme de déterminateur (DP, *determiner phrase*), ce qui a pour résultat une analyse beaucoup plus cohérente que celle qui postule un ancrage syntaxique dans le substantif, car les articles peuvent subsister en l'absence de substantif (« il y en a un/des qui di(sen)t… »).

l'existence d'un article zéro (Ø), c'est-à-dire d'une valeur sémantique signifiée par l'absence des valeurs définie et indéfinie, dans les langues à articles morphologiquement manifestés, comme le français et l'anglais. Les valeurs sémantiques des articles, en français le paradigme quaternaire (*le/un/du/Ø*), seraient ainsi à rapprocher de la sémantique déictique.

L'article défini et l'adjectif démonstratif se font manifestement concurrence dans certaines constructions, par exemple celle qui spécifie une expérience mentale :

(17) J'ai cette impression d'être enfermé vivant. (Mirbeau)
(18) J'ai ce bonheur de connaître le chemin. (Pailleron)
(19) Luc eut cette sensation qu'il se trouvait dans une ville assiégée. (Zola)
(20) J'étais occupé par cette idée que la chaloupe m'attendait. (Mirbeau)

L'usage du démonstratif dans ces cas, au lieu de l'article défini, crée un appel empathique à S2, il renvoie donc à une pensée émotionnelle partagée[9]. L'article défini devant *impression, bonheur, sensation, idée* (17, 18, 19, 20) devrait produire un effet sans doute moins emphatique, mais du même ordre, donc déictique.

On doit alors se demander si ou comment la sémantique des articles (*le/un/du/Ø*) peut contribuer à une compréhension plus générale du phénomène déictique. Il ne s'agit pas ici, bien entendu, d'énumérer ni de discuter les innombrables situations syntaxico-sémantiques qui rendent complexes leurs fonctions dans une infinité de contextes, mais de chercher un paradigme générique et prototypique plus simple, permettant de les théoriser.

Il est facile de constater que la série des *déterminateurs* peut constituer un paradigme D sémantiquement significatif dans la situation D-S devant un substantif constant : *le cheval / un cheval / du cheval / Ø cheval*. La sémantique standard semble renvoyer à un savoir et à des opérations théoriques ou pratiques sur ce savoir :

LE cheval, *tu le connais*. Sens générique *ou* spécifique ;
UN cheval, *c'est ce que tu cherches ?* Sens générique *et* spécifique ;
DU cheval, *tu en manges ?* Sens générique et partitif ;
Ø cheval, *À cheval sur ses principes…* Sens générique conceptuel.

9 En anglais, on peut trouver : « *I met this guy…* » pour dire « j'ai rencontré un type… », où *this* marque un appel à l'imaginaire de l'énonciataire.

Il peut y avoir des raisons derrière cette variation. En effet, les articles ne sont pas seulement des *déterminateurs*, c'est-à-dire des déictiques génériques ou spécificateurs. On peut montrer que les articles sont aussi des *classificateurs* (*classifiers*[10]). Ce sont des morphèmes destinés à indiquer la catégorie de l'expérience à laquelle appartient ce que signifie le substantif auquel ils se lient. Au moment de signifier une entité nominale par une deixis, on spécifie en même temps sa catégorie par son déterminateur, l'article. Car la deixis change de caractère selon la catégorie de sa cible. Le paradigme des articles français classifie par genre grammatical, bien entendu, ce qui ne représente plus grand chose en sémantique, mais il classifie notamment par catégorie d'expérience, ce que les grammairiens n'avaient pas vu. Car telle valeur d'article montre une préférence nette et significative pour tel type de substantif, en situation neutre. Nous avons ainsi observé une distribution préférentielle entre quatre types d'objets. Ce sont :

1. les objets abstraits, conceptuels (*amour, liberté*...) ;
2. les objets concrets, sériels, choses ou animaux (*pierre, cheval*...) ;
3. les objets sans contours, masses, fluides, éléments (*feu, eau*...) ;
4. les objets singuliers, personnes ou marques (noms propres, Dieu, Google, Citroën...).

Les objets abstraits et conceptuels s'emploient naturellement sans spécification avec l'article défini (*l'amour, la liberté*) et prend seulement avec une spécification l'article indéfini (*un amour étrange, une liberté restreinte*). Notre rapport expérientiel et donc déictique à cette catégorie est celui d'une connaissance et d'une approche plutôt philosophique ou théorique[11].

Les objets concrets et sériels sont ceux que l'on peut chercher, trouver, posséder et compter (*un bœuf, un chat*) ; l'article indéfini leur est naturellement associé ; avec l'article défini, ces entités deviennent souvent génériques (*le cheval est un animal domestique*).

---

10 Voir Lakoff (1987) sur ce sujet, notamment son chapitre 6 sur les "Radial Categories". En français, les articles "classifient" les substantifs en masculin et féminin, souvent de manière radicalement arbitraire, mais le paradigme quaternaire semble aussi, quoique d'une manière beaucoup plus subtile, correspondre à une classification, comme nous allons le montrer. Le livre de Lakoff est indispensable à qui veut comprendre notre raisonnement dans son cadre cognitif.

11 Parlera-t-on vraiment de deixis à propos de l'article indéfini ? *Je cherche mon chat ; c'est UN petit mâle noir*... Bühler (1982) parlerait effectivement de *Deixis am Phantasma* dans ce cas. Ce que je cherche existe par son absence marquée dans la situation, ou se cache dans la situation.

Les objets-masses sont naturellement associés à l'article partitif (*de l'eau, de l'air*) ; quand un objet concret est soumis à cette détermination, il se transforme également en masse (*du bœuf*, viande ; *du Sarkozy*, style).

La quatrième catégorie d'objets est celle des personnes, au sens large, et elle est primordialement signalée par l'article Ø (Dieu) ; mais avec l'article partitif, on obtient une certaine fluidité qualitative sans contours (*Macron fait du Sarkozy !*). Avec l'article défini, on le conceptualise (*la Callas, l'Einstein de mon village*).

Cette distribution sémantique, qui forme une véritable ontologie, et qui permet d'autre part d'être formalisée par un carré sémiotique d'oppositions, peut se résumer dans un tableau comme celui-ci :

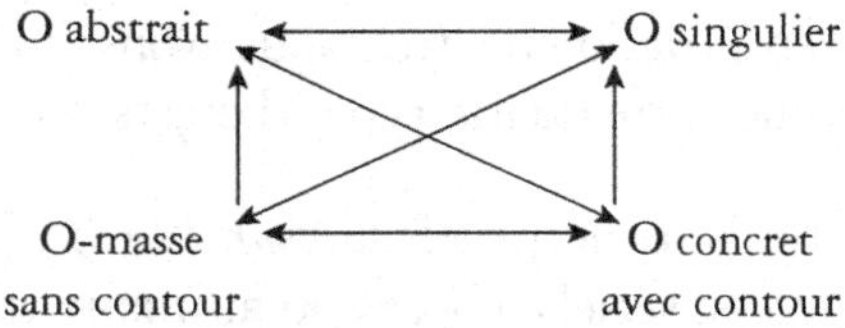

Classificateurs	Oa À PENSER	Oc À SAVOIR	Om À CRAINDRE	Os À SALUER
le	**O abstrait :** « monde »	(générique)		
un	« un monde imaginaire »	**O concret :** « bœuf »	« un feu »	« un Sarkozy »
du		« du bœuf »	**O masse :** « feu »	« du Sarkozy »
ø				**O singulier :** « du Sarkozy »

FIG. 2 – Les articles comme classificateurs ontologiques.

Les quatre types de catégories substantives, *Oa, Oc, Om, Oc*, ont chacun un article classificateur qui lui est naturellement propre, mais ils peuvent changer d'article et subir alors la modification catégorielle correspondante. C'est ce que nous indiquons avec les flèches du tableau. L'emploi de l'article défini devant un objet concret (Oc) peut rendre le terme générique, mais se contente le plus souvent de le déterminer (« mon bœuf », « le bœuf (dont il s'agit) », etc.), c'est-à-dire de le traiter à la fois comme un Oc et comme un Oa. Ainsi, « un feu » est un Om devenu Om/Oc. Et « un amour étrange », ou « un monde imaginaire », est un Oa/Oc, par spécification. Le nom commun peut apparaître avec Ø : « le train entre en gare » ; c'est Oc/Oa ! Et l'effet de sens est une institutionnalisation de « gare », c'est pourquoi « le train entre en Gare de Lyon » sonne un peu faux : à la fois institution et lieu précis. Dans tous ces cas, c'est la modification classificatrice produite par le jeu des articles qui explique l'effet sémantique riche et varié des déterminations déictiques des syntagmes nominaux.

DÉICTIQUES ET *SHIFTERS*

Pour qu'un paradigme morphologique puisse être considéré comme déictique, il faut que ses éléments soient auto-énonciatifs et référentiels. Il faut qu'ils renvoient au réel de la scène d'énonciation. C'est ce que le linguiste russe Roman Jakobson désignait par le terme de *shifter*[12], à savoir « changeur », mot qui change de sens selon la situation d'usage : *ici* peut vouloir dire Paris, par exemple, si celui qui parle est physiquement ou de manière imaginaire à Paris et qu'il donne à sa localisation cette échelle urbaine de référence. Sinon, *ici* peut renvoyer à n'importe quelle localisation et à n'importe quelle échelle (ma chambre ? la vie ? la terre ? l'univers ?).

Les déictiques, ou *shifters*, souvent traduits par « embrayeurs[13] », apparaissent en français notamment dans cinq grandes classes morphologiques : 1) les pronoms personnels ; 2) les exclamations ; 3) le temps des verbes ; 4) certains adverbes ; 5) un verbe défectif.

---

12 Voir Jakobson 1957.

13 Ce dernier terme introduit une métaphore en renvoyant à un mécanisme automobilistique, à savoir le contact entre le moteur et la voiture, contact qui peut être interrompu par un débrayage et rétabli par un réembrayage. Greimas et Courtés (1979) expliquent ainsi, dans l'entrée *Embrayage*, que l'énonciation (*cf.* le moteur) est d'abord débrayée de l'énoncé (*cf.* la voiture), ensuite embrayée. Débrayée : « Il fait beau » ; embrayée : « J'aime ce temps ». Jakobson n'a pas besoin de la métaphore automobilistique pour signaler la particularité de ces morphèmes. Greimas vise autre chose : la « conversion » des expressions impersonnelles en expressions personnelles, au cours d'un processus génératif.

1) Les *pronoms personnels*, accentués ou inaccentués (*moi, je* ; *toi, tu*, etc.) projettent les personnes de la scène énonciative sur la scène énoncée. Dans le cas de *on*, l'usage déictique de ce pronom (« Alors, les gars, on y va ? ! ») opère une projection allant même, curieusement, de l'énoncé vers l'énonciation (*on* = n'importe qui –> nous). Quelquefois, on exprime cette projection en mentionnant ses deux pôles, pôle sujet et pôle objet : « Moi, Pierre Rivière, ayant égorgé… », « Je, soussigné M. Dupont… », ou « Nous, citoyens du monde ». Les deux scènes sont modélisables comme deux espaces mentaux qui forment un *blend*, où les personnes présentes (dans l'énonciation) jouent le rôle des personnes représentées (dans l'énoncé). Cette dramatisation est un phénomène universel dans les langues. Même dans des énoncés simples et qui semblent ne désigner qu'une seule scène, comme la phrase suivante : « Je suis ici, maintenant, devant vous », on introduit en principe sa présence deux fois, à savoir vue dans la perspective de la présence, et vue dans celle de la localisation objective de telles personnes dans tel espace à telle heure.

2) D'autre part, même dans le cas d'expressions sans pronoms, cette projection personnelle peut avoir lieu, grâce aux *interjections* : « Ah ! Qu'il fait beau ! », « Oh ! Que c'est joli ! » Les interjections épistémiques, *oui, si* et *non*, et leurs variations et déformations, *ouais*, *nan*, etc., manifestent l'approbation ou la désapprobation de l'énonciateur par rapport à l'énoncé imputé à l'autre : « Oui, il est vrai que la lune est faite de camembert ! » – « Non, la lune est faite de brie ! » « Mais si, c'est un camembert ! » L'intonation emphatique fait partie de la déicticité de ces exclamatifs et la souligne.

3) Le temps des verbes renvoie toujours d'abord à la scène présente de l'énonciation. Le plus-que-parfait, l'imparfait, le passé simple, etc. présupposent tous le simple présent, point de départ déictique des renvois vers le passé, le futur ou le « futur du passé », c'est-à-dire le temps narratif par excellence, celui qui nous plonge dans l'univers narré, car *qu'est-ce qui s'est passé ensuite ?*

> (21) Le téléphone avait sonné vers quatre heures de l'après-midi chez Jean Darangane, dans la chambre qu'il appelait le « bureau ». Il s'était assoupi sur le canapé du fond, à l'abri du soleil. Et ces sonneries qu'il n'avait plus l'habitude d'entendre depuis longtemps ne s'interrompaient pas. Pourquoi cette insistance ? À l'autre bout du fil, on avait peut-être oublié de raccrocher. Enfin, il se leva et se dirigea vers la partie de la pièce près des fenêtres, là où le soleil tapait trop fort. / « J'aimerais parler à M. Jean Darangane »… (Modiano)

Le narrateur invisible dans (21) occupe avec nous le présent, et le personnage Jean Darangane est installé dans un passé narratif où il se trouve dans une certaine chambre. Depuis longtemps il l'appelle son bureau. Ensuite il prend l'habitude d'entendre des sonneries. Plus tard, il perd cette habitude. Maintenant, il s'assoupit. Alors le téléphone sonne. Il continue de sonner. Finalement, Jean Darangane se réveille. Il se lève. Il bouge. Il prend le téléphone et écoute. Dans ce passé vers lequel pointe le narrateur dans son présent, il y a donc le moment où la chambre est baptisée bureau, la période des sonneries, la période des silences, le moment de l'assoupissement, le moment de l'appel et de sa sonnerie insistante, le réveil, le mouvement, le fait de répondre, la voix au téléphone. Une longue série de moments et de périodes qui se suivent à partir du premier plus-que-parfait. Dix tranches temporelles, en fait, dans ce court passage. À chacune de ces poussées temporelles, le lecteur doit se construire une scène mentale et la ranger sur la ligne temporelle. Il doit se projeter dans la pensée de Jean Darangane : « Pourquoi cette insistance ? », et ensuite en sortir. Tout cela se passe entre l'énonciataire et l'espace pseudo-historique du protagoniste narré, alors que le narrateur, lui, reste non-projeté ; c'est cette absence de projection de la première personne qui produit l'identification forte, dans la fiction, entre l'énonciataire (le lecteur) et le protagoniste, dans l'espace du narré temporellement déployé grâce à la deixis verbale. Les déictiques démonstratifs – *ces sonneries, cette insistance* – contribuent certainement à l'établissement de la projection mentalement spatiale, ainsi que le font les expressions adverbiales – *là où le soleil*[14]…

4) Les *adverbes* (ou syntagmes adverbiaux) déictiques ancrent un scénario *spatial* dans l'espace énonciatif ou par rapport à lui : *ici, là, là-bas, ailleurs* ; ou bien ils le situent *temporellement* de la même manière : *maintenant, demain, après-demain, hier, avant-hier, dans quinze jours, il y a quinze jours*, etc. Le temps déictique se distingue nettement du temps séquentiel[15] (*avant, après, la veille, le lendemain, quinze jours plus tard*, etc.), qui, lui, n'implique aucun ancrage spécifique dans le présent. Il existe d'ailleurs un adverbe déictique de manière : *ainsi*, qui renvoie ou bien au

14 Il est d'ailleurs intéressant de voir comment un narrateur invisible arrive à établir une énonciation déictique, puisque son statut non corporel (*unembodied*) ne devrait pas lui permettre de gesticuler.

15 Sur la distinction entre temps séquentiel, temps déictique, temps aspectuel et temps épistémique, voir Brandt (2004, chap. 3).

contexte discursif (*Ainsi va le monde. Hélas.* – Et la formule performative : *Ainsi soit-il !*), ou bien à une démonstration *ad oculos*, par l'énonciateur, de la manière dont on fait quelque chose : *Regarde, c'est facile. Ainsi*[16]...

5) Le curieux verbe défectif *voi-* dans les deux variantes *voici* et *voilà*[17]. On peut remarquer que la variation spatiale *-ci/-là* invite à sentir une variation sémantique entre la mise en avant de la première personne ou de la deuxième personne de l'énonciation. Soit, tendanciellement : *Me voici !* versus *Te voilà !* – même si toutes les combinaisons sont bien entendu possibles :

(22) Et voy me là prest à boire. (Rabelais)
(23) Vous êtes aimés tels que vous voilà. (Mauriac)
(24) Te voici vigneron. (Chanson traditionnelle)
(25) Ne voilà que de petites choses. (Lescure)
(26) Mais voici qui comble la mesure. Là, en face d'elle... (Daudet)

Comme le montrent (25) et (26), *voilà* renvoie en arrière et *voici* en avant dans le texte, probablement parce que « en arrière » est déjà « plus près de toi », alors que « en avant » est, encore, « plus près de moi » ; le texte linéaire de la parole serait vu comme un flux venant de l'énonciateur et allant vers l'énonciataire.

THÉORIE DES DÉICTIQUES

On a vu que la référence déictique pouvait viser la réalité physique de la situation énonciative, mais aussi un contenu de la pensée ou du discours actualisé dans la situation énonciative. Ce sont toutes des réalités cognitives. Or, quelle que soit la nature de la référence, elle repose sur la coexistence de deux espaces sémantiques signifiés à partir de l'espace de

16 Ainsi : comme dans un livre, comme dans une demonstration, ou comme dans un raisonnement – le langage vise simplement l'évidence, de quelque régime de réel qu'il s'agisse. À côté d'*ainsi*, nous devrions d'ailleurs considérer l'adverbe déictique *si*, dans ses usages multiples, et les comparer avec l'adverbe particulièrement fascinant *so* en anglais. C'est *si* intéressant...

17 Sandfeld (1965) et Togeby (1965) les considèrent comme des formes issues de la phrase interrogative en latin : *vides (me) ?*, « tu (me) vois ? ». Ils mettent ainsi en valeur l'emphase sur la deuxième personne, l'énonciataire.

la communication, à savoir un *espace mental de présentation*, où l'on expose la scène de l'énonciation, et un *espace mental référentiel*, où une scène réelle, au sens de réalité cognitive, à savoir celle à laquelle on se réfère, est posée, conçue comme indépendante du fait d'être vécue ou non par les sujets de l'énonciation. Ainsi, par exemple, si au bout d'un long voyage, on s'exclame : « Nous voilà finalement arrivés ! », on pense à la fois à ce que l'on voit autour de soi à cet instant attendu et mémorable, et au fait d'être des personnes qui se trouvent – finalement – au bout d'un itinéraire narrable ; phénoménologie présentative et narrativité référentielle s'opposent et se complètent dans notre expérience d'une même situation. Nous la vivons « de l'intérieur » et « de l'extérieur » en même temps[18]. Les déictiques relient alors ces deux scènes et, pour ainsi dire, théâtralisent ainsi le réel en le rendant vif et présent. Cette théâtralisation correspond à la figure de style appelée en rhétorique une *hypotypose*. En linguistique, elle n'est pas connue, mais il est facile de voir qu'elle est le résultat sémantique du *blending* de ces deux espaces d'entrée. Le réel est constamment réanimé par le langage qui s'y réfère, et comme ce phénomène est omniprésent dans le langage, il devient en fait trop évident pour être remarqué. Le modèle de l'intégration conceptuelle et du blending[19] permet de le tirer de l'ombre, au prix de l'effort que demande l'acceptation de la distinction entre le réel de l'acte énonciatif et le réel référentiel, qui est « dans la tête » et qui reste « dans la tête », même s'il peut également être physiquement présent pour les sujets en train de communiquer ; mais, bien entendu, il l'est *a fortiori*, quand il est historique ou discursif, c'est-à-dire textuel (connu à travers des textes).

Le mécanisme général de la deixis pourra se résumer dans le modèle suivant (Fig. 3), où l'on observera aussi que la stabilisation du blend entre les deux espaces d'entrée présuppose l'activation de deux schémas de pertinence fondamentaux dans la pensée humaine, l'*identification intentionnelle* (qui nous projette *hors* du présent, dans le « narrable ») et la *théâtralisation* (qui projette les personnes et les choses du « narrable » *vers* le présent).

18 Notre vécu devient narrable du fait d'être déjà potentiellement narré au moment d'être vécu, par une superposition phénoménologique des deux perspectives, irréductibles l'une à l'autre.

19 Pour une explication théorique et analytique détaillée du modèle de l'intégration conceptuelle par le processus sémantique du blending, voir notamment Line Brandt (2013). Le temps déictique est ancré dans la situation énonciative, alors que le temps séquentiel est ancré dans le calendrier. Si ce le temps séquentiel devient, dans le blend, déictique, on a l'hypotypose.

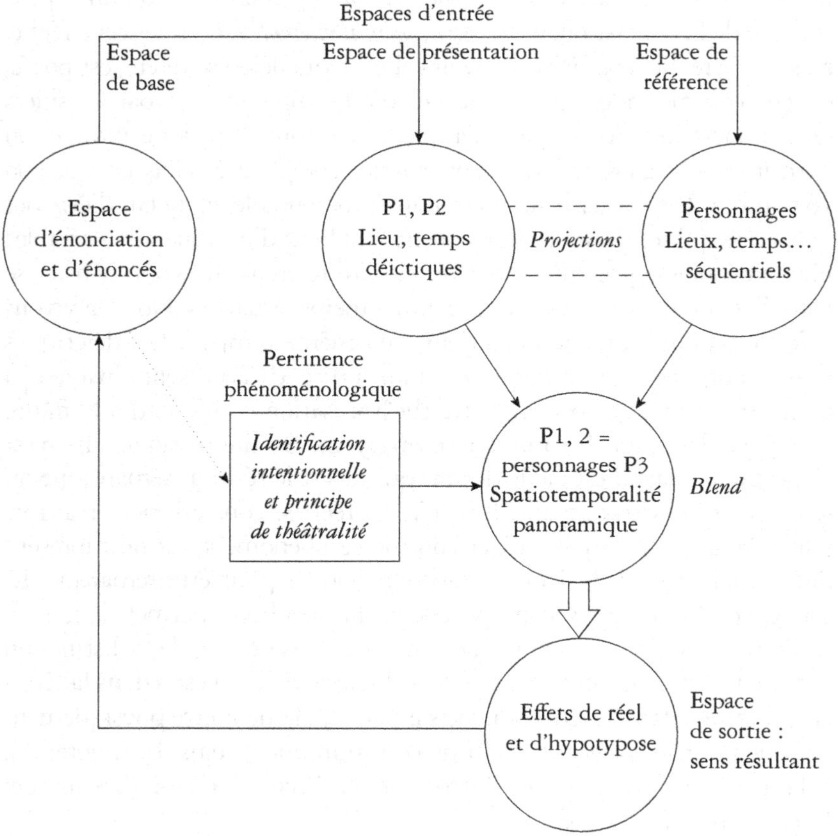

FIG. 3 – La deixis comme réseau d'espaces mentaux et processus de blending.

L'avantage de cette représentation pourrait être d'inscrire les phénomènes déictiques dans le cadre d'une conception sémantique bien plus ample, élaborée au cours d'une recherche non seulement grammaticale, mais sémiotique et cognitive, philosophique, et surtout poétique, puisque c'est dans l'étude des expressions de la *pensée imaginante* (opérant par métaphores, métonymies, idiomatismes de tous ordres) que ce modèle a été développé. Ainsi, il peut être fructueux, en partant des cas spéciaux, de remonter vers le fondement même de tous les cas possibles, pour mieux saisir un aspect fondamental du fonctionnement même du langage : ici, celui de la deixis.

POUR CONCLURE

Dans le langage parlé, la deixis langagière est souvent, voire presque toujours, accompagnée de gestes déictiques, manuels, faciaux, oculaires (*co-speech gestures*), qui s'accordent presque automatiquement aux phrases et varient de syntagme en syntagme. L'étude de ce parallélisme et des gestes qui combinent des fonctions déictiques, symboliques et iconiques est l'une des plus fascinantes parmi les branches appliquées et expérimentales de la linguistique[20]. Dans ces structures complexes, on peut voir les gestes comme des manifestations comparables aux signes de l'écriture, et donc susceptibles d'être associées aux expressions phonétiques, comme des signifiants *phono-gestuels*[21], particulièrement importants pour l'hypotypose performative du langage. La théâtralité de la parole, celle qui motive l'expression de « parole vivante » (*vs* « lettre morte »), est due essentiellement à ces projections entre scènes de l'énoncé et scènes de l'énonciation, sans lesquelles le langage ressemblerait aux codes ou « langages » de programmation (du Fortran, Algol et Pascal des premières générations aux Java et à C+, etc., de nos jours) ; c'est en effet *l'absence de déictiques* dans ces « langages » logico-mathématiques, grâce auxquels on fait opérer nos ordinateurs, qui fait qu'ils ne pourront jamais être ni parlés ni utilisés pour la transmission intersubjective de l'esprit humain, sauf à travers le langage qu'ils permettraient de véhiculer, mais sans le comprendre.

Per Aage BRANDT
Case Western Reserve University
(États-Unis)

20 Voir Parrill (2008), Parrill et Sweetser (2004).

21 Les noms propres s'écrivent avec des lettres initiales en majuscules ; les déictiques se marquent avec des gestes indicatifs.

LES PROPRIÉTÉS DÉICTIQUES DU SENSIBLE

À Jean-François Bordron,
philosophe, sémioticien, et amoureux du sensible.

Une faible lueur rouge et jaune s'allume dans la partie supérieure au centre de l'écran et disparaît aussitôt. Elle s'allume à nouveau de manière intermittente et, devenant de plus en plus grande, s'approche du centre à chaque éclat. Elle se démultiplie en petites lueurs, se rassemble, traverse l'écran de droite à gauche à toute vitesse et revient lentement de gauche à droite. S'agitant encore, elle fait quelques tours avant de se réinstaller au centre à travers un scintillement qui occupe une grande partie de l'écran…

Dans les prolongements du cinéma expérimental, *Lignes et points* (1961) de Piotr Kamler et François Bayle[1] nous confronte, comme d'autres œuvres de même type, à un plan de l'expression dont le contenu pose question, sinon problème. C'est le propre de l'art dit « abstrait », tout comme de la musique, de la glossolalie et des configurations que l'on qualifie souvent de *pure énonciation* ou *pur signifiant.* Mais ces configurations sont-elles véritablement dépourvues de signification ? Pour répondre à cette question, suivant les hypothèses développées par Verónica Estay Stange (2014, 2018) autour de la « musicalité », nous tenterons de monter que, après la décantation (voire la disparition) des contenus figuratifs, l'aspectualité, corrélée à des variations tensives, persiste comme une sorte de plan du contenu dégagé par la manifestation d'un matériau (texture, lumière, chromatisme, etc.) dans le plan

1 Disponible sur : https://fresques.ina.fr/artsonores/fiche-media/InaGrm00839/piotr-kamler-lignes-et-points.html (contacté le 5 janvier 2020).

de l'expression lui-même : une fois apparue sur scène lors d'une phase « inchoative », en devenant plus grande et en s'approchant du centre, la lueur du film de Kamler introduit une tension qui atteint son point culminant lorsqu'elle occupe presque tout l'écran et qui décroît par la suite, dans une séquence « terminative ».

Mais surtout, nous postulerons que l'aspectualité – comme un reste lorsque tout a été arasé – se présente en contenu ultime des configurations « abstraites » ou considérées, à tort, comme « non signifiantes ». Elle constitue alors le siège d'un dispositif déictique à part entière qui renvoie en dernière instance au corps percevant et à ses multiples projections : une fois que la lueur est apparue, impossible de ne pas interpréter sa deuxième apparition comme un « là-bas » ou comme un « après » par rapport à l'« ici » et au « maintenant » surgis de la première occurrence, mais aussi comme un « là-bas » qui, par rapport à nous-mêmes, se rapproche au fur et à mesure que la lumière grandit en s'orientant vers le centre de l'écran, qui est également le cœur de notre champ de vision en tant que spectateurs. Sans négliger le rôle des codifications culturelles qui, même dans les représentations « abstraites », continuent à façonner les effets de perspective, nous mettrons en parallèle ces phénomènes visuels avec des phénomènes auditifs, en postulant l'existence d'une *deixis aspectuelle* inhérente à toutes les formes de langage. Cette deixis ancrée dans le sensible renverrait en fin de compte au substrat déictique d'une activité perceptive dont les premiers repères se constituent autour des variations d'intensité à travers lesquelles les objets – ou plutôt les *icônes*, au sens de Jean-François Bordron (2011)[2] –, appréhendés comme des instances, « réclament leur droit à la manifestation sur le devant de la scène du discours » (Bertrand, 2005, p. 180).

2 Selon l'auteur, l'icône, détaché de l'acception peircienne qui en est l'origine, s'inscrit dans un processus signifiant qui comprend trois stades. Il prend sa source dans l'*indicialité* du « il y a quelque chose », se prolonge avec l'*iconisation* qui, par analogie, offre une première identification de l'objet dans la perception, et s'achève dans la *symbolisation* lorsque l'icône est soumis à des règles de contextualisation, de tous ordres, qui confèrent à l'objet son identité effective.

PHÉNOMÉNALITÉ ET OPÉRATIONS ÉNONCIATIVES

En explorant le rapport entre « deixis et opérations énonciatives », Denis Bertrand (2005) a montré que, en dépit de l'immédiateté dans laquelle les expressions déictiques semblent nous plonger du seul fait de leur référence à la situation d'énonciation, la médiation objectivante en est la condition même. Autrement dit, suivant les postulats de la sémiotique greimassienne, *le débrayage précède l'embrayage* – ou même ce qu'on a parfois appelé le « proto-embrayage[3] ». Si ce principe est valable pour toutes les « expressions de la subjectivité dans la parole » (Bertrand, 2005, p. 174), il serait également pertinent dans le champ phénoménal, concernant les manifestations du sensible tel qu'il s'offre à la perception – cette dernière acquérant dès lors « toutes les propriétés d'une énonciation » (*ibid.*, p. 179).

Développées dans l'article cité d'un point de vue théorique, ces considérations sont ensuite confirmées par l'analyse de l'« écriture déictique », qualifiée d'« émotive » par son auteur, Louis-Ferdinand Céline. Or, en franchissant encore un pas, il nous semble possible de les soumettre à l'épreuve des expériences sensibles non verbales, telles que le visionnement du film de Kamler. Ainsi, lorsque la petite lueur rouge et jaune s'allume dans la partie supérieure au centre de l'écran, cette configuration « indicielle » – l'indicialité, selon J.-F. Bordron, étant le premier stade du parcours perceptif au cours duquel on pressent qu'« il y a quelque chose » – fait émerger une *instance distincte du sujet* qui la perçoit.

« Instance » d'une part, car la lueur apparaît elle-même comme une source énonciative : elle *se présente* voire *s'impose* à nous, et, en tant que seul événement visuel dans le continuum d'un écran jusqu'alors noir, d'une certaine manière *exige* d'être regardée – le propre des *instances*, modalisées par un *vouloir-dire* ou *-être* primordial, étant justement *l'insistance* (Bertrand, 2006, « L'instant, l'instance, l'insistance »). « Distincte du sujet » d'autre part, car son appréhension, tout comme sa désignation,

3 D. Bertrand (2012, p. 23) propose ce terme pour désigner la dimension somatique de l'énonciation (l'émotion incontrôlée) en relation avec l'énonciation discursive dans la composition énonciative d'un type particulier, celle d'un locuteur atteint du « syndrome de l'X fragile ».

instaure le débrayage fondateur de la troisième personne : « une lueur » ou, de manière plus élémentaire, « quelque chose ».

L'apparition de cette instance *autre* (extérieure ou débrayée par rapport au sujet percevant) constitue, nous semble-t-il, la première pierre d'un dispositif déictique complexe. Deux voies de *déictisation phénoménale* s'ouvrent alors.

D'un côté, dans le cadre d'une syntagmatique immanente, les apparitions successives (ou « itératives », pour employer un terme proprement aspectuel) de l'éclat de lumière introduisent des changements de situation temporelle et spatiale susceptibles d'être interprétés par référence à l'*ici* et *maintenant* qui sont ceux de la lueur, instaurés lors de sa première occurrence. Il s'agit d'une *déictisation* que l'on peut considérer comme *interne* à l'objet, le point d'ancrage du dispositif spatio-temporel ainsi déployé étant la lumière elle-même : le centre de l'écran, vers lequel elle se dirige, constitue un *là-bas* par rapport à son premier *ici*, et un point d'arrivée ultérieur (un *après* donc) par rapport à son commencement.

D'un autre côté, en se montrant à nous avec une insistance due précisément à son caractère itératif – et intensifiée aussi bien par l'augmentation de sa taille que par l'accélération de sa vitesse –, la lueur fait de notre propre regard un deuxième centre de référence, noyau d'une *déictisation* que l'on peut qualifier d'*externe*. Au fil de ses apparitions, la lueur écourte progressivement la distance par rapport à notre *ici* et *maintenant* ; autrement dit, elle *se rapproche de nous* au fur et à mesure qu'elle s'éloigne de son point de départ, et inversement. C'est justement le dispositif déictique externe qui nous permet d'établir l'équivalence entre modifications de taille et d'intensité, d'une part, et variations de proximité, de l'autre.

« ÇA (ME) PARLE » : ADRESSE ET RÉFÉRENT

Ainsi considérés, ces dispositifs concomitants, interne et externe, semblent renvoyer respectivement à la « référentialisation » (dite aussi « référentialisation interne ») et à la « référenciation » (Bertrand, 1985, p. 29-53). Nous rappelons que ces deux opérations langagières, étroitement liées l'une à l'autre, se distinguent de la manière suivante : la première se définit comme la référence à un objet du discours déjà énoncé au moyen de divers opérateurs de reprise, tandis que la seconde implique la référence à un objet (réel ou imaginaire) du monde de la perception. Mais, dans les deux cas, le débrayage est premier.

Selon notre hypothèse, la « référentialisation » dans le champ phénoménal serait donc corrélée à une *déictisation interne*. Pour illustrer le processus de référentialisation dans le langage verbal (qui n'est pas en l'occurrence corrélé à une déictisation interne), on peut analyser les premières phrases du conte « Adieu », de Guy de Maupassant (1974). Tout commence évidemment par un débrayage qui pose les fondements (ici, acteurs et lieu) de la référentialisation : « *Les deux amis* achevaient de dîner. De la fenêtre du *café* [...] ». Viennent ensuite les reprises qui donnent à l'univers figuratif toute son épaisseur : « *De la fenêtre du café ils* voyaient le boulevard couvert de monde. *Ils* sentaient passer ces souffles tièdes qui courent dans Paris [...]. *L'un d'eux*, Henri Simon, prononça, en soupirant profondément [...] ». Or, si dans le langage verbal la référentialisation se fonde sur des opérations diverses et caractérisées (anaphore, citation, etc.), dans l'univers phénoménal la reprise repose sur un procédé dont le substrat aspectuel est manifeste : l'itération.

En revenant sur le début du film de Kamler tel que nous l'avons décrit, on constate qu'un débrayage premier permet d'introduire une instance et un lieu « extérieurs » au sujet percevant, en l'arrachant *à son inhérence à lui-même* : « *une faible lueur rouge et jaune* s'allume dans la partie supérieure au *centre de l'écran* ». Ensuite, grâce à l'itération, la déictisation interne au discours permet d'appréhender ou de construire la cohérence de ce qui est perçu. C'est ainsi que, pour le spectateur, la lueur qui réapparaît et dont la couleur persiste est bien *la même*, en dépit de ses variations eidétiques et topologiques : « *Elle* s'allume à nouveau de manière intermittente [...], s'approche du centre à chaque éclat. *Elle* [...] traverse l'écran de droite à gauche à toute vitesse et revient lentement de gauche à droite ». Il est intéressant de constater que, si dans le discours verbal la déictisation interne rend possible l'illusion référentielle, dans le cinéma c'est elle qui, faisant appel à nos facultés de reconnaissance, permet de créer, par itération, l'illusion du mouvement. Cette forme de déictisation assure en outre la cohérence de l'objet perceptif, qui autrement apparaîtrait non pas comme un icône ou, du point de vue énonciatif, comme une instance, mais plutôt comme un éparpillement de stimuli hétérogènes.

Quant à la référenciation et à la déictisation externes, leur imbrication dans le cadre de l'énonciation perceptive pourrait être mise en parallèle avec les mêmes opérations dans le discours verbal à la deuxième personne : posée *sous nos yeux*, *face à nous*, la lueur *nous interpelle* et d'une certaine manière *nous pointe*, *nous désigne* en s'adressant à nous comme à un « tu » par rapport au « je » qu'elle est, imaginairement, supposée constituer. Ainsi, faute de contenus figuratifs auxquels rapporter la référenciation, dans les configurations dites « abstraites » l'instance extérieure au discours n'est autre que nous-mêmes : l'adresse construit le référent. Cette instance étant présupposée par l'autre instance qu'est l'icône (l'objet perçu : la lueur), leur émergence simultanée ouvre la possibilité d'un dispositif déictique qui rend compte de leur situation relative, et dont l'ancrage est notre propre point de vue. C'est dans le sens de cette *illusion constructive* renvoyant au sujet de la perception que l'on peut interpréter l'observation finale de Greimas et Courtés dans leur définition de l'entrée « Déictique » du *Dictionnaire*, selon laquelle « l'emploi des déictiques permet de référentialiser le discours, de *simuler* l'existence [...] d'un référent externe » (1979, p. 87).

Loin de se limiter aux discours visuels non-figuratifs, ces phénomènes concernant aussi bien la deixis que le référent seraient propres au processus de constitution du sensible en tant que plan de l'expression, quel que soit son support matériel (et son degré d'iconisation). Ainsi, la bande sonore du film de Kamler fait appel à des procédés de déictisation équivalents à ceux mis en place par l'image. Le silence qui accompagne les premières manifestations de la lueur est suivi d'une sorte de *ronronnement métallique* qui démarre lorsque celle-ci commence à s'agiter. Ce son, qui possède d'abord une faible intensité, introduit le double dispositif déictique, interne et externe, que nous avons envisagé.

Dispositif déictique interne : en tant qu'« objet sonore » (au sens de Pierre Schaeffer[4]), le ronronnement devient le centre de référence des occurrences auditives ultérieures. Se tarissant et recommençant de

4 L'auteur définit l'« objet sonore » de la manière suivante : « Il y a objet sonore lorsque j'ai accompli, à la fois matériellement et spirituellement, une réduction plus rigoureuse encore que la réduction acousmatique : non seulement, je m'en tiens aux renseignements fournis par mon oreille [...] ; mais ces renseignements ne concernent plus que l'événement sonore lui-même : je n'essaie plus, par son intermédiaire, de me renseigner sur autre chose (l'interlocuteur ou sa pensée). C'est le son même que je vise, lui que j'identifie » (Schaeffer, 1966, p. 268).

manière intermittente, il s'intensifie et se prolonge progressivement pour céder la place à un bruit strident de timbales. Ici encore, les variations d'intensité, de durée, de hauteur et de timbre sont appréhendées en fonction du repère instauré par la première occurrence. Ainsi, l'*avant* et l'*après*, le *durant* ou l'*encore* introduit par la reprise, ainsi que le *plus* et le *moins* qui régulent la hauteur et l'intensité, se définissent par référence à ce premier événement perceptif et, par la suite, à d'autres événements (par exemple, le bruit de timbales) qui, en raison de leur prégnance et de leur autonomie, deviennent de nouveaux noyaux déictiques (internes).

Dispositif déictique externe : l'instance sonore qui, émergeant du silence, *demande* à être entendue, peut être constamment rapportée à notre propre *point d'écoute* en tant que centre déictique (externe). Par référence à ce dernier, on constate alors que le ronronnement, d'abord *lointain*, *se rapproche* de nous, et que l'éclat des timbales, en saturant le champ auditif tout comme la lueur sature le champ visuel, devient si *proche de nous* qu'il semble *nous envahir*. De manière semblable à l'image, ce dispositif déictique externe permet, dans le domaine auditif, d'établir l'équivalence entre variations d'intensité (c'est-à-dire de volume) et de proximité, selon des corrélations élémentaires, d'ordre semi-symbolique, qui font que l'affaiblissement est à l'éloignement ce que le renforcement est au rapprochement (affaiblissement/éloignement // renforcement/rapprochement).

Par ailleurs, il serait intéressant d'interroger les méthodes et la terminologie de l'analyse musicale, classique ou contemporaine, en fonction de cette double déictisation. Sans pouvoir entreprendre ici ce projet qui mériterait une étude à part entière, nous nous limiterons à constater que, en musique classique, la déictisation interne qui intervient à tous les niveaux ou dans tous les « ordres[5] » de la pièce est explicitée par un grand nombre de termes : *accelerando*, *rallentando* ; montée, descente ; pente mélodique ; chute cadentielle ; éclairement, assombrissement (par rapport au « colorisme » harmonique), etc. Dans tous les cas, les variations sont relatives au repère que constitue le centre déictique interne : c'est ainsi que, du point de vue de l'harmonie, une pièce dans son déroulement peut s'*éloigner* du centre tonal et *y revenir* après quelques détours.

5 Comme l'observe F. Gervais (1988), les « ordres » qui composent la musique sont : mélodique (variations de hauteur), agogique (durées et vitesses), dynamique (force sonore), phonétique (variations de timbre) et harmonique (construction et variations d'accords).

En revanche, en musique contemporaine, l'infinité des caractères sonores susceptibles d'être intégrés à l'œuvre a rendu difficile le développement d'une méthode d'analyse unifiée et objectivante, renvoyant exclusivement au système déictique immanent de la pièce. D'où la nécessité d'intégrer le paramètre de la perception :

> [...] après les diverses tentatives de classification basées sur les concepts de la linguistique ou encore, sur les théories de Schenker, toutes dépendantes de la partition, on doit surtout retenir les approches qui reposent sur ce que l'oreille perçoit, d'abord et avant tout (Guérin, 1990, p. 72).

Ainsi, au sein des méthodes analytiques fondées sur des critères perceptifs, la considération du *point d'écoute* comme noyau d'une déictisation externe nous paraît fondamental. Pour ne donner qu'un exemple, dans la « grille d'analyse des méthodes électro-acoustiques » proposée par François Guérin, l'« intérêt » (*ibid.*, p. 90) – un des trois sous-critères de l'écoute – repose sur la capacité de la pièce à interpeller le sujet en « forçant son écoute » ou en le « relançant » pour maintenir son attention : à travers les procédés de déictisation externe, l'œuvre doit donc *insister* auprès de l'auditeur afin d'assurer les conditions perceptives (et déictiques !) de cet échange entre *instances*.

INSTARE, INSISTERE : L'ASPECTUALITÉ TENSIVE

En rappelant l'étymologie commune des termes « instant, instance et insistance », D. Bertrand (2006) a mis en évidence leur étroite imbrication. Le concept d'« instance » est ainsi caractérisé, du point de vue temporel, par la soudaineté et l'imminence (sorte d'orientation *protensive*) ; du point de vue spatial, par la proximité ; et, du point de vue modal, par une forme de *vouloir-être* qui suppose le passage du mode de présence virtuel à l'actuel. Mais il y a encore trois traits sur lesquels nous souhaitons, justement, *insister* afin de mettre en évidence la charpente à la fois aspectuelle et tensive des opérations déictiques du sensible : premièrement, le caractère itératif (ou duratif) des instances ; deuxièmement, leurs propriétés accentuelles ; troisièmement, leur visée *exhortative*.

Parmi les diverses acceptions du verbe « insister », on trouve celle de « répéter ». Dans le cadre de la déictisation interne, nous avons constaté l'importance de l'itération pour la construction de la cohérence de l'objet perceptif. La lueur du film de Kamler, en réapparaissant comme *la même* en dépit de ses variations contextuelles, permet de reconnaître un « fil conducteur » ; de manière semblable, la « reprise » de certaines phrases ou configurations sonores fait émerger la structure de l'œuvre musicale. Par conséquent, on peut considérer que l'itération est une condition (aspectuelle) pour la reconnaissance, par déictisation interne, des « isotopies sensibles » qui rendent possible la « compréhension » de l'objet et son appréhension en tant qu'instance à part entière.

Cette observation, référée en principe à des discours *en mouvement*, nous semble également valable pour les dispositifs visuels fixes. On sait combien les « rimes plastiques » sont structurantes dans les compositions « abstraites » : en se posant sur des formes différentes et à des endroits divers du tableau, la couleur réclame son droit à la présence ; ou bien, en changeant de couleur et de dimension, telle ou telle forme *revient* sur la surface de la toile et, ce faisant, *insiste*. Or, lorsque l'image est constituée d'un seul événement visuel – comme c'est le cas des monochromes –, l'itération cèderait la place à la persistance (à la « durativité »), corrélée à un haut degré de tonicité : dans le cadre de la déictisation externe, une impression visuelle *que l'on retient* est une impression qui *nous « frappe »* par son intensité ou par sa nouveauté.

Nous en arrivons donc aux propriétés accentuelles des instances. Défini comme une « augmentation d'intensité », l'accent est l'instrument par excellence de l'insistance. Puisqu'on ne saurait jamais insister « platement », il est indispensable que chaque intervention de ce qui cherche à advenir constitue un événement, en provoquant une surprise, ne serait-ce que relative (c'est l'attente de l'inattendu, si chère au Greimas de *L'Imperfection*). Ainsi, on peut considérer que la rhétorique des instances repose sur des variations d'intensité rendues possibles par l'agencement d'éléments toniques et atones[6]. Mais il est à remarquer que cette tonicité ou cette atonicité sont toujours relatives au cadre déictique, interne ou externe, dans lequel s'insèrent les occurrences : si, dans une pièce musicale, un son devient tonique, et donc prégnant, c'est parce qu'il revient à

6 Ces deux pôles de la tonicité ont été mis en évidence et analysés par Claude Zilberberg (2006) dans ses nombreux travaux fondateurs de la sémiotique tensive.

plusieurs reprises ou bien parce qu'il est plus aigu, plus intense ou plus strident que les précédents et les suivants ; ou bien encore parce que, au regard de nos paramètres perceptifs, il impose son champ de présence. Dans tous les cas, la nature accentuelle des instances fait que la syntagmatique aspectuelle est indissociable d'une syntagmatique tensive ; en d'autres termes, chaque phénomène aspectuel a une incidence sur l'intensité, et du même coup sur la prégnance de telle ou telle instance. Ainsi, une occurrence qui se répète n'est jamais tout à fait *la même* : du seul fait de cette itération, elle produit une augmentation de l'intensité, et par là de la tension, au sein du parcours perceptif.

Par ailleurs, comme V. Estay Stange l'a suggéré dans plusieurs travaux (2011, 2014), ce parcours perceptif fondé sur l'*aspectualité tensive* est souvent structuré comme un équivalent du parcours narratif, dans la mesure où il repose sur la reconnaissance d'une phase inchoative suivie d'une phase de tension maximale qui, au bout d'un certain nombre de *péripéties tensives*, se résout dans une phase terminative. Si, dans la musique tonale, ce *schéma aspectuel et tensif canonique* a fait l'objet d'une stricte codification, dans la musique contemporaine, atonale et autres, il est souvent présent en tant que référence explicite ou implicite : c'est ainsi qu'une pièce volontairement *inachevée* est censée trouver sa conclusion dans le sujet qui la perçoit, et qui en fournit la partie « manquante ». Ce *schéma canonique* peut être rapporté au déroulement de l'« événement énergétique » qui, selon Schaeffer, détermine « la cohérence de l'objet sonore », en lui conférant son unité : « cette unité serait, dans le parlé, une unité de respiration ou d'articulation ; en musique, l'unité du geste instrumental » (1966, p. 271).

Or, encadrés par le *parcours aspectuel et tensif de base* qui garantit la clôture de l'ensemble, plusieurs « parcours d'usage[7] » (comportant eux-mêmes des phases inchoative, tensive et terminative) sont susceptibles de se déployer, non seulement de manière successive mais aussi de manière concomitante – cette trame complexe et imbriquée déterminant justement l'unicité de chaque objet perceptif. Dans ce cadre, la déictisation interne repose en fin de compte sur un réseau d'instances concurrentes, qui d'une certaine manière cherchent à s'imposer les unes sur les autres. Jusqu'ici nous n'avons analysé que les premières secondes du film de

7 Nous reprenons ici le concept de Programme Narratif (PN de base et de PN d'usage) utilisé en sémiotique greimassienne.

Kamler, où la deixis interne est prise en charge par une seule instance. Mais, par la suite, à la lueur jaune et rouge succèdent d'autres événements visuels : une lueur bleue qui, à l'instar de la première, se démultiplie puis se rassemble et disparaît puis réapparaît, ainsi que des lignes ou tracés lumineux (qui justifient le titre de la pièce : *Lignes et points*). Une structure de conflit ancrée dans le sensible, qu'on peut rapprocher du principe polémico-contractuel, se dessine ainsi à travers la compétition entre des instances qui, constituant chacune un centre déictique potentiel, tracent leur propre parcours aspectuel et tensif au moyen d'un dispositif fait de tensions et de détentes. Il en va de même pour la bande sonore (dont nous n'avons relevé que deux composantes : le ronronnement et les timbales), qui se complexifie en faisant correspondre de manière approximative les événements auditifs aux événements visuels. Dans les deux cas (son et image), la déictisation interne est associée à l'aspectualité tensive qui constitue le mode de manifestation des instances.

Enfin, au-delà des frontières de l'objet en tant que structure immanente, la concurrence entre les instances concerne notre propre champ perceptif, que chacune d'entre elles « cherche » à occuper en « exigeant » d'être perçue, poursuivie lorsqu'elle s'atténue ou attendue lorsqu'elle disparaît. Cette visée *exhortative*, *interpellative* (ou, pour employer un terme de Jakobson, « conative » car centrée sur le destinataire) est inscrite dans le verbe espagnol *instar*, que l'on peut traduire comme « exhorter, demander avec insistance ou exiger ». Ainsi, le *vouloir-être* propre aux instances est en réalité un *vouloir-être aux yeux (ou à l'oreille) de quelqu'un*. Le fondement de la déictisation externe se trouverait donc dans cette possibilité d'inversion énonciative qui fait que l'objet devient une sorte de « sujet » en acquérant par là la capacité de nous « manipuler » en nous faisant voir ou écouter. Ici encore, l'aspectualité tensive constitue le socle de l'interaction déictique : par ses jeux de tensions et de détentes, l'objet perceptif avec ses multiples instances nous attire ou nous repousse, nous envahit ou nous lâche.

CONCLUSION

Pour achever ce parcours à travers les micro-événements déictiques du sensible, et pour montrer qu'il ne s'agit pas là d'une simple spéculation conceptuelle, nous voudrions suggérer deux ouvertures, deux voies de généralisation et d'intervention.

La première, d'ordre théorique, prend acte de la réversibilité actantielle du sensible mise en évidence et étudiée par la phénoménologie. On connaît les pages fameuses de Merleau-Ponty, dans *L'Œil et l'Esprit* (1964), où il analyse l'intrication du sentant et du senti à travers l'expérience maintes fois rapportée par les peintres qui, plus que d'observer, voire de scruter l'objet de leur vision, se sentent littéralement regardés par lui dans l'exécution de la peinture. Ce renversement des instances perceptives a connu d'importants prolongements dans les travaux de J.-F. Bordron déjà cités et dans les recherches en éthologie contemporaine, avec cet effort pour mieux saisir les relations entre *umweltten* (selon le concept de Uexküll, 2010) d'espèces sensiblement étrangères les unes aux autres. Mais, dans ce jeu des points de vue changeants, le risque des interprétations anthropocentriques, inéluctablement déterminées par notre langage lui-même, persiste : nous tissons le monde de nos catachrèses[8]. En rapportant ici les opérations déictiques du sensible à des instances considérées comme centres de signification, dotées de propriétés telles que l'insistance, l'exigence impérieuse, l'exhortation, etc., nous avons cherché à limiter ces interprétations. Les modalisations dont l'objet est investi, condition même de notre saisie, sont évidemment le fruit de ce que nous projetons sur lui, ou plus exactement de ce que nous lui « prêtons ». L'intérêt est alors double : il est d'abord de prendre acte de cette remarquable extension du renversement actantiel qui nous pousse sinon à abandonner, du moins à suspendre la centralité exclusive et dominatrice du sujet ; il est aussi de chercher à mieux articuler les cheminements de cette « donation » du sens dans le sensible, donation qui nous vient des choses mêmes et dont l'art contemporain est l'explorateur.

La seconde ouverture que nous souhaitons suggérer concerne l'attention. On sait que les recherches à son sujet, en psychologie cognitive

8 Nous pensons, entre autres, au bel ouvrage de Vinciane Despret, *Habiter en oiseau* (2019), qui pose la question de ce que peut être un territoire « du point de vue des animaux ».

notamment, ont fait florès depuis plusieurs années. Et l'économie de l'attention, dans la formidable concurrence de ce qui la sollicite et de ce qui cherche à la susciter sans relâche au fil des jours et des nuits médiatiques, comporte des enjeux financiers et idéologiques majeurs. En cherchant ici, modestement, à comprendre comment nous captons et sommes captés dans l'événement même de nos expériences sensibles, nous souhaitons apporter aussi une contribution à la description des mécanismes sémiotiques de l'attention. La déictisation aspectuelle, passerelle entre le langage verbal, les langages non verbaux et la perception, nous est apparue comme un vecteur essentiel de l'attention qui nous porte vers les choses et qui fait qu'elles nous transportent aussi, dans la phorie.

Denis BERTRAND
Université Paris 8
– Vincennes-Saint-Denis

Verónica ESTAY STANGE
Sciences Po Paris

LA DEIXIS DE L'EXPÉRIENCE ESTHÉTIQUE

L'expérience esthétique est, de par ses plaisirs et ses peines, ce privilège qui s'inscrit dans notre corps, en rupture avec la banalité du quotidien, en se détachant d'autres sphères existentielles telle que le pratique, le politique, le scientifique, le religieux. Que l'expérience esthétique ait son autonomie et doive être sauvegardée de multiples réductionnismes, mais que, en même temps, comme dirait Kant, l'abîme entre territoires existentiels doive être franchi par des ponts, est une double exigence. La *présence* dense et surplombante de l'œuvre d'art nous *touche*, *vitalement. Présence*, *touche*, *vie*, en effet, seront les trois termes-clé qui rythment toute conception de l'expérience esthétique. Que l'expérience esthétique soit marquée par le plaisir et par quelque peine, ne doit pas étonner. Ce sont le plaisir et la peine de l'amour. Amour, parole de poète, est un mot qui grince sous la plume du philosophe. Et pourtant, l'ambiance de l'art, c'est l'amour. La requête de l'art est une demande d'amour. Et les amoureux de l'art sont de grands amoureux tout court : l'amour de l'art implique, génère le *nous tous*. D'aucuns s'inquièteront que l'on a sombré d'emblée dans la spéculation, dans le sentimentalisme. Mais tenez compte au moins du fait que cette éthico-esthétique n'invoque aucun récit idéologique. Il convient d'éviter les grands mots, les brillants discours de justification. L'amour est dans ces tout petits mots que sont les déictiques. Il faut aimer les déictiques. L'art est dans la deixis. L'art est présence et nous touche vitalement en tant que triangulation déictique. L'art est la mise en relation amoureuse d'un Je, d'un Tu et d'un Nous. Essayons de comprendre.

DEIXIS

Voici, *vois ceci*, *vois ici et maintenant*, non pas *regarde-moi* mais *regarde et vois* notre triangulation, dans sa contingence et sa singularité : *vois qu'ici/maintenant est le ceci d'un Je/Tu/Nous*, *vois qu'ici/maintenant je suis, vous êtes, nous sommes.* Énergétique d'un geste accueillant, mouvement de générosité, extériorisation de l'*ego* : moi aussi je suis dans ce triangle, tout comme vous, vous et moi en tant que nous. Et vous êtes celui à qui mon geste s'adresse, tu es ici/maintenant, au bout des doigts de ma main, tu es le corrélat singulier de ma motivation ostensive. Il se fait que dans la deixis il n'y pas de référent stable, éternel, transcendantal, transparent. Les positions déictiques n'ont pas de substance sémantique, et la grammaire des déictiques ne comporte qu'une *règle formelle* : qui dit/indique Je, Tu, Nous, dit/indique l'opacité et la contingence d'un être-ensemble triangulaire, événement sans durée, présence éphémère. Pas d'expérience esthétique qui ne soit singulière et contrainte par la concrétude du *ceci* triangulaire qui ne se laisse déduire, ni prédire, ni généraliser. C'est ainsi que l'expérience esthétique n'est pas un jugement qui « détermine » la qualité « objective » d'une œuvre d'art – sa beauté, son utilité –, mais bien plutôt l'appréciation *in vivo* d'un *ceci* triangulaire. C'est évidemment Kant qui nous a conduits à ce propos copernicien.

Benveniste, le linguiste par excellence de la deixis, place le triangle déictique au cœur du langage. Ce n'est pas que l'œuvre d'art « parle » – on y arrive dans un instant – mais la triangulation du *Voici* artistique est au moins analogique à celle de la deixis énonciative. Juste un mot à ce propos. Nous retenons de la théorie des « instances de discours » de Benveniste que les déictiques sont des signes mobiles, libres, nomades, qui peuvent être assumés par chaque locuteur à condition qu'il ne renvoie à chaque occasion qu'à l'instance de son propre discours. Et ainsi les déictiques ont pour vocation d'ouvrir dans le mur, dans la prison du langage, une fenêtre sur le monde. En ouvrant cette fenêtre subjectivée sur le monde, le sujet énonçant assume pour son compte le langage entier, tout comme l'œuvre d'art se présentant comme un *Je*, assume en effet l'art en général. Autre similitude : le *Je* d'énonciation se projette dynamiquement vers un *Tu*, il l'interpelle, il s'adresse à un *Tu* dans une situation *in vivo* contingente et singulière. Benveniste exclut le *Il* du système énonciatif, le *Il* ou le *Ils* relevant de la troisième personne ou de la non-personne. Le *Nous* s'enracine en fait dans la relation de *Je/Tu*. Il faudra revenir amplement sur ce chaînon crucial d'une éthico-esthétique. En somme, la théorie des instances énonciatives de Benveniste nous a paru une heuristique intéressante pour la saisie de ce qu'il en est de la triangulation artistique.

Toutefois, si analogie il y a, un *caveat* en montre les limites. C'est que l'œuvre d'art ne *parle* pas, n'énonce rien, ne raconte rien. Si l'œuvre d'art, en se présentifiant, « fait signe », pointe ostensivement vers un *Tu*, elle n'articule aucune parole. Il est vrai que les triptyques médiévaux racontent en feuilleton des histoires, tout comme David et Delacroix exhibent une diégèse historique et mythologique. Tout change, d'évidence, avec l'artiste par qui commence l'art de la modernité. Même si Manet est le « peintre de la vie moderne », selon le mot célèbre de Baudelaire, il ne l'est pas en narrateur. La rupture moderniste met un point final à la linéarité discursive, à l'emprunt narratologique, à l'impact textuel sur les arts. En appliquant l'adage wittgensteinien : l'œuvre d'art n'*énonce* rien, ne *parle* pas, ne *dit* rien, mais *montre*. L'interpellation, l'invitation, l'adresse à *Tu* est un geste plus qu'une parole. Ce n'est pas que l'on échappe ainsi à l'anthropomorphisme. L'œuvre d'art moderniste n'est pas douée de parole et de voix mais de *vie* et de *geste*. Le respect pour l'objet d'art, l'admiration, l'amour, l'humanise. Même l'urinoir de Duchamp, en tant qu'œuvre d'art, est doué de vie et est demandeur d'amour. C'est que l'urinoir, depuis que Duchamp a statué « Ceci est de l'art », n'est pas un *Il*, une troisième personne, une non-personne, dans les termes de Benveniste, mais un *Je* qui puise la force de son geste interpellatif dans sa relation triangulaire même avec un *Tu* et un *Nous*. L'œuvre d'art échappe au statut de la non-personne en se constituant comme une première personne, un *Je*, à partir de la seconde personne, un *Tu*. Le *Nous* alors est l'entrelacs, pour parler avec Merleau-Ponty, d'un *Je* et d'un *Tu*. Si l'on accepte une telle organisation de la deixis artistique, on supportera mieux l'anthropomorphisme à première vue naïf dans des expressions comme « la vie de l'œuvre d'art », « l'art nous touche ». Il y a une relation miroitante, réfléchissante et réversible entre l'œuvre d'art se présentant comme *Je* et le sujet qui en est touché, ce *Tu* interpellé. C'est ainsi que le miroir qui fait réfléchir la personne d'en face, peut être dit vivant d'une vie « empruntée » au sujet miroité. La haute productivité déictique des miroirs est due au fait que le miroir court-circuite la troisième personne : les miroirs s'adressent à nous si nous nous adressons à eux. Et, en fin de compte, toutes les œuvres d'art sont des miroirs. L'entrelacs de l'œuvre d'art se présentant comme un *Je* miroitant un *Tu* interpellé et miroité, cet entrelacs narcissique ne génère jamais aucune autotransparence du sujet. Le maître de Vienne nous a renseignés : nous avons un inconscient. Ces miroirs qui nous regardent sont troublés, opacifiés. Pourtant c'est sur ce fond disphorisant d'une opacité de principe, de la menace d'une non-relation du *Je* et du *Vous* que nous sommes invités à trianguler davantage. Comment injecter amour et paix dans cet entrelacs du *Je/Tu* obscurci et troublé ? Il faut compléter la triangulation et soumettre l'entrelacs du *Je/Tu* au pouvoir du *Nous*. Quel *Nous*, quel pouvoir ?

D'abord, et brièvement, quel pouvoir ? Se présenter en énonçant *Voici*, même avec le geste de l'accueil, les mains ouvertes en offrande, est certainement moins repoussant qu'énoncer *Voilà*, déictique de la distanciation. Mais que l'on ne s'y méprenne : *Voici* aussi s'énonce à partir d'un lieu de pouvoir, une position d'autorité instaurant de l'asymétrie dans le triangle déictique. Le philosophe américain Donald Davidson (1984) a profondément analysé comment n'importe quelle interaction communicationnelle est dominée par le principe de la *First Person Authority*. C'est évident pour tous les actes de discours qui tiennent leur sémantique de la soi-disant formule performative : J'affirme que p, je désire que p, je crois que p, je promets que p. *Je* prend nécessairement l'initiative stratégique, c'est *Je* qui organise le monde des faits, des croyances et des désirs en invitant l'autre, par persuasion, manipulation ou séduction à participer au don que *Je* fait en énonçant *voici*. Une certaine critique des idéologies s'efforce de démanteler cette prétention du *Je* stratège jamais innocent. Cette critique note que dans la culture dominante *Je* est masculin et *Tu* féminin, et que *Voici* s'énonce nécessairement à partir d'un désir de soumission. Énoncer *Voici* est alors un acte de violence, voire un viol. L'œuvre d'art se présentant comme *Je* a cette même autorité puisque derrière la présence de l'œuvre d'art on est en droit de soupçonner le Pouvoir des présentateurs : l'institution, le commissaire, l'artiste individuel même. L'autorité de l'œuvre d'art se présentant comme *Je* n'est pas *sui generis*, elle repose sur la toute-puissance des présentateurs. Marcel Broodthaers avait bien saisi cette logique en se déclarant lui-même directeur de son propre *Musée d'Art Moderne* sous le patronage de l'Aigle, symbole accompli de la toute-puissance. Le raisonnement était de bon sens : mieux vaut que l'artiste soit le présentateur de l'œuvre d'art que n'importe quel autre individu ou institution. Il est évident que cette stratégie noble, en fin de compte, n'abolit pas vraiment l'asymétrie déictique entre le *Je* et le *Vous*. Pour qu'il y ait amour sans esclavage et paix sans soumission entre *Je* et *Tu*, il n'y a qu'une Voie Royale : affaiblir le *Je* et renforcer le *Tu*. Chose facile à dire mais difficile à réaliser.

Reprenons notre souffle car la tâche est dure. Il s'agit de saisir comment la *présence* d'une œuvre d'art nous touche vitalement. Seule la triangulation peut apporter quelque solution. Comment coordonner la requête d'amour de *Je* et le don d'amour de *Vous*, et faire en sorte qu'il n'y ait pas de dérapages ? Avant Nietzsche, le prêtre avait la clé du problème dans la poche de sa soutane. Dieu, troisième terme du triangle, par sa médiation pacifie et est source d'amour. C'était limpide mais ce type de triangulation est devenu définitivement inopérant. « Dieu est mort ». Dans ces temps post-nietzschéens, pour qu'il y ait amour et paix entre *Je* et *Tu*, il faut *Nous* comme troisième terme de la triangulation. On se déplace ainsi du fondement religieux du socle anthropologique vers le fondement artistique. Comment penser ce *Nous* sans qui– ou faut-il dire : sans quoi ? – il n'y a pas d'expérience esthétique ni œuvre d'art ? Ce *Nous* n'est pas *Eux* et *Moi*, ce qui serait une collectivité : « Nous les philosophes du monde… ». *Nous* est *Toi* et *Moi*, ce qui est une communauté : « Nous les amoureux… ». Ce statut communautaire du *Nous* exige par conséquent la contingence d'un face-à-face, la singularité d'un entrelacs sensible, un *voici* qui engage la présence charnelle d'un *Nous* et d'un *Moi*. Pour qu'il y ait un *Nous*, il faut qu'il soit incarné dans l'être-ensemble d'une première et d'une seconde personnes. Mais ce *Nous*-là apparaît souvent dans son format minimal : *Nous-deux*. Ce passage à *Nous-tous* est extrêmement difficile à penser, et pourtant il est essentiel pour qu'on puisse achever la triangulation. Qui ou quoi est *Nous-tous* ? Kant pose, dans la *Critique de la faculté de juger* ([1790] 1995, paragraphes 11-17), un *Nous* transcendantal, un *Nous* qui fonctionne comme Idée, comme Idéal même, invoqué dans toute expérience esthétique que le sujet veut universalisable. L'idée du *Nous* est ainsi une nécessité qui guide et oriente l'âme dans sa recherche de beauté et de sublimité. Mais un *Nous* transcendantal n'est pas envisageable par les artistes. Le *Nous* qui clôture le triangle artistique ne peut être qu'un *Nous* « empirique ». S'agit-il d'un *Nous* comme effet d'un pacte social, d'une négociation, d'une rationalité argumentative, d'un consensus, un *Nous* style École de Francfort ? Absolument pas. Souvenons-nous que dans la triangulation artistique on ne parle pas, on vit, on touche, on montre. Il nous faut par conséquent quelque silence, pas d'argumentation ni de bavardage. Clement Greenberg, référence incontournable de la doctrine moderniste, voit le *Nous* comme le pur résultat d'un pacte conventionnel. Et pourtant le pacte entre les humains ne génère pas un *Nous* de convention, ce n'est pas un accord sur des conventions « technico-esthétiques ». La contingence du pacte entre les humains n'a rien à voir avec la contingence des conventions technico-esthétiques constamment abandonnées et renégociées. Si le pacte communautaire est contingent, c'est qu'il repose sur la singularité charnelle de l'être-ensemble politique des humains. Le *Nous* communautaire n'est pas un *Nous* de convention. Il faut plus pour que le *Nous* soit communautaire, mais quoi ? Ce *Nous* ne peut être que charnel, charnellement affectif, affectivement fusionnel. Fusion quand même où le différend ne s'efface pas, utopie dont la topologie doit être déromantisée. Mais ceci est déjà la fin de notre effort de triangulation. Tout en restant passablement proche de cette logique, il y en a une autre, superposable à celle-ci, qui mobilisera dès à présent notre intérêt : *présence, touche, vie.* L'œuvre d'art par sa *présence* nous *touche*, *vitalement.*

PRÉSENCE

Une œuvre d'art a de la *présence.* Elle parvient à se présenter dans l'enchantement, elle est en permanente résurrection. Toute une gamme de « techniques », au sens noble et grec du terme, réalisent la présence d'une œuvre d'art. Le terme de *présentoir* a d'ailleurs une portée variable. Le présentoir peut être une « technique » matérielle ou immatérielle de focalisation sur le *punctum.* Une « technique » sans doute moins noble puisqu'elle peut mener au dérapage éthique, est le *présentateur*. L'artiste, le musée, le commissaire d'exposition sont des présentateurs. Et essentiellement distincte de la *représentation* est la *présentation*, ou mieux la *présentification* – la mise-en-présence ou présentification, la dynamique monstratoire de rendre présent. Ce n'est évidemment que par abstraction que l'on parviendra à isoler la sphère de la présence des autres pôles de la triangulation (la touche, la vie) puisque la présence d'une œuvre d'art est en même temps *cause et effet* de la touche vitale : la présence vous touche, et inversement, la qualité de présence est générée par l'intensité de la touche. J'ai été touché, *ceci* est de la présence. Qu'en est-il de la présence, non plus de ses « techniques » (présentoirs, présentateurs, présentifications) mais de son essence ? Permettez-moi quelque philosophie à ce propos.

Le champ sémantique de « présence » s'organise autour du sens d'origine : est *présent* ce qui est là, *in vivo*, *hic et nunc*, dans une constellation déictique, ostensivement saisissable. Ainsi la présence est observable, sensible, pour la vue essentiellement mais également pour l'ouïe et les sens intimes, l'odeur, le goût et le toucher. La présence se dit aussi bien d'une personne que d'un fragment du monde, objet, état de fait, événement, et de l'œuvre d'art, d'une symphonie de Bruckner tout comme d'une vidéo de Gary Hill. Toutefois, ce sens d'origine s'éparpille dans toutes les directions. Une présence divine, mystique ou spirituelle n'est pas observable : elle est réelle mais pas matérielle. Une présence fantasmatique ou onirique est non matérielle et même pas réelle. Si la présence de Dieu connote son existence, la présence d'un fantasme ou d'une entité fictionnelle – la licorne, par exemple – ne dépend d'aucune prédication existentielle. La virtualisation d'une « présence » peut être plus radicale encore : on peut *présupposer* la présence du charbon ou du pétrole dans une telle région sans que cette présence ait été déterminée *de facto*. Présence non-présente, dans un sens, tout comme il y a des « présences trop présentes » comme sont les œuvres d'art : voici des présences qui marquent une allure, une prestance, une qualité qui consiste à s'emparer de l'esprit, à s'imposer fortement à l'attention, à *toucher vitalement*. Ainsi les présences sont pathémisées et jamais les corrélats d'états purement cognitifs. Si le monde est peuplé de présences, c'est que notre âme projette sa subjectivité et ses modalisations sur le monde, et fabrique ainsi des ontologies qui ne sont pas contraintes par la fonction d'existence. Il y a des présences sans existence, et, en tout cas, il y a des *degrés de présence*– des présences entrelacées avec des absences – tandis qu'il n'y a pas de degré d'existence. La présence couvre *carence*, *faute*, *manque*, *absence*, souvent, ou faut-il dire *nécessairement ?* La présence d'une œuvre d'art couvre et dévoile en même temps l'absence. Et une certaine temporalité. Le sens de « présence » comporte d'emblée la dimension *temporelle* : est présent le *ceci* qui est *maintenant*. Est présent ce qui se produit au moment de la touche, à l'époque où l'on vit. Présence et présent sont intimement liés, compte tenu que le présent est un temps-limite qui s'évanouit constamment et n'a pas de véritable extension. Cette tension entre présence et présent est un souci philosophique majeur, et la position que nous défendrons, est que c'est par le temps que l'on pense la présence, et non pas l'inverse. En outre, que « la présence soit présente » découle d'une subjectivité déjà pleinement temporalisée, ce qui nous amènera à méditer *le temps de la touche* lors de la « visite » de l'œuvre d'art, de son interpellation de *Vous*, tout comme la *temporalité de la vie* du *Nous* communautaire et politique.

En phénoménologie canonique – celle de Husserl ([1913] 1950) – la présence est un noème visé par une intentionnalité. Pour Husserl, le noème est toujours une présence visible et la noèse un regard. Merleau-Ponty (1945, 1964b) que nous suivons en la matière reformule radicalement la conception de la structure noético-noématique. Ce n'est plus l'intentionnalité qui conjoint noèse et noème, mais la *chair participative* qui les *confond*. À cette « confusion », Merleau-Ponty donne le nom d'*entrelacs*. Ce glissement de la conjonction noético-noématique vers la confusion, l'entrelacs, est rendu possible par un renversement dans la hiérarchie des sens : du visible au tangible, de la vue au toucher, du regard à la caresse. Entrelacs des tons, timbres, formes et couleurs du spectacle pictural, et de mon corps sensoriel, sous le signe du *Sensible en soi* que nous appelons *chair*.

Toutefois, cette confusion des chairs qui résulte de l'incarnation de la carnation n'épuise pas toutes les virtualités de la présence qui s'adresse par la touche au *Toi*. La présence d'une œuvre d'art est surtout « vécue » comme un *événement*. L'émergence du *Il y a*, la provocation de l'*événement* sont essentielles à l'expérience esthétique et à sa temporalité. Il suffit de scruter les moments exquis de surprise que l'on a tous vécus lors de la touche par une œuvre d'art. Il convient de s'ouvrir à la qualité de l'événement, d'être passible au *Il arrive* plutôt qu'à *ce qui arrive.* Quand Cézanne scrute la montagne Sainte-Victoire dans l'attente que naisse « la petite sensation », c'est pour qu'arrive la présence de la Sainte-Victoire comme un événement. C'est l'expérience esthétique de tout amoureux de l'art : l'œuvre d'art cesse d'être un objet de vue pour devenir un *événement* dans le champ visuel. Le contrôle des formes cesse d'être un souci, il s'agit de se mettre sous la dépendance d'une *matière.* Capter l'événement dans sa singularité ne requiert plus la synthèse des formes par l'imagination mais présuppose plutôt la faillite des synthèses. En effet, matière signifie *présence.* Cette matière n'expose ni message ni signification. Quand il y a présence-événement, quand l'événement *a lieu*, il y a césure dans l'espace-temps. Le temps de cette présence-événement n'est plus le temps de la maintenance de la présence mais le temps de la donation qui délivre la présence.

D'une certaine façon, les « techniques de la présence », les présentoirs, les présentateurs, les présentifications, ces techniques-là, dans leur globalité, risquent d'absorber la présence. Il nous semble pourtant que la franche présence est dans l'événement qui fait surgir les plans colorés de Mondrian, les fleurs de Richter, la sculpture morte de Duchamp. Le jaunâtre, blanc, gris et brun des natures mortes de Morandi, l'achrome de Manzoni, *devancent* notre âme, telle est la présence. Ce qu'il faut s'efforcer de réfléchir, c'est la singularité pure d'une saveur, d'un éclat, d'un ton, d'un timbre, en somme la *touche* du présent, son grain charnel. La touche furtive n'est pas un toucher plein – on y reviendra – mais le coup qui libère une modulation, une nuance. Une esthétique de l'événement devrait exclure le temps abstrait, le temps physique, le temps d'usage, tous ces temps qui nous permettent de formuler des jugements déterminants, qu'ils soient théoriques ou pratiques. Une telle esthétique de l'événement devrait respecter cette temporalité qui n'est pas le milieu, le contexte des événements mais la présence même en tant que temps présent vivant. La Présence, par conséquent, arrive comme un événement. Et l'œuvre d'art, issue de ce travail, est alors matière. Il s'agit d'assumer que le miracle peut surgir, le miracle des œuvres. L'irruption de l'œuvre est dramatique, on ne sait comment et pourquoi s'érige l'improbable événement de l'œuvre, artefact capable d'évoquer *la présence absolue.* L'œuvre fait trou dans l'espace-temps des perceptions et dans la raison des discours. L'inexplicable stupéfaction devant l'œuvre, nommé benoîtement « expérience esthétique », est une épreuve vécue aux confins de la singularité, en toute soumission à la Présence-événement. Si l'art ne nous procure pas le privilège d'un tel plaisir et d'une telle souffrance, cela ne vaudrait vraiment pas la peine.

TOUCHE

La Présence nous visite, nous interpelle, nous *touche*. Cette interpellation s'adresse au *Tu*, et c'est le *Moi* qui interpelle, ce corps et son blason aux cinq portes sensorielles grandes ouvertes. La demande de l'œuvre d'art est de se laisser toucher, de s'abandonner à l'évidence d'une présence. L'amour de l'art est la disposition de se laisser affecter par la touche. Il ne convient pas de renier que nous avons également un rapport intellectuel à l'art, qui enrichit notre expérience – mieux vaut avoir quelque connaissance encyclopédique quand on parcourt le musée – et ce bagage intellectuel peut s'associer syncrétiquement à l'émotion esthétique immédiate. Toutefois, le rapport amoureux est premier, et là on est dans le règne charnel de la touche. Le rapport à l'art est et reste amoureux, il faut se laisser toucher esthétiquement pour pouvoir juger si ce quelque chose qui vous touche, mérite d'être appelée « art ». La touche d'abord, le jugement ensuite.

Il faut dire un mot en ce lieu du refoulé de Clement Greenberg (1955), grand défenseur de la *planéité (flatness)* et de l'*opticalité*. Cette axiologie a dominé mythiquement le discours moderniste et mené aux pires jugements. Refuser l'épaisseur en fonction de la planéité absolue, c'est refuser la *carnation* et la sensualité des matériaux. Soumettre la peinture à l'exigence d'une pure opticalité, c'est exclure dogmatiquement le *tact*, la *tactilité*, la *touche*. Le modernisme de Greenberg fait ainsi obstacle à toute triangulation : l'art greenbergien ne peut être qu'un art à la troisième personne. Heureusement, Greenberg n'a pas pu arrêter les conquêtes de l'art triangulaire, l'art de la *touche*. *Touche* est sans doute devenu un mot-fétiche et les artistes qui l'appliquent exemplairement comme Alberto Burri sont parmi les plus grands. Burri pratique l'*incarnation à la deuxième personne*. Gloire du tact et de la tactilité, dans la matérialité, dans la superposition des couches, dans l'expérience synesthésique : Burri nous fait sentir l'onctuosité de l'huile, la viscosité de l'émail. Tact infini du geste qui étire et accumule, peinture à l'échelle de la touche.

Il s'agit par conséquent, pour trianguler davantage et plus adéquatement, de saisir ce qu'il en est de la *touche*. Tout commence par la touche comme coup de pinceau, pression et retenue du geste d'une main qui se prolonge par cette prothèse qu'est le pinceau. Il y a de l'énigme dans la touche picturale, dans ce transfert de l'adresse, dans cette intercorporéité, ce tact réciproque, ce contact de la main prolongée en pinceau et du corps de la toile vivante. Il y a tout un jeu érotique d'ajustement des désirs dans cette ambiance tactile, un renversement constant entre la demande et le don, le quémandeur se transposant en donateur, le donateur en quémandeur. D'aucuns pourraient s'inquiéter d'un glissement conceptuel en ce qui concerne la nature du destinataire de l'adresse. *Je* dans une première triangulation est l'artiste et *Vous* son médium, n'importe quel support de l'œuvre d'art, tandis que dans une seconde triangulation *Je* est l'œuvre d'art et *Vous* l'audience des amoureux de l'art. Il faudrait méditer l'homologation de ces deux types de triangles mais il y a de bonnes raisons pour l'accepter. L'hypostase du médium chez Greenberg cache une vérité première : le médium, c'est l'*Autre*, et si l'artiste s'acharne contre ou avec le médium, c'est que la toile est vivante comme un corps capable de demandes et de dons. Il s'agit bien d'un duel entre l'artiste et son médium, en somme d'un combat amoureux. Greenberg en parle en termes ouvertement polémologiques : le peintre capitule (*surrenders*) devant la toile, il s'avoue vaincu par la résistance physique et matérielle du médium. Kandinsky, illustrant trop bien la position greenbergienne, joue en redoutable mâle le jeu phallique en déclarant : « C'est ainsi que j'ai appris à me battre avec la toile, à la connaître comme un être résistant à mon désir, et à la soumettre à ce désir par la violence ». Greenberg et Kandinsky posent ainsi, sans vouloir le savoir, la question du rapport éthique avec l'autre. Structuralement, *Toi*, dans les deux triangles, est l'*Autre*, s'incarnant la première fois dans le médium, et la seconde dans l'audience des quémandeurs et donateurs de soins, d'attention et d'amour. Dans les deux cas, il s'agit de la touche, coup de pinceau, coup de marteau, coup de foudre, coup, en somme, qui ne laisse jamais indifférent, coup qui nous blesse dans le corps.

Il ne faut pas s'y méprendre : si le miroir et le regard réalisent l'adresse, c'est que tout de même le miroir et le regard sont charnels et à l'échelle de la touche. Le regard est dit par Merleau-Ponty « envelopper, palper, épouser les choses visibles », c'est dire que *le regard touche*. C'est bien ce que l'on présume d'un regard attentionné et amoureux. Il faut tout simplement nous habituer à penser que tout visible est taillé dans le tangible, qu'il y a empiètement, enjambement entre le tangible et le visible. On ne discutera pas en ce lieu ce philosophème que Merleau-Ponty, à la suite de Husserl, a remarquablement traité. Il s'agit en fait d'une phénoménologie du toucher et de sa corporéité, mais la *touche* n'est pas le *toucher*. C'est pourquoi il faut se résoudre à cesser de phénoménologiser, car la touche est l'exode du toucher. C'est bien à cet adage qu'il fallait aboutir.

L'expérience esthétique est la trace de la touche. La touche est l'exode du toucher. Le temps de la touche est celui du *clin d'œil (Augenblick)*. Husserl et Merleau-Ponty nous parlent excellemment de la main du toucher, en fait, de la main qui *caresse* et laisse ainsi des traces durables. La main autre que caressante est la main comme *stulos*, comme pinceau, à la manière des ballets chinois, à la manière également du *dripping* de Jackson Pollock. Lacan emploie pour le geste du peintre le terme de *suspension*. Peindre est un mouvement produisant des actes « suspendus ». Les traces de la *touche* sont toujours en suspension tandis que les traces de la *caresse* s'accumulent jusqu'à ce qu'elles deviennent ligne et surface et constitution d'un corps plein et homogène. *Plénitude* de la caresse, *choc* de la touche. La caresse incorpore le touché, la touche rejette le touché. La caresse tend à la *fusion* maximale, la touche à la *jonction* minimale. La caresse est une sorte de glissement, de *recouvrement* (Husserl parle de *Deckung*) sur le fond du flux pur temporel unifiant les moments présents successifs dans une seule ligne continue et une surface homogène. Il est vrai que dans la caresse la chair n'est jamais intégralement constituée. La chair caressée est *source d'excédence*, excédante à elle-même puisque sa constitution est toujours incomplète. Dans les esquisses d'une telle chair, il y a toujours l'appel du suprasensible, de ce qui n'est pas encore senti ou ne l'est déjà plus, de ce qui peut-être ne sera jamais senti dans ce glissement, ce recouvrement du touché, infini, de la caresse. Toutefois, la touche est un autre type de rencontre entre la main et son touché, une rencontre qui se limite au *choc*, au *coup*, et l'événement ne parvient jamais à s'y constituer comme un noème stable, fiable, durable. La tendance à l'excédence y est neutralisée. La chair alors s'identifie comme pure contingence, imprésentable et vouée à la disparition. La touche est césure abrupte, coupure, blessure vive, instauration de la matière la plus « présente » sans qu'il y ait recul et prétexte à une mise en forme. C'est exactement ce qui se passe quand on a ce privilège innommable d'être visité par la présence d'une œuvre d'art, de vivre dans le frisson de sa chair le coup de sa touche.

Il y a, en somme, le toucher de la main qui caresse et la touche du *stulos*, du pinceau qui griffe. Une caresse dure une éternité, la touche un clin d'œil. La touche est une question de beaucoup de finesse, c'est une qualité d'événement. Ce *Il arrive* arrive « sur des pattes de colombe », selon le célèbre mot de Nietzsche à propos de la vérité. La colombe se pose, en silence, en un clin d'œil. Cézanne devant la montagne Sainte-Victoire était toujours en attente pour que la colombe se pose, pour que naisse la « petite sensation ». Transposée au registre de l'audition, la touche est le son strident, une note aiguë, intense, brève. Le *style (stulos)* du cri qui excède l'ouïe, excave l'audible à sa limite. Le son strident du cri est cette touche qui griffe dans l'oreille, jusqu'à la blessure, des vibrations que le tympan ne peut que refuser. La *stridence* nous renseigne par conséquent sur l'idée de la touche et son temps. La stridence d'une voix touche à la limite de ce qu'on peut écouter, voire de ce qu'on peut entendre, avec sa fréquence ultrasonore perçant l'oreille, déchirant, sans qu'on l'entende mais dans la douleur, le tympan. La stridence, c'est l'exode de l'audible. Tout comme la touche est l'exode du toucher. Stridence et touche, deux façons de l'exode du sensible.

C'est en ce lieu de la démonstration que la corde métaphysique commence à vibrer. C'est que la Présence absolue de l'œuvre d'art, cette Chose-majuscule, est travaillée de fond en comble par l'absence radicale, par un certain au-delà du sensible. Exode du sensible : avec la *touche*, on sort du sensible. Le *Il arrive* se présente comme un « fait de nuit », poétise Jean-François Lyotard (1998a, 1998b), présentation de l'Autre du sensible, exode du sensible. L'œuvre d'art touche notre corps, entre dans le corps par le blason de sa chair. La touche du *Il arrive* s'adresse à la chair pénétrée dans ses cinq estuaires, l'œil, l'oreille, la narine, la langue, la peau. C'est une grâce sans doute, un enchantement, mais une angoisse quand même. L'événement suprême de l'art réside sur le seuil présence/absence. L'amour de l'art, qui génère l'amour entre les humains, s'installe au bord d'un abîme métaphysique : l'absence, le vide, le manque, voire la faute. Il faudra en tenir compte lors de la tâche qui nous reste, la plus dure, celle de boucler le triangle et d'achever la triangulation par l'injection du troisième terme, le *Nous voici*.

VIE

Comment l'art peut-il faire éclore l'amour entre les humains et instaurer la paix sur terre ? Il n'est pas facile de croire ni à cette puissance de l'art ni évidemment à l'amour entre les humains. Le nihilisme aurait pu inonder les âmes dans ce siècle de la Shoah, d'Hiroshima, de Tchernobyl et de la toute la misère du monde. Et pourtant, si le doute est justifié, la perte de foi ne l'est jamais. Et il faut se garder que le doute ne devienne une nouvelle croyance. Le doute est méthodique, comme chez Descartes, et sa négativité est bienfaisante sans être utopique. C'est le doute comme filtre magique des vraies avant-gardes, celles qui détruisent la tradition pour la reconstruire. Nihilisme jamais, humanisme toujours. Non pas un humanisme naïf qui exclut la mort et la crise des révolutions, qui exclut le *dissensus* constitutif de l'être-ensemble. Non pas un humanisme utopique qui est en fait toujours un humanisme idéologique, mais un humanisme *sans croyances*, étant un acte de foi quand-même. Nous faisons ainsi acte de foi dans le *Nous* communautaire comme progéniture de l'amour de l'art. Cet acte de foi est en plus un acte *éthique*, acte de foi non pas dans l'un ou l'autre grand récit justificateur mais acte de foi dans la liberté et la solidarité humaine.

Comment concevoir ce *Nous* de liberté et de solidarité ? Ces temps post-nietzschéens supportent mal que l'on achève la triangulation par une mise en scène de Dieu. Évitons la « poisse théologique ». S'il y a du « religieux », il est partout où il y a enthousiasme, transe et pulsion, dans les stades de football, dans la sublimité des ciels étoilés, dans l'extase amoureuse. Décidons de parler dès à présent *politique… et vie*. « Politique » au sens noble du terme, celui qu'Aristote introduit au tout début de sa *Politique* : pour qu'il y ait *polis* ou être-ensemble des hommes, il faut des lois *et de l'amitié (philia)*. Nous ne contestons pas que l'isotopie religieuse est une excellente *heuristique* pour saisir ce qu'il en est du politique. Un certain *discours* religieux peut nous servir de bonne stratégie de découverte. Il ne faut pas s'y méprendre : insister sur la valeur de l'isotopie religieuse, c'est simplement opter en faveur d'une heuristique forte qui nous permet de mieux cerner le socle éthico-anthropologique du *Nous* communautaire. Ce *caveat* devrait suffire pour décourager les « théologiens » de récupérer un discours qui n'est vraiment pas leur affaire.

Trois termes-majuscules pourraient être utilisés pour caractériser la dialectique esthétique : Annonciation, Incarnation, Résurrection. Il y aurait eu sans doute d'autres façons de circonscrire les mêmes philosophèmes. Toutefois, Résurrection, Incarnation, Annonciation puisent leur sémantique dans leur relation à la Vie. La résurrection, c'est le retour à la vie ; l'incarnation, l'extériorisation de la vie ; l'annonciation, la donation de la vie. L'art et la vie s'entrelacent, et cette grande vérité, nous permettra d'achever la triangulation par le *Nous* communautaire. Se présenter est transposer la mort en la vie, l'Absence en la présence, c'est en même temps *présentifier* l'Absence, sauvegarder, ménager le Rien ou le Vide, que l'on nomme dans notre tradition spéculative, le Rien ou le Vide métaphysique. Ménager le Rien au cœur même de la plénitude, la mort au cœur de la vie, c'est bien cela la résurrection, et c'est bien ainsi que la Résurrection pointe vers une *théorie de la présence* très suggestive. Le discours de la Résurrection n'est pas une apologie pour l'immortalité, et pourtant il comporte un acte de foi dans la vie. On aurait pu construire une théorie de la présence en insistant moins sur le diapason métaphysique et plus sur une certaine « réalité » psychologique. On aurait pu emprunter à Aristote encore sa théorie psychologique de l'*anamnèse*, pour éviter ainsi le vocabulaire biblique et sa transposition métaphysique. Se présenter, se rendre visible par exemple, serait alors une *anamnèse du présent*, une *anamnèse du visible*. Idée contemporaine qui a sa vérité psychanalytique. Revient dans l'âme ce qui a été « oublié », voire refoulé, comme le goût de la petite madeleine chez Proust. Si la présence peut présentifier l'absence, c'est que l'absence est un oubli que l'expérience de l'art reconvertit en présence.

L'analogie de la résurrection illumine la théorie de la présence. L'œuvre d'art *incarne* l'amoureux de l'art, propos qu'il faut comprendre comme si une seule et même chair participative, le Sensible en soi, confond l'œuvre et l'amoureux dans le moment hautement pathémisé de la touche. L'incarnation, selon nous, doit être comprise comme la *confusion participative*, à la touche finale, celle qui intègre la chair de l'amoureux dans la chair de l'œuvre. La triple analogie que comporte l'heuristique à la provocante isotopie religieuse, inverse curieusement le récit biblique, comme si on commencerait par la fin : résurrection, incarnation, annonciation. L'heuristique culmine en ce que les trois analogies dévoilent le rapport essentiel *à la vie :* donation de la vie, extériorisation de la vie, retour à la vie, cette fois-ci dans l'ordre du temps vital. Ceci devrait nous permettre de boucler finalement la triangulation.

CONCLUSION

Nous nous permettons, en guise de conclusion, de reconstruire la déduction en toute sécheresse architectonique. L'art est quémandeur d'amour, nous sommes des amoureux de l'art. Ainsi l'art a de la présence et par là il nous touche. Nous devons garder notre âme suffisamment ouverte pour se laisser affecter par la présence de l'œuvre d'art, même après Duchamp et nonobstant le cynisme économique de l'*artworld.* Depuis que l'esthétique, culminante chez Kant, a proposé une philosophie du rapport amoureux avec le beau et du pur plaisir qui l'accompagne, beaucoup a changé. L'art reste quémandeur d'amour et nous sommes toujours des amoureux de l'art. Mais l'amour n'est plus une valeur religieuse, elle est devenue une *valeur politique. Philia, amour/amitié*, constitue la *polis*, la cité. Il y a du *Nous tous* sous-jacent à l'amour de l'art. *Nous tous*, c'est dire *Toi et Moi*, ce *Nous* communautaire enchâsse la touche que la présence de l'œuvre d'art affecte dans mon corps souffrant et jouissant. La déduction nous mène ainsi à l'étape délicate à saisir. Cette souffrance et jouissance, mon expérience esthétique qui se vit dans sa singularité et sa concrétude, *in vivo*, cette touche qui est à moi et à moi seul, ne peut se vivre que s'il y a *compatir, con-vivance.* Tout est dans le *in vivo*, dans le *vivre*, en ce cas *vivre la touche d'une présence absolue.* Le sentiment de la vie est un sentiment universalisant, il implique et génère un *Nous* comme communauté de vie, un *Nous* de com-passion, de con-vivance. La vie ne m'appartient pas, elle est à nous tous, et la touche par la présence de l'œuvre d'art me fait sentir que la vie qui culmine dans mon propre sentiment de vie lors d'une expérience esthétique, n'est pas à moi mais à nous tous. Cette transcendance implique une éthique, la seule possible en ces temps post-nietzschéens. Cette éthique n'est pas vitaliste ou naturaliste puisque la mort, le vide et l'absence y sont inscrits, et surtout que cette éthique nous est adressée par des objets de culture, les œuvres d'art quémandeurs d'amour. Ce socle éthico-anthropologique fait qu'esthétique et politique sont à jamais liées, qu'il n'y a pas d'amour vital de l'art sans acceptation de la liberté vitale de l'autre. Et cette vie qui me parcourt mais ne m'appartient pas, la vie à nous tous, a la temporalité d'une *oscillation*, celle du rythme de notre corps, du battement de notre cœur, de la contraction des intestins, de la vibration des cordes de notre âme lors de la « visite » de l'art, de la touche de sa présence. La deixis alors n'est plus essentiellement une question de discours. Ici on reste bouche bée, et de toute façon la monstration de l'œuvre d'art est une touche sans paroles. Les pôles de la deixis, en ce territoire des arts et de leur impact, *oscillent* comme la vie et l'animation vitale de notre corps. Ainsi s'achève la dialectique qui nous a mené de *Moi* par *Toi* à *Nous*, de la *présence* par la *touche* à la *vie*.

Herman PARRET
Université de Louvain (Belgique)

DEUXIÈME PARTIE

LES DÉICTIQUES À L'ÉPREUVE DU DISCOURS VERBAL

DEIXIS SPATIALE ET TEXTES DRAMATIQUES

Emplois et modes d'emploi des adverbes spatiaux *ici* et *là*(*-bas*)

Il est aujourd'hui communément admis par les partisans d'une conception égocentrique de la deixis, qu'elle se manifeste sous la forme d'une triade énonciative comprenant les déictiques personnels, de temps et de lieu, tels qu'ils se distinguent par la nature de leurs référents. D'aucuns ajoutent les possessifs et les démonstratifs et étendent la deixis à des expressions adverbiales spatiales et temporelles ainsi qu'aux temps verbaux, le tout en référence à la position ou à la situation du locuteur.

Pour ma part, je voudrais ici étudier le fonctionnement de la deixis spatiale en tant qu'instrument du processus de référenciation à l'œuvre dans la détermination des chronotopes dans lesquels se déroulent les événements de toute fiction dramatique. Je traiterai plus spécialement des emplois des adverbes spatiaux que sont *ici* et *là(-bas)*. Je précise que l'espace et le temps sont deux catégories qui font système, mais dans les limites de ce chapitre, je borne mon analyse à l'usage des seuls marqueurs spatiaux.

Dans la première partie, en tenant compte des nombreux travaux concernant aussi bien les déictiques en général (qu'on les appelle *déictiques*, *embrayeurs* ou *token-reflexifs*) que les adverbes spatiaux en particulier, j'examinerai les usages des adverbes spatiaux que l'on trouve dans les textes dramatiques.

Dans un second temps, je m'interrogerai sur les emplois de ces signes en lien avec certaines particularités du langage dramatique. Je montrerai que dès l'instant où les dialogues sont fictifs et destinés en surplomb aux lecteurs et aux spectateurs, ils obéissent à des contraintes qui leur sont propres.

Dans les deux parties, dans la mesure où un texte dramatique est indéniablement conversationnel, sous la forme de situations représentées et reconstruites dans un cadre écrit, j'aurai recours à des exemples attestés que j'emprunte au répertoire des œuvres dramatiques classiques et contemporaines.

DES DIFFÉRENTS EMPLOIS DES EXPRESSIONS ADVERBIALES SPATIALES

Que ce soit pour *ici*, *là* (*-bas*), comme l'ont montré de nombreuses études[1], ces déictiques ont avant tout une dimension spatiale mais connaissent aussi des emplois temporels et textuels. Pour comprendre leur fonctionnement, il faut partir du principe que ces expressions en tant que déictiques possèdent une composante à la fois descriptive et instructionnelle. La première a la forme d'un élément de la classe des « lieux » :

> LA NOURRICE
>
> Je vous demande pardon… nous sommes nouvelles, ici, cette enfant et moi, et nous ne connaissons pas l'endroit… (Jean-Luc Lagarce, *Vagues souvenirs de l'année de la peste*, *Théâtre complet II*, Les Solitaires Intempestifs, p. 24)
>
> TÉTÉ
>
> Qui t'a recommandé cet endroit ?
>
> LUCAS
>
> Personne, maman. Tu as bien vu que c'était plein partout !
>
> TÉTÉ
>
> Oui, mais pourquoi on a fini là ? (Rafael Spregelburd, *Lucide*, L'Arche, p. 29)

Quant à la composante instructionnelle de ces expressions, son rôle est de spécifier les conditions d'accès au référent qu'elles permettent. À ce propos, ces déictiques ont un statut particulier en comparaison avec d'autres. Pour *je*, par exemple, la relation occurrence-référent est « complète » (Vuillaume, 1986) ou « transparente » (Kleiber, 1983) parce qu'elle est fixée de manière constante si bien que toute occurrence du mot *je* réfère

1 Voir dans la bibliographie, Barbéris (1987), Kleiber (1983, 1993, 1995), Villaume (1986, 2018), Perret (1991), Smith (1995), (2013), Le Draoulec et Borillo (2013), Dostie (2007).

à la personne qui énonce cette occurrence (*je*, c'est toujours celui qui dit *je*). De même *hier*, à chacune de ses occurrences, n'a qu'un seul référent possible (*hier*, c'est toujours le jour qui précède le jour où est prononcé *hier*). Avec ces déictiques, il suffit de connaître les conditions contextuelles de leur énonciation pour identifier leur référent. Par contre pour les spatiaux, la relation au référent est variable, « incomplète » ou « opaque », dans la mesure où ils nécessitent pour être identifiés des informations extérieures à eux-mêmes. Leur composante instructionnelle impose de chercher pour chacune de leur occurrence la chaîne référentielle indexicale qui permet de passer de l'occurrence à la portion d'espace qu'elle sert à désigner.

LES EMPLOIS SPATIAUX DE « ICI »

Toute la question, comme l'analyse Kleiber (1995), est de savoir quel est l'espace dans lequel *ici* exerce son activité localisante. Comme on le verra, c'est essentiellement l'espace tridimensionnel dans lequel nous vivons. Cela peut être aussi l'espace géographique bidimensionnel d'une carte, l'espace temporel unidimensionnel ou l'espace abstrait dit textuel. En emploi situationnel dans le monde ordinaire, *ici* peut renvoyer à toute portion d'espace. C'est ainsi qu'à l'oral ou dans les dialogues dramatiques qui simulent le conversationnel, avec *ici* la référence se calcule en fonction de ce point d'origine qui correspond à la position du locuteur au moment même où il énonce *ici.* Elle est à considérer comme le point de repère de base par rapport auquel se détermine le lieu visé et peut varier selon le contexte. Dans ce cas de figure, première possibilité, le référent est constitué par la portion d'espace occupée par le corps du locuteur dans un rapport de proximité et tout déplacement de ce dernier induit nécessairement un changement de référence.

PANISSE

Et pour qui serait-elle ? Viens un peu t'asseoir ici. Viens ! (M. Pagnol, *Marius*, Éditions de Fallois, p. 67)

Seconde possibilité, le référent correspond à une portion d'espace englobant la position du locuteur. C'est ainsi que dans les exemples qui suivent, la dimension du lieu visé est selon les cas restreinte (la maison de César) ou étendue (la ville de Marseille), voire le pays (La France opposée à Madagascar). Ce sont nos connaissances du monde qui font que des localisations comme la ville ou le pays, parce qu'elles sont des unités inclusives, sont susceptibles d'être le lieu de référence d'un *ici* englobant.

HONORINE

Et vous qu'est-ce que vous lui donnez ?

CÉSAR

Moi, il continuera à m'aider au bar en attendant que je me retire… Je les logerai ici… il y a de la place et je lui donnerai quinze cents francs par moi. (M. Pagnol, *Marius*, Éditions de Fallois, p. 101)

M. BRUN

Allons donc ! Paris est grand… On n'y connaît pas tout le monde comme ici. (M. Pagnol, *Marius*, Éditions de Fallois, p. 30)

ESCARTEFIGUE

[…] Mais Madagascar, tu ne peux pas te figurer à quel point je m'en fous ! Question de patriotisme, je n'en dis pas de mal et je suis content que le drapeau flotte sur ces populations lointaines […]. Mais, y aller ? EN BATEAU ? Merci bien. Je suis trop heureux ici. (M. Pagnol, *Marius*, Éditions de Fallois, p. 14-15)

Autre exemple, grâce à la mention explicite du lieu dénoté dans le cotexte avant, on comprend que les *ici* dans les exemples qui suivent correspondent à des référents différents, en l'occurrence la « maison » et le « pays ». L'interlocution entre les personnages est d'autant mieux réussie qu'ils ont en partage un espace commun de référence.

LE GARÇON, *timidement.*

Je n'ai pas trouvé la maison

LA FILLE, *l'interrompant.*

Eh oui
[…]

LE GARÇON, *se levant et regardant autour de lui.*

Alors c'est ici que tu as grandi oui

LA FILLE

Je ne veux pas rester ici
Ça me fout le cafard

de rester ici
[...]

LE GARÇON, *hochant la tête.*

Oui

Silence. À la mère.

Le climat est rude par ici

LA MÈRE, *se mettant à rire.*

Oui par ici il y a toujours du vent
Du vent et de la tempête (John Fosse, *Le Nom*, L'Arche, p. 10 et 69)

Ce n'est pas toujours le cas, si bien que pour prévenir une éventuelle ambiguïté sur le lieu incluant visé, l'auteur a la possibilité d'utiliser une apposition identifiante placée après le *ici* englobant.

LE NOUVEAU GOUVERNEUR

Pour beaucoup, les collègues, je suppose, venir vivre ici, dans cette Cité, cela pouvait être, aujourd'hui, une promotion [...] (Jean-Luc Lagarce, *Retour à la citadelle*, *Théâtre Complet II*, Les Solitaires Intempestifs, p. 180)

HOREN

[...] Venez vous asseoir à la table, monsieur. Ici, au chantier, nous entretenons d'excellents rapports avec la police et les autorités locales ; je m'en félicite. (Bernard-Marie Koltès, *Combat de nègre et de chiens*, Minuit, p. 10)

J'ajoute qu'à l'oral il existe aussi un emploi ostensif d'*ici* quand le locuteur accompagne l'occurrence du déictique par un geste (mouvement de la tête, doigt pointé, regard orienté) qui signale le lieu visé. La chaîne identificatoire part d'une entité temporelle d'*ici* produite par le locuteur, passe à l'espace avec le geste concomitant du locuteur et aboutit au lieu visé par contiguïté spatiale.

BETTY *à Nelly.*

J'avais comme un poids sur la poitrine

NELLY *à Betty.*

Ici ici je vois

BETTY *geste à Nelly.*

Oui j'avais un poids ici

NELLY *à Betty.*

Oui ici je vois (Philippe Minyana, *J'ai remonté la rue et j'ai croisé des fantômes*, L'Arche, p. 63)

Nombreuses sont aussi les occurrences où *ici*, généralement en lien avec un verbe de mouvement, sert de point d'aboutissement au terme d'un déplacement.

> MONIQUE
>
> [...] J'aurais dû essayer de venir jusqu'ici avec la voiture ; peut-être qu'avec la lumière des phares on verrait au moins, ce qui rampe par terre. (Bernard-Marie Koltès, *Quai ouest*, Minuit, p. 12)

LES EMPLOIS TEMPORELS DE « ICI »

Précisons qu'*ici*, quand il s'inscrit dans une temporalité propre au monde réel ne peut s'employer seul mais doit être couplé avec la préposition *jusque.* Dans ce cas, la situation qui est décrite est présentée comme un parcours temporel valable pour la période passée telle qu'elle est limitée par la borne que constitue *ici*.

> Quant à moi, Gustave Blanc, j'entame le dernier quart. Je suis paniqué à l'idée de ne pas le réussir aussi bien que les trois autres. Ma vie jusqu'ici est un chef-d'œuvre. C'est profondément indécent, mégote évidemment mon entourage. (Noëlle Renaude, *Ma Solange comment t'écrire mon désastre Alex Roux*, éditions Théâtrales, p. 231)

LES EMPLOIS TEXTUELS DE « ICI »

Parmi les emplois abstraits d'*ici*, il y a ceux qui renvoient non pas à un lieu concret mais à l'espace d'un texte, dans sa globalité ou à une portion de texte, voire, à une idée exprimée antérieurement dans le cadre d'un raisonnement.

> D'où on a conclu un peu hâtivement à la supériorité de l'homme sur le singe. Or moi, j'affirme ici que cela montre à l'inverse que le singe est plus malin que l'homme [...] (Noëlle Renaude, *Ma Solange comment t'écrire mon désastre Alex Roux*, éditions Théâtrales, p. 152)

Dans le théâtre contemporain, il n'est pas rare que les auteurs aient recours à des collages intertextuels de discours écrits variés (par citation ou par imitation) comme en témoigne cette série cocasse d'épitaphes.

> CI-DORT POUR TOUJOURS
> ARMELLE DIOT
> QUI SOUFFRIT D'INSOMNIE

> ET ERNEST ORDONNÉE DÉCIDA QU'ON GRAVE SUR SA PIERRE :
> ICI REPOSE ORDONNÉE ERNEST
> QUI EST MORT ENDETTÉ
> (SI GUSTAVE BOUVERESSE
> MON UNIQUE CRÉANCIER
> VIENT ICI À PASSER
> QU'IL SE PAYE SUR MES RESTES (Noëlle Renaude, *Ma Solange comment t'écrire mon désastre Alex Roux*, éditions Théâtrales, p. 117)

Dans ce cas de figure, la référence qu'établit *ici* se fait sans avoir besoin de recourir à un locuteur mais va directement de l'occurrence au support physique que représente une pierre tombale. Avec cet usage d'*ici*, la connexion se fait ainsi entre deux entités bidimensionnelles, mais dont l'une représente par imitation une entité à trois dimensions.

LES EMPLOIS SPATIAUX DE « LÀ (-BAS) »

A priori, on peut convenir de différencier *là* et *ici* sur le mode de l'opposition proximité/éloignement, d'une part, et présence/absence, d'autre part. *Là* réfère alors à un endroit éloigné du locuteur ou à un lieu dans lequel il n'est pas.

> « Ce serait bien que vous passiez à l'agence pour régler le problème de ce voyage qui ne se fera jamais sinon » dit Pat à Bob un matin.
> « Où voulez-vous aller ? » dit Bob.
> « Là où je n'aurai pas peur de nous perdre », dit Pat. (Noëlle Renaude, *Promenades*, éditions Théâtrales, p. 8)

> CLAUDIA
> Pourquoi tu me dis pas que cette femme est là, derrière la porte ?
> Pause.
> Pourquoi tu ne me le dis pas ? (R. Schimmelpfennig, *La Femme d'avant*, L'Arche, p. 11)

Le problème est qu'il existe de nombreux exemples où *là* désigne un endroit habituellement réservé à *ici*, attestant ainsi qu'un même lieu peut être atteint à la fois par *ici* et *là*.

> MOI
> J'ai pensé la même chose. Voilà la réalité, ai-je pensé.
> Je suis là.

LUI

Nous sommes là. (Arne Lygre, *Rien de moi*, L'Arche, p. 11)

MOLLY

Je tiens à remercier tout le monde de la bonne volonté dont on fait preuve à mon égard.

Chacun d'entre nous est là… nous n'avons perdu personne. (Jean-Luc Lagarce, *Vagues souvenirs de la peste*, Théâtre complet II, Les Solitaires Intempestifs, p. 34)

Soutenu éventuellement par un geste ostensif, en tant que déictique, *là* peut se paraphraser en ce lieu repérable par le geste que je fais.

BARTHOLO

[…] Mais n'es–tu pas curieuse de lire avec moi le papier qu'il t'a remis ?

ROSINE

Quel papier ?

[…]

BARTHOLO, *montrant la pochette*

Tu l'as mis là.

ROSINE

Ah, ah, par distraction. (Beaumarchais, *Le Barbier de Séville*, Scène 15, Livre de Poche, p. 87)

Pour résoudre ce dilemme, certains proposent de considérer *là* comme la forme neutre au sein d'une opposition ternaire impliquant *ici*, *là* et *là-bas*. Selon ce système, comme c'est *là-bas* qui s'oppose à *ici* et signifie l'endroit où ne se trouvent pas *je* ou *tu*, *là* peut commuter avec *ici* et référer au même endroit.

CÉCILE

Eh bien je ne veux pas que tu partes là-bas pour faire ta vie là-bas. Je ne veux pas que tu y penses […] je ne veux pas que tu rêves à notre pays où la vie serait plus facile […]. Je veux que tu restes, ici, avec nous, planté avec nous dans la merde d'ici. (Bernard-Marie Koltès, *Quai ouest*, Minuit, p. 43)

Plus intéressante, l'hypothèse avancée plus récemment selon laquelle ce n'est pas la distance au référent que chaque déictique spécifierait mais la perspective adoptée pour le désigner. Dans l'exemple suivant, le lieu est d'abord défini par rapport au locuteur puis redéfini en tenant compte de l'interlocuteur.

> Parce que si je les racontais, elles prendraient encore du volume. Elles grossiraient. Déborderaient. Et je risquerais de me répandre ici, là devant vous et de me rendre à jamais ridicule à vos yeux. (Noëlle Renaude, *Ma Solange comment t'écrire mon désastre Alex Roux*, éditions Théâtrales, p. 53)

Ce qui signifie que le déictique employé sera *ici* quand l'objet référé est déterminé par rapport au locuteur, alors que *là* manifeste, dans le cadre de la négociation de l'espace, l'adoption du point de vue de l'interlocuteur.

> FRANCK ARNOLD
> Excusez le dérangement : y aurait-il ici par hasard une certaine Marie Steuber ? (Botho Strauss, *Le temps et la chambre*, L'Arche, p. 16)

> Tu le sais aussi bien que moi, parce que tu ne pourras pas rester éternellement planté là. (R. Schimmelpfennig, *Avant/Après*, L'Arche, p. 52)

> L'IMPATIENTE
> Non ! Surtout pas ! Là, prenez ! (Botho Strauss, *Le temps et la chambre*, p. 24)

LES EMPLOIS TEMPORELS DE « LÀ »

Lorsque *là* est un déictique temporel, soit il réfère au présent d'énonciation et équivaut au sens restreint de *maintenant*, adverbe avec lequel il fait souvent système.

> LA FEMME
> Tu crois qu'ils sont en train de le faire, tous les deux ?
> Là, maintenant ? (R. Schimmelpfennig, *La Femme d'avant*, L'Arche, p. 16)

Soit, employé dans une suite narrative, *là* est équivalent à *alors* ou *à ce moment-là* :

> [...] La dernière fois que je suis allé voir ma mère comme à son habitude elle était dans sa cuisine je lui ai dit viens t'asseoir elle a fait comme si elle n'avait pas entendu j'ai dit encore viens t'asseoir elle a dit pas tout de suite et c'est là que j'ai dit en fait tu me hais [...] (Philippe Minyana, *J'ai remonté la rue et j'ai croisé des fantômes*, L'Arche, p. 94-95)

Il n'est pas rare aussi que *là* accompagne un syntagme nominal fixant ainsi un moment dans le passé, là encore, restreint ou élargi.

> L'authenticité de telle ou telle célébrité fait ou défait la gloire de la maîtresse de maison : cette nuit-là connut le désespoir de celle qui l'avait invité et

vu éclater de rire [...]. (Jean-Luc Lagarce, *Hollywood*, *Théâtre Complet II*, Les Solitaires Intempestifs, p. 73)

On trouve aussi de fréquents couplages avec la préposition *jusque* qui permet à *là* de borner un parcours temporel s'étendant sur une partie du passé.

FIGARO

Jusque-là ceci ne va pas trop mal, hein, hein ? (Beaumarchais, *Le Barbier de Séville*, Livre de Poche, p. 48)

LES EMPLOIS TEXTUELS DE « LÀ »

Comme pour *ici*, il arrive que *là* renvoie à l'espace d'un texte, en particulier pour introduire un commentaire d'une idée exprimée antérieurement. Dans les exemples qui suivent, on peut hésiter entre une interprétation textuelle et temporelle.

(Je ne me souviens pas d'une année où il ne plut pas.) Enfin, jamais, en aucune année, c'est là que je veux en venir, jamais ils ne firent quelque chose pour nous... (Jean-Luc Lagarce, *Retour à la citadelle*, *Théâtre complet II*, Les Solitaires Intempestifs, p. 190)

[...] c'est le singe qui parle, enfin, qui parle, que je fais parler, là, imaginairement – pourquoi veux-tu que j'apprenne à dire j'ai faim pour signifier que j'ai faim [...]. (Noëlle Renaude, *Ma Solange comment t'écrire mon désastre Alex Roux*, éditions Théâtrales, p. 152)

Avant de clore cette première partie, je dirais qu'il existe encore bien d'autres emplois de *là* qu'ils soient phatiques ou anaphoriques.

LES EMPLOIS PHATIQUES DE « LÀ »

Il existe à l'oral, Barberis (1987) l'a fort judicieusement analysé, des emplois redondants de *là* que l'on peut dire phatique, voire emphatique, en particulier en position de clôture du tour de parole. Dans le théâtre contemporain, il arrive que les auteurs, dans le but de créer des effets conversationnels et de dynamique interactionnelle, utilisent ce type de ponctuant pour en faire une marque d'oralité.

À mon pied
Tu causes à qui là ?

> Tu causes à ton pied là ?
> À mon pied oui
> Il cause à son pied mais n'en a-t-il pas deux ? Tout comme tout un chacun là ?
> [...]
> On a deux pieds tout le temps tout pareils là ? Je regarde mon droit, je regarde mon gauche ? J'y vois deux galoches là à qui je n'ai pas envie de raconter des misères moi là, mais alors pardon du tout du tout. (Noëlle Renaude, *Ma Solange comment t'écrire mon désastre Alex Roux*, éditions Théâtrales, p. 131)

LES EMPLOIS ANAPHORIQUES DE « LÀ »

Comme le précise Kleiber, pour rendre compte de l'emploi anaphorique de *là*, on peut, certes, s'en tenir à la conception classique de l'anaphore, qui exige la présence effective dans le texte d'un antécédent. *Là* peut alors soit référer à un lieu antérieurement désigné soit à une période évoquée précédemment, comme on l'a vu.

> Dans le bled d'où je viens, mes parents avaient un bistro, et là, il y avait un flipper, et mon frère et moi on pouvait jouer gratos. (R. Schimmelpfennig, *Avant/Après*, L'Arche, p. 25)

Il est plus judicieux de recourir à une approche mémorielle de l'anaphore (Kleiber, 1994 ; Reichler-Béguelin, 1997) au sens où l'anaphorique sert de rappel d'une information disponible dans le savoir partagé des interlocuteurs et dans leurs encyclopédies.

> GEORGES
> [...] Dans mon rêve, j'étais absolument certain qu'il s'agissait de cafards, alors que ces insectes ne prolifèrent jamais à ce point.
>
> ISABELLE
> C'est terrible, ce que tu racontes là. (R. Schimmelpfennig, *Avant/Après*, L'Arche, p. 77)

Là s'emploie aussi en lien avec une situation qui présuppose la notion de lieu, introduisant, par exemple, un lieu nouveau qui se trouve désigné en réponse à une question le concernant.

> [...] on les met où les cartons, Tonio ? Là, les cartons, là, et tu laisses les caisses B tu les empiles sur les caisses R [...]. (Noëlle Renaude, *Ma Solange comment t'écrire mon désastre Alex Roux*, éditions Théâtrales, p. 39)

LA FIGURATION DE L'ESPACE DANS UN TEXTE DRAMATIQUE

Les personnages d'une fiction dramatique représentant la seule instance pertinente d'un point de vue conversationnel, il n'y a donc rien de surprenant au fait que les déictiques aient pour une part, comme on l'a vu, des fonctionnements similaires à leurs équivalents dans les interactions ordinaires. Il reste qu'au théâtre, outre qu'il s'agit de textes écrits, le dispositif communicationnel est beaucoup plus complexe puisqu'il se caractérise par un emboitement d'instances émettrices et réceptrices. La première, dite « dialogie interne », correspond au cadre participatif que partagent les personnages dans l'ici-maintenant de l'énonciation de leurs dialogues. La seconde (dialogie externe) renvoie au cadre participatif des spectateurs dont les personnages feignent d'ignorer l'existence mais dont l'auteur doit tenir compte. Il s'ensuit que le macrocosme de la fiction dramatique est découpé en deux types de chronotope : le « mimétique » et le « diégétique ». Le premier correspond au cadre énonciatif (moment et lieu) dans lequel, qu'il soit unique ou multiple, les personnages interagissent. Il est censé être partagé par les personnages au moment de la profération de leurs paroles et par les spectateurs qui, bien qu'inscrits dans un autre cadre participatif, les voient et les entendent parler. Le second, contrairement aux scènes montrées aux spectateurs, correspond à tous les espace-temps de la fiction qu'ils soient passés, simultanés ou futurs par rapport à la scène mimétique. Ils ne sont accessibles à la connaissance des lecteurs/spectateurs que par l'intermédiaire de ce qu'en disent les personnages.

J'ajoute que le texte dramatique possède deux couches scripturales (les dialogues et didascalies) qui participent conjointement à l'élaboration de la référence spatiale. Je ne dirai rien des didascalies qu'on appelle « métasituationnelles » (Petitjean, 2012) et ne m'intéresserai qu'aux dialogues.

LA LOCATIVITÉ « MIMÉTIQUE »

Présente tout au long des interactions dialoguées, la locativité mimétique correspond aux données contextuelles censées être partagées par les personnages dans l'ici-maintenant de leur énonciation.

Premier cas de figure : la référence au chronotope mimétique est essentiellement déictique comme en témoignent l'omniprésence d'indicateurs tels que *ici* ou *en ce lieu.*

ARSACE

Vous la verrez, Seigneur ; Bérénice est instruite
Que vous voulez ici la voir seule et sans suite. (*Bérénice*, A I, sc. 3, v. 63-64)

BÉRÉNICE

[...]
Pour joindre à plus de noms le nom d'impératrice.
Il m'en viendra lui-même assurer en ce lieu. (*Bérénice*, A I, sc. 4, v. 176-177)

Deux possibilités :

– Soit les déictiques locatifs référent à un espace-temps implicite et il revient au lecteur d'imaginer leur référence, comme c'est le cas dans nombre de pièces contemporaines car les auteurs jouent volontairement avec l'indétermination des lieux. Dans les exemples suivants, rien n'indique quel est le référent visé par *ici*.

  Le problème est : il y a seulement cinq ans, ce coléoptère n'existait pas ici. Les entomologistes affirment qu'habituellement, cet insecte ne vit que dans certaines régions d'Australie bien particulières. La question est : comment ce coléoptère parvient-il à survivre dans les conditions climatiques d'ici. (R. Schimmelpfennig, *Avant/Après*, L'Arche, p. 12).

– Soit ils réfèrent à des coordonnées fournies par le cotexte. Cela se fait par l'intermédiaire des didascalies ou au moyen d'un informant géographique inscrit dans le dialogue. Dans l'exemple qui suit, la didascalie initiale (« *La scène est à Buthrote dans une salle du palais de Pyrrhus* ») fournit la référence du *ici* du quatrième vers. Quant au mot *Épire* utilisé par Pylade, il nous permet de comprendre que le pays plus que la demeure est le lieu de référence d'un *ici* englobant.

PYLADE

[...]
Un destin plus heureux nous conduit en Épire :
Le pompeux appareil qui suit ici nos pas
N'est point d'un malheureux qui cherche le trépas.

ORESTE

Hélas ! que peut savoir le destin qui m'amène ?
L'amour me fait ici chercher une inhumaine ; (*Andromaque*, A I, sc. 1, v. 22-27)

Dans la mesure où le lieu de la tragédie classique, comme l'a bien montré Jacques Scherer (1966), peut être restreint au « palais » ou s'étendre à « une ville tout entière », voire à « un petit pays », les déictiques ont souvent une géométrie référentielle variable sur laquelle il n'est pas toujours possible de statuer. L'une des difficultés de la lecture des textes théâtraux tient au fait que, dans la mesure où la localisation du lieu englobant peut renvoyer de façon concentrique à des lieux de dimension variable, cela nécessite souvent d'exercer notre capacité inférentielle pour déterminer le lieu de référence.

Alors que le *ici* du cinquième vers de *Bérénice* renvoie sans ambiguïté au « cabinet » de Titus :

> [...]
> Souvent ce cabinet, superbe et solitaire,
> Des secrets de Titus est le dépositaire.
> C'est ici quelquefois qu'il se cache à sa cour, [...]

Le *ici* qu'utilise Bérénice, dans un contexte où il est question, pour elle, de quitter Rome, peut être interprété comme référant au palais, à la ville ou plutôt au pays.

> Je ne vous parle plus de me laisser ici :
> Qui ? moi, j'aurais voulu, honteuse et méprisée,
> D'un peuple qui me hait soutenir la risée ? (*Bérénice*, IV, 5, 1178-1180)

Il en va de même dans une pièce contemporaine comme *La Nuit juste avant les forêts* de Bernard-Marie Koltès, où selon le contexte de son emploi, on infère que « ici » signifie le pays, le quartier, la rue ou le café avec ses toilettes au sous-sol :

> « [...] je ne suis pas tout à fait d'ici – c'était bien visible en tous cas [...] à croire qu'ils sont tous aussi cons les Français », incapables d'imaginer (p. 10) ; « [...] pourtant c'en est plein comme partout ici, jusque dans les hôtels cent mille glaces vous regardent dont il faut se garder » (p. 8) ; « il est difficile de ne pas se regarder, tant par ici il y a de miroirs, dans les cafés, les hôtels, qu'il faut mettre derrière soi, comme maintenant qu'on est là » (p. 8) ; « je t'ai vu tourner le coin de la rue [...] il ne fait pas bon de tourner ce soir par ici, pour toi comme pour moi » (p. 12) ; « malgré tous les cons qu'il y a dans la rue, dans les cafés, dans les sous-sols de café, ici, partout » (p. 12) « et je suis remonté – juste le temps de pisser – avec mes fringues mouillées » (p. 7)

En fait, la localisation du lieu d'où parle le personnage est assez peu précise si bien que les avis des interprètes divergent. Alors que J.-P. Sarrazac (1996) et A. Ubersfeld (1999) penchent pour le « coin d'une rue », F. Benhamou (2001) le situe à l'intérieur d'un « café ».

Précisons que le locuteur peut contribuer à nous faire une idée des lieux en présence à l'aide de brefs segments descriptifs introduits par le démonstratif : « toi, moi, qui tournons dans cette drôle de ville » (p. 14) ; « il ne fait pas bon de tourner ce soir par ici » (p. 12) ; « un soir comme ce soir » (p. 41) ; « malgré cette saloperie de pluie et de lumière triste » (p. 28). En effet, dans la mesure où, dans les textes théâtraux, ce sont les personnages qui accomplissent la régie informative du narrateur romanesque, il arrive que le cadre situationnel soit explicitement verbalisé dans le dialogue. Il peut faire l'objet d'une expansion descriptive et se trouve, le plus souvent, introduit par des déictiques démonstratifs.

BÉRÉNICE

Je ne vois rien ici dont je ne sois blessée.
Tout cet appartement préparé par vos soins,
Ces lieux, de mon amour si longtemps les témoins,
Qui semblent pour jamais me répondre du vôtre
Ces festons, où nos noms enlacés l'un à l'autre [...]
(*Bérénice*, IV, 5, 1320-1324)

BERENGER

C'est magnifique ! (*Il regarde tout autour.*) [...] Je savais qu'il existait dans notre ville sombre [...] cet arrondissement hors classe, avec des rues ensoleillées, des avenues ruisselantes de lumière, cette Cité radieuse dans la cité, que vous avez construite... (E. Ionesco, *Tueur sans gages*, Gallimard, La Pléiade, p. 473)

LA LOCATIVITÉ « DIÉGÉTIQUE »

Elle permet d'étoffer la représentation fictionnelle en donnant « à voir », par l'intermédiaire des dialogues, des réalités non présentes sur la scène mimétique, d'ouvrir la scène sur d'autres horizons et de multiplier les perspectives. C'est essentiellement à *là* et *là-bas* qu'il revient de référer à ces lieux extra-mimétiques, à l'opposé du « ici » mimétique.

[...] on ira tout à l'heure voir là où c'était, si tu n'as pas trop peur avec moi...
(Bernard-Marie Koltès, *La Nuit juste avant les forêts*, Minuit, p. 42)

> [...] à quoi cela sert que le Nicaragua il vienne jusqu'ici, et que moi j'aille là-bas, puisque partout ailleurs c'est pareil [...] ils me parlaient d'un général avec ses soldats qui encerclent la forêt, là-bas, et qui font des quartons sur tout ce qui s'envole au-dessus des feuilles [...] plus je serai étranger, eux ils finissent ici et moi je finirai là-bas, – là-bas où tout ce qui bouge s'est caché dans les montagnes [...]. (Bernard-Marie Koltès, *La Nuit juste avant les forêts*, Minuit, p. 50)

Il est vrai que les lieux diégétiques se réduisent le plus souvent à la présence d'un vocable géographique en position de localisateur « absolu » et repris anaphoriquement.

> C'est sûr que je pars dans le Morvan car j'ai besoin d'air. Puis je file en Auvergne rejoindre Pitou. Puis avec Michel on descend en Lozère. De là, on récupère Nathalie, on s'invite chez les Champry à Nîmes. Si on a le temps, on passe voir Clara à la Napoule. S'il nous reste des ronds, on fait un saut à Gênes, si on peut on pousse jusqu'à Pise. (Noëlle Renaude, *Ma Solange comment t'écrire mon désastre Alex Roux*, éditions théâtrales, p. 21)

Ils peuvent aussi faire l'objet d'expansions descriptives.

Dans *Andromaque*, Pyrrhus évoque la gloire passée de Troie et ses ruines présentes :

> Je songe quelle était autrefois cette ville
> Si superbe en remparts, en héros si fertile,
> Maîtresse de l'Asie, et je regarde enfin
> Quel fut le sort de Troie, et quel est son destin :
> Je ne vois que des tours que la cendre a couvertes,
> Un fleuve tout de sang, des campagnes désertes.
> (*Andromaque*, I, 2, 197-202)

Dans tous les cas il est nécessaire :

1. de relier les localisateurs absolus (nom propre ou nom commun (palais, chambre, cabinet...) et les qualifications qui leur sont attribuées.
2. d'analyser les chaînes anaphoriques liées à ces localisateurs (*en*, *y*...) ou les déictiques (*ici*, *en ce lieu*...).

> CLITON
>
> [...]
> Mais que vous semble encor maintenant de Paris ?

DORANTE

J'en trouve l'air très doux, et cette loi bien rude
Qui m'en avait banni sous prétexte d'étude.
Toi qui sais que les moyens de s'y bien divertir,
Ayant eu le bonheur de n'en jamais sortir,
Dis-moi comme en ce lieu l'on gouverne les dames.
(Corneille, *Le Menteur*, I, 1, 16-21)

3. de relever, au-delà des déictiques, le lexique des relations spatiales (horizontalité/verticalité, ouverture/fermeture, proximité/éloignement... localisation externe (*devant*, *au-dessus*...), localisation interne (*sur*, *dans*...), évaluation de la distance (loin de, à proximité...) (*cf.* A. Borillo, 1992) et d'analyser la sémantisation textuelle des espaces ainsi localisés.

Ainsi, chez Hugo, l'espace scénique privilégié est un espace fermé, construit, solide, hiérarchique, élitaire, toujours spatialement dénoté de façon claire (château, palais, murailles, salle, etc.), à quoi s'oppose un espace informel, ouvert, sans détermination, parfois fissuré (rues, places, maisons délabrées, etc.). S'y ajoutent toute une série d'éléments connexes, objets de déterminations temporelles, la nuit, la lune, les flambeaux de la fête, la clef ou les armes du maître ou du roi. Tous les éléments se combinent pour donner un réseau de significations stables... (A. Ubersfeld, 1977, p. 190)

La locativité diégétique porte :

a) Sur des espaces adjacents à l'espace mimétique
Deux possibilités ici :

– L'espace diégétique, qu'il soit intérieur (la chambre voisine dans *Amédée ou comment s'en débarrasser*) ou extérieur (la rue, dans *Ruy Blas*) est présenté au lecteur par la médiation actionnelle du personnage. Ceux-ci ont, en effet, la possibilité de percevoir (par la vue ou par l'ouïe) les espaces adjacents grâce à des fractures (portes, fenêtres...) opérées dans le décor mimétique. Ce qui permet d'incorporer le diégétique dans le mimétique, sous une forme visuelle ou acoustique.

DON SALLUSTE

Ruy Blas, fermez la porte, – ouvrez la fenêtre.
(Ruy Blas obéit [...] Don Salluste va à la fenêtre)
Ils dorment encore tous ici, – le jour va naître.
(V. Hugo, *Ruy Blas*, *Théâtre II*, Robert Laffont, p. 11)

Clameurs dans les escaliers et dans la rue.

ELLE

Qu'est-ce qu'ils font ?

LUI

Ils sortent, ils montent, ils sont nombreux
[...]

LUI

On a quand même échappé au bombardement. Ça ne bombarde plus.

ELLE

Ils montent.

LUI

Ils montent.

ELLE

Ils montent en chantant.
(E. Ionesco, *Délire à deux*, Gallimard, La Pléiade, p. 658)

– L'espace diégétique est mentionné ou décrit de façon omnisciente par l'intermédiaire d'une médiation non plus actionnelle mais cognitive, sous la forme d'un savoir référentiel partagé.

DON SALLUSTE

Écoutez, je vous prie.
La reine va passer, là, dans la galerie,
En allant de la messe à sa chambre d'honneur, Dans deux heures, Ruy Blas, soyez là.
[...]
– Avant de nous quitter,
Dans cette chambre où sont les hommes de police, Voyez donc si les trois alguazils de service
Sont éveillés. (V. Hugo, *Ruy Blas, Ibid.*, p. 12)

b) Sur des espaces distants de l'espace mimétique

La locativité porte alors :

– Sur des espaces liés à des réalités passées, antérieures à la temporalité mimétique, et exposées à l'intérieur de récits analeptiques (Corneille parle « de choses arrivées avant l'action qui se représente »).

Le jour des funérailles, je me suis levé tôt. [...] Nous sommes montés dans les voitures. Les rues étaient désertes et silencieuses. Le ciel avait encore toute sa douceur et il ne faisait pas chaud. Nous sommes arrivés à Sainte-Rose-de-Lima. Les portes de l'école se sont entrebâillées pour nous laisser passer. Nous avons gravi les marches jusqu'à la salle de classe où ma mère avait enseigné. C'est là qu'était déposé e cercueil, dans la profusion des fleurs de funérailles. (J.-R. Lemoine, *Face à la mer*, p. 15)

– Sur des espaces liés à des réalités advenues en simultanéité avec la temporalité mimétique et exposées, elles aussi, dans des récits analeptiques (ce que Corneille appelle « les choses qui arrivent et se passent derrière le théâtre, depuis l'action commencée »).

Nous partîmes cinq cents, mais par un prompt renfort
Nous nous vîmes trois mille en arrivant au port
[...]
J'en cache les deux tiers, aussitôt qu'arrivés,
Dans le fond des vaisseaux qui lors furent trouvés ; [...]

Cette obscure clarté qui tombe des étoiles
Enfin avec le flux nous fit voir trente voiles ;
[...] (*Le Cid*, *ibid.*, IV, 2, 1259-1274)

– Sur des espaces liés à des réalités projetées dans l'avenir.

Elle et moi, nous allons parcourir le globe. Votre retraite, je pense doit approcher. Entre deux voyages, nous viendrons nous reposer auprès de vous. (J. Audiberti, *ibid.*, p. 39)

Il est indéniable que dans le théâtre classique la locativité diégétique est une réponse sémiotique (Corneille parlait de « fictions théâtrales ») aux règles dramaturgiques (unités de lieu, de temps, de bienséance...).

CONCLUSION

Je pense avoir montré que dans les textes dramatiques, parce qu'ils sont conversationnels, les déictiques spatiaux ont un fonctionnement assez similaire à ceux qu'ils connaissent dans les interactions verbales ordinaires. En lien avec la locativité mimétique, c'est la dimension spatiale de *ici* qui est nettement dominante, sans pour autant oblitérer les références temporelle et textuelle. Pour la locativité diégétique, *là* entre en concurrence avec *là-bas*, avec un avantage pour ce dernier. Il reste qu'il appartient au lexique des relations spatiales, au-delà des adverbes spatiaux, de structurer la locativité diégétique. Celle-ci est imposée par les contraintes inhérentes au genre théâtral. J'entends par là la nécessité de transposer une fiction plus ou moins complexe, d'un point de vue chronotopique, dans l'espace-temps de la représentation. Or, cette dernière est totalement dépendante, à la fois de l'état de développement des technologies scéniques et des conventions en ce qui concerne la durée du spectacle. À quoi s'ajoutent les goûts esthétiques des auteurs, si bien qu'il faut analyser les effets sémantiques que produisent les choix qu'ils effectuent entre ce qu'ils décident d'attribuer au mimétique et au diégétique.

André PETITJEAN
Université de Lorraine

LA DEIXIS, LES DÉICTIQUES ET LA DÉICTISATION AU RISQUE DU TEXTE ROMANESQUE

La Modification de Michel Butor

> Par la deixis, le langage se lie au monde existant et en particulier aux individus que l'énonciation met en jeu et en action. (Louis de Saussure, 2018, p. 1)
>
> [...] la *deixis* du discours (l'espace, le temps, puis l'acteur de l'énonciation) n'est pas une simple forme : elle est d'emblée associée à une expérience sensible de la présence, une expérience perceptive et affective. (Jacques Fontanille, [1998] 2003, p. 98)

Cette entrée en matière peu conventionnelle, qui met en exergue deux citations mobilisant un double cadre théorique, linguistique et sémiotique, nous place, d'emblée, face à une complexité. Il apparaît que la notion de deixis est une de ces notions-carrefour qui appellent des ancrages théoriques et disciplinaires variés : sémiotiques[1], linguistiques[2] ou philosophiques[3]. Des approches, strictement complémentaires, ont pour objet d'analyse l'inscription de l'instance et de la situation d'énonciation dans le texte ou le discours, qu'il soit verbal ou par exemple visuel, en adoptant une perspective théorique commune : celle de l'énonciation. Mais il y a plus : en associant le « partage déictique » à une « sortie de l'inhérence à soi-même », Denis Bertrand (2005, p. 179) insiste sur la nécessité de se tourner vers l'en deçà des marques que l'instance d'énonciation laisse dans ses productions sémiosiques et qui relèvent,

---

1 *e.a.* Greimas et Courtés, 1979 ; Bordron, 1995 ; Fontanille, [1998] 2003 ; Bertrand, 2005 ; Coquet, 2007 ; Klinkenberg, 2016.

2 *e. a.* Bühler, [1934] 1965 ; Jakobson, 1963 ; Benveniste, 1966, 1974 ; Dubois *et al.*, 1972 ; Lyons, 1980 ; Kerbrat-Orecchioni, [1980] 1999 ; Kleiber, 1986, 2003, 2016, 2018 ; Morel et Danon-Boileau, 1992 ; Ducrot, 1995 ; Neveu, 2004 ; Guillot, 2006 ; Landragin, 2006 ; Jacquin, 2017 ; Kleiber et Vuillaume, 2018.

3 Pour la philosophie, voir en particulier Brisart (2011), au sujet de Husserl ; entre phénoménologie et herméneutique, *cf.* Ricœur, 1990, à propos du « je » comme sujet parlant.

de ce fait, de l'énonciation énoncée (Greimas et Courtés, 1979). Il invite à remonter vers la deixis comme présence *au* monde et positionnement *devant* le monde ou *dans* le monde (Colas-Blaise 2019).

Toute la difficulté est là : comment mener une réflexion sur, d'une part, les traces de l'inscription d'une instance d'énonciation dans son texte et, d'autre part, ce soubassement sensible qui rappelle plus que jamais que les enjeux profonds sont liés non seulement au repérage des marques d'énonciation disséminées dans le texte ou le discours, mais à la genèse du sens ? Enfin, comment envisager le mouvement originaire à la base de toute production du sens, la déictisation en relation avec l'aspectualisation ?

Il s'agira maintenant de mettre des considérations générales[4] à l'épreuve du texte littéraire, plus particulièrement, ici, de *La Modification* de Michel Butor, dont Greimas et Courtés ont commenté l'emploi atypique des pronoms personnels dans l'entrée consacrée à l'énonciation (1979, p. 210). *La Modification* invite à réinterroger l'usage fait des déictiques, en raison, déjà, de la répétition insistante de « vous », qui a fait couler beaucoup d'encre. Plus largement, nous chercherons à vérifier l'hypothèse que le recours aux déictiques peut être, sinon déviant, du moins singularisant et témoigner, dès lors qu'on constate des récurrences, d'un *style déictique*.

Dans la première partie, nous nous demanderons dans quelle mesure le « vous » permet de remonter vers une étape antérieure à l'émergence du « je », c'est-à-dire d'envisager une égogenèse. La deuxième partie sera consacrée au démonstratif, particulièrement fréquent dans ce roman : il s'agira d'évaluer toute la portée du geste de désignation ou d'ostension qui cherche à créer des repères face à un mouvement généralisé de désintégration et d'effritement de la décision que le protagoniste, Léon Delmont, a prise au début de son voyage à bord du train qui relie Paris à Rome. Dans la troisième partie, il s'agira d'approcher le mouvement instauré par une ponctuation et une segmentation du texte atypiques à la lumière de la deixis aspectualisante et, plus largement, de l'emportement caractéristique de la déictisation.

4 Pour un survol, *cf.* l'introduction à cet ouvrage.

REMETTRE LE *VOUS* DE *LA MODIFICATION* SUR LE MÉTIER

L'emploi de la deuxième personne du pluriel, dès le début de *La Modification*, a suscité bon nombre de commentaires, comme le rappelle Amir Biglari (2010). On peut se tourner vers la théorie littéraire, en particulier vers Françoise Van Rossum-Guyon :

> [...] le monde et la conscience sont donnés d'un même coup. Les choses ne sont pas « dissoutes dans la conscience » puisque la distance impliquée par le « vous » permet leur description en tant qu'objets, mais cette description est en elle-même celle de la conscience qui les éprouve ou les réfléchit. Dans la mesure où l'on peut parler de « réalisme phénoménologique » à propos d'une technique narrative, on peut donc reconnaître avec St. Aubyn que l'utilisation de la deuxième personne dans *La Modification* représente une étape nouvelle dans la représentation d'une conscience vraiment « en situation ». (1970, p. 159)

D'un point de vue sémiotique, on peut faire appel à la distinction, par Jean-François Bordron (2011), entre l'indice, l'icône et le symbole : la strate d'organisation iconique suppose l'interaction entre un pré-sujet et un pré-objet et leur cofondation grâce à la perception. Il est ainsi possible de rendre compte d'une formation de la « conscience » et d'une expression, en amont de la prise en charge par le langage symbolique.

L'idée que nous aimerions alors défendre est que le « vous » affleure dans *La Modification* comme trace, au niveau du texte, de la deuxième étape d'une genèse qui est une égogenèse, au sens où l'entendent les praxématiciens. Résumons leur théorie à grands traits : si les embrayeurs *je, ici, maintenant* renvoient au sujet en soi-même, c'est-à-dire à une « subjectivité explicite (ipséité) » et à une image de réalité achevée, (sujet en *soi-même*), le déictique *là* et le pronom *on* sont à mettre en relation avec l'intersubjectivité et une image de réalité émergente ; quant aux prépositions spatiales et aux phénomènes empathiques, ils concernent une subjectivité implicite, procédurale, et une image de réalité virtuelle (sujet en *même*) (Détrie, Siblot, Verine, 2001, p. 333). Notre proposition peut alors être résumée en ces termes : dans *La Modification*, il se peut que le *vous* se rapproche du *ça*, selon Robert Lafont, ou, mieux, du *on*

« transitionnel » (Détrie, 1998, p. 29), qui ménage la transition d'un ensemble encore indifférencié vers une discrimination des personnes.

L'ambiguïté de « vous » est telle que plusieurs analyses sont possibles. En effet, dans le cas de l'implantation d'un interlocuteur « vous », la situation énonciative ne lève pas une grande incertitude référentielle : le sujet d'énonciation s'adresse-t-il à lui-même (auto-dialogisation) ou à un personnage textuel (destinataire interne) ? S'agirait-il du « vous » du lecteur (destinataire externe), voire d'un « vous » externe parfaitement vague, aux contours élargis indéfiniment ?

Ainsi, quand le « vous » renvoie à un personnage textuel (*non-je*), il est pleinement objectivé, le débrayage étant dissocié d'un éventuel embrayage sur la situation d'énonciation. Cette interprétation semble compatible avec le commentaire de Greimas et Courtés :

> L'usage que fait M. Butor du « vous » dans *Modifications* [*sic*], par exemple, fait état, dans le cadre de la catégorie de la personne projetée hors de l'énonciation, d'un parcours suspensif prolongé : le « je », installé d'abord sur le parcours visant à générer le sujet de l'énoncé est censé se transformer en un « nous » inclusif (subsumant le « je » et les « autres », tels que moi) pour ne passer qu'ensuite à un « vous » exclusif (les « autres » en tant que métonyme du « non-je ») : ce n'est qu'alors que la dénégation embrayante, tout en manifestant le « vous », fait refaire le chemin en sens inverse jusqu'à ce « je » déjà débrayé, créateur de l'illusion énonciative. (1979, p. 120)

Pour notre part, nous cherchons à vérifier l'hypothèse que dans une situation d'auto-dialogisation, c'est-à-dire en amont de l'explicitation de la subjectivité en « je », le « vous » atteste, au niveau émergent, l'instauration d'une réalité en cours, plutôt que le niveau réalisé, qui produit une image de réalité (couple *je/tu-vous*) pleinement construite. Par le biais de la trace que constitue le pronom « vous », l'instance d'énonciation impliquée dans la textualisation *présente*, c'est-à-dire rend présent ou confère un degré de présence à une instance qui n'est pas encore une ipséité, plutôt que de *représenter* une intersubjectivité (*je + tu/vous* dans le monde) en faisant appel aux règles et à l'armature syntaxique du langage symbolique. L'idée que nous souhaitons développer est que la trace au niveau du texte reflète ou imite, en donnant accès de manière plus immédiate à cette (inter)subjectivité naissante, qui caractérise non seulement le niveau émergent des praxématiciens, mais aussi les strates indicielle (virtualités, hypothèses) et iconique (perception) selon Jean-François Bordron. Le « vous » témoigne déjà d'un certain degré d'objectivation, comme le suggère Roland Barthes : « Cette interpellation est capitale, car elle institue la conscience du héros. C'est à force de s'entendre décrite par un regard que la conscience du héros se modifie » (1964a, p. 103). La « description », telle qu'elle est conçue ici, implique une prise de distance ; attachée à la genèse du « vous », nous considérons ici ces strates du sens indicielle et iconique où cette prise de distance est en cours, avant l'embrayage, l'ensemble du processus étant représenté et coulé dans un moule narratif par Butor.

La notion de dialogisation, mise en avant par les praxématiciens au titre de l'image de réalité émergente, mérite une attention particulière : on voit à l'œuvre une scission qui répète la sortie de l'inhérence à elle-même d'une instance qui, au stade virtuel ou au niveau de l'organisation de sens indicielle, est *au* monde et, au stade de l'organisation de sens iconique, est obligée de se positionner *face* au temps, à l'espace et à l'A(a)utre (style expérientiel, Colas-Blaise 2012). Amir Biglari (2010) défend l'idée d'un « dialogue intérieur » : nous proposons de parler d'auto-dialogisme, sans pour autant considérer le *je* comme un repère stabilisé et pleinement réalisé. L'auto-dialogisation rythme plutôt le processus qui, à terme, fait émerger le « je » dans le texte ; elle en constitue une composante essentielle. Cette interprétation est corroborée par le fait que « je » affleure dans le texte, sporadiquement, pendant la deuxième moitié du livre, avant de triompher à la fin du livre :

> Vous dites : je te le promets, Henriette, dès que nous le pourrons, nous reviendrons ensemble à Rome, dès que les ondes de cette perturbation se seront calmées, dès que tu m'auras pardonné ; nous ne serons pas si vieux. (p. 282)[5]

L'instance qui dit « je » se réalise pleinement à travers le projet d'écriture, cette appropriation de tout un vécu qui se greffe sur la praxis énonciative, des représentations doxiques et des formations discursives antécédentes qui, pendant le voyage, envahissent l'instance du « vous », la submergent à mesure que la fatigue du voyage augmente et que les cahots du train affectent le corps, contribuant à une déliquescence généralisée[6].

5 Sauf indication contraire, nous renvoyons à l'édition de [1957] 1970.

6 Pour une sémiotique du corps, *cf.* Jacques Fontanille (2011).

Jusqu'à ce que, se réalisant pleinement en tant que « je », l'instance se dise apte, à la faveur d'un débrayage, à les coucher sur le papier.

Cette analyse n'est pas contredite par le commentaire de Michel Butor lui-même :

> Comme il s'agissait d'une prise de conscience, il ne fallait pas que la personne dise *je*. Il me fallait un monologue intérieur au-dessous du niveau de langage du personnage lui-même, dans une forme intermédiaire entre la première personne et la troisième. *Ce qui me permet de décrire la situation du personnage et la façon dont le langage naît en lui.* (1957, *apud* Van Rossum-Guyon, 1970, p. 159)

Ce passage nous semble compatible avec l'idée d'une remontée embrayante vers le « je » et, conjointement, celle d'une déictisation-aspectualisation qui installe l'ipséité au terme d'un parcours. Nous nous interrogeons sur la possibilité de restituer, au départ du processus, une instance non encore sujet, largement impersonnelle, pré-réflexive, que l'on peut associer à un « sur-embrayage » ou « proto-embrayage », au sens où l'entend Denis Bertrand : le « proto-embrayage » consiste à « donner langue et sens à une instance antérieure, plus originaire, plus "génitive", se tenant au plus près de l'engendrement, au plus près de la présence corporelle à partir de l'impression sensible » (2005, p. 180 ; pour un développement, *cf.* Colas-Blaise, 2019). Comme nous l'avons suggéré plus haut, dès lors que la perspective est celle de la genèse de la personne, le « vous » de Michel Butor peut être rapproché du « ça » ou du « on » : plus précisément, il les *suit*, avant l'embrayage et la consolidation du *je*.

Du point de vue d'une phénoménologie du langage, le « vous » rappelle le corps qui, selon les termes de Jean-Claude Coquet, « énonce en premier son rapport au monde » (2007, p. 38). Il ne s'y résume pas, mais permet de penser la transition, le passage, entre ce « on » encore indéfini et impersonnel et le *je* qui s'énonce en disant « je ». Cela alors même qu'il est dénommé et donc objectivé : si l'on suit Oswald Ducrot (1995), le nom propre « Léon Delmont » comprend un aspect déictique. Ainsi, le « vous » est tendu entre, d'une part, le surgissement du *on* et, d'autre part, sa stabilisation sous la forme du « je ». En même temps, on constate un débrayage pour ainsi dire second, comme latéral, qui fait que le « vous » est objectivé davantage à travers le processus de la nomination.

Résumons : faisant dialoguer la sémiotique greimassienne / post-greimassienne et la praxématique, dans le sillage de la psycho-mécanique de Gustave Guillaume, nous avons essayé, dans les lignes qui précèdent, de rendre compte d'une interprétation du « vous » possible, en adoptant le point de vue de la genèse de l'ipséité : le « vous » constitue alors une forme d'expression émergente. La déictisation a ainsi été captée dans son mouvement, qui fait saillir le *je*, *ici* et *maintenant* au terme d'un processus. L'ambiguïté du « vous » est triple : par opposition à ce « vous » aux contours indéfinis, que nous avons rapproché du « on » ou du « ça » caractéristiques du proto-embrayage, nous avons considéré un « vous » textuel débrayé (destinataire interne). Enfin, le « vous » renvoie au destinataire externe, singulier ou pluriel, et il est lisible par rapport à la situation d'énonciation, quand – pour citer Benveniste – un « je » implante un « tu » en face de lui.

Dans le cas de l'objectivation du « vous » textuel, nous parlons de déictisation interne débrayante (débrayage énonciatif, par opposition à la déictisation externe suite à un embrayage sur la situation d'énonciation (« je/tu (vous) »)) ? Nous essayons de défendre l'idée que la déictisation aspectualisante peut caractériser l'opération du débrayage toujours rapportée à un centre déictique en se chargeant, plus spécifiquement, du déploiement des catégories de la personne, de l'espace et du temps. Le débrayage est alors conçu comme un geste incarné, corporalisé. D'une part, il renvoie à un sujet sensible et percevant et, spectaculaire, il attire l'attention d'autrui. D'autre part, toujours « en gestation » (Basso Fossali, 2017a), il est associé à une processualité par conversion d'une expérience sensori-motrice en inscription sur un support.

Il s'agira, maintenant, de faire un pas de plus, en montrant en quoi l'emploi massif du syntagme nominal (SN) démonstratif témoigne de la volonté du personnage de maîtriser une réalité sur laquelle il n'a plus d'emprise.

« VOIR CECI » ET « VOIR SELON »

Les démonstratifs de point de vue ou démonstratifs empathiques ont suscité, au cours des vingt dernières années, maintes réflexions, sans cesser d'être problématiques. C'est ainsi que Georges Kleiber (2003) pointe la pléthore des étiquettes : aux *démonstratifs de point de vue* et *démonstratifs empathiques* s'ajoutent les *démonstratifs mémoriels*, *de pensée indexicale* ou *démonstrative*, *de subjectivité*. De plus, écrit-il, les démonstratifs qui ne ressortissent pas à un emploi situationnel, par exemple dans un roman[7], réclament le détour par la *Deixis am Phantasma* de Bühler, sans que la question de la manière dont la désignation référentielle s'opère dans ce cas soit pleinement résolue. Cela en particulier, nous dit-il, parce que la distinction établie par Bühler entre une deixis *am Phantasma* s'exerçant dans le monde mémoriel et une deixis se rapportant à un monde imaginaire construit n'est pas toujours répercutée. Si elle l'est, le point de vue adopté peut être celui du narrateur omniscient ou celui, subjectif et empathique, d'un personnage de l'histoire racontée, le lecteur étant appelé à se mettre à la place de ce dernier[8].

Tel est le cas dans *La Modification*, si tant est que le « vous » ne renvoie pas, du moins pas uniquement, à l'interlocuteur-lecteur. Il s'agit alors de s'interroger sur la solidarisation de l'emploi de SN démonstratifs récurrents, là où le SN défini serait possible, avec le contenu narré.

Partons de cet extrait :

> Il faut fixer votre attention sur les objets que voient vos yeux, cette poignée, cette étagère, et le filet avec ces bagages, cette photographie de montagnes, ce miroir, cette photographie de petits bateaux dans un port, ce cendrier avec son couvercle et ses vis, ce rideau roulé, cet interrupteur, cette sonnette d'alarme,
>
> sur les personnes qui sont dans ce compartiment, ces deux ouvriers italiens [...], sur ce garçon, le plus jeune des deux, qui essuie la buée sur la vitre avec sa manche,
>
> afin de mettre un terme à ce remuement intérieur, à ce dangereux brassage et remâchage de souvenirs. (p. 157)

---

7 Au sujet du démonstratif comme marqueur d'empathie dans la fiction et, plus particulièrement, du démonstratif dans les ouvertures de roman, qui exige la prise en considération du statut énonciatif du texte de fiction, *cf.* Philippe (1998).

8 Voir aussi Rabatel (2005).

Résumons les propriétés principales du démonstratif déictique, avant de dégager, d'un point de vue plus nettement sémio-linguistique, le soubassement d'une instance centre déictique sensible et percevante.

Plus linguistiquement donc, nous dirons que l'article défini serait possible et suffisant du point de vue référentiel. En effet, comme le rappelle Pascale Massé-Arka (2017), l'article défini établit ce que Blanche-Benveniste et Chervel (1966, p. 34) appellent un « contraste de signifiés » : le SN défini indiquerait la sélection, par exemple, de la poignée par rapport à ce qui n'est pas elle, étant apte à extraire un élément dans un ensemble de deux éléments appartenant à des domaines différents, alors que le SN démonstratif est censé opérer dans un même domaine, par exemple en opposant une poignée à une autre poignée. Il est bien vrai qu'en l'occurrence, le SN démonstratif « cette poignée » peut difficilement désigner un exemplaire particulier d'une classe, c'est-à-dire ouvrir sur une multiplicité, comme le demande le démonstratif : il ne s'agit pas de cette poignée par contraste interne avec d'autres possibles. La présence du SN démonstratif appelle donc un supplément d'attention. Une lecture par contraste interne est cependant permise par « ce garçon, le plus jeune des deux ». Enfin, à l'inverse des SN démonstratifs, les SN définis pourraient établir un lien de type associatif avec le champ lexical du train.

Si les SN démonstratifs à répétition ont donc de quoi surprendre – faut-il utiliser le terme « insolite » ? –, on peut dégager plusieurs effets de sens. Le SN démonstratif suppose un investissement particulier d'une instance subjective, ici fictive, qui s'implique vivement en établissant avec l'objet une relation cognitive et affective particulière. À la faveur d'une rupture avec le co(n)texte et d'une sortie du cadre, d'un blocage de l'intensité conduisant à une intensification, d'un rebond et d'une relance, le SN démonstratif rend saillant l'objet mis en évidence, tout en donnant lieu à une thématisation subséquente. Enfin, il peut mobiliser l'encyclopédie du lecteur, en réactivant des contenus doxiques, plus ou moins stéréotypés, donnés en partage.

Poussons la réflexion plus avant, en convoquant les concepts et outils d'analyse de la sémiotique et en contextualisant l'extrait davantage.

Nous le savons, nous assistons, dans *La Modification*, à une désintégration progressive du personnage, à l'« hideuse déliquescence » (p. 209) qui s'empare des certitudes – par exemple, de la décision de ramener

Cécile à Paris, mais aussi, de la croyance dans un ordre du monde désormais désuet :

> Une des grandes vagues de l'histoire s'achève ainsi dans vos consciences, celle où le monde avait un centre, qui n'était pas seulement la terre au milieu des sphères de Ptolémée, mais Rome au centre de la terre, un centre qui s'est déplacé, qui a cherché à se fixer après l'écroulement de Rome à Byzance, puis beaucoup plus tard dans le Paris impérial [...].
>
> Si puissant pendant tant de siècles sur tous les rêves européens, le souvenir de l'Empire est maintenant une figure insuffisante pour désigner l'avenir de ce monde, devenu pour chacun de nous beaucoup plus vaste et tout autrement distribué (p. 277).

Contre la menace de la dispersion, de l'émiettement et, plus généralement, du défaut de sens, le personnage est modalisé selon le devoir (« il faut fixer... »). Il doit se constituer comme centre déictique au sens où l'entend Jacques Fontanille :

> Tout appelle ici une lecture « phénoménologique », qui s'organiserait autour d'un centre déictique, Égo, dont le champ de présence est cerné, dessiné, prédiqué par la visée de l'autre ; cerné dans le temps aussi bien que dans l'espace, puisque c'est cet autre même qui définit les limites du champ en rétention et en protension. Et cette activité présuppose elle-même une visée du sujet-centre déictique, au cours de laquelle il identifie l'autre comme une chair intentionnelle, en empathie avec sa propre chair. (1996, p. 171-172)

C'est la constitution d'un sujet-centre déictique qui est visée dans *La Modification*, l'intentionnalité – ou son ombre, l'instance n'étant pas encore un sujet – pouvant, selon Jacques Fontanille (*ibid.*, p. 174-175), prendre quatre formes. Ainsi, du point de vue du personnage, l'appréhension esthétique se traduit pour l'essentiel par la volonté d'écrire un livre relatant l'expérience de la métamorphose. L'appréhension narrative et pragmatique consiste à abandonner la décision de ramener Cécile à Paris et d'organiser différemment l'espace, en préservant la possibilité de l'ambiguïté, de l'invention et de la création :

> Ne vaudrait-il pas mieux conserver entre ces deux villes leur distance, toutes ces gares, tous ces paysages qui les séparent ? Mais en plus des communications normales par lesquelles chacun pourrait se rendre de l'une à l'autre quand il voudrait, il y aurait un certain nombre de points de contact, de passages instantanés qui s'ouvriraient à certains moments déterminés par des lois que l'on ne parviendrait à connaître que peu à peu. (p. 280)

À cela s'ajoute une appréhension « discursive » et « cognitive » (Fontanille, 1996, p. 174), qui cherche à rétablir une cohérence :

> Vous dites : il faudrait montrer dans ce livre le rôle que peut jouer Rome dans la vie d'un homme à Paris : on pourrait imaginer ces deux villes superposées l'une à l'autre, l'une souterraine par rapport à l'autre, avec des trappes de communication que certains seulement connaîtraient sans qu'aucun sans doute parvînt à les connaître toutes, de telle sorte que pour aller d'un lieu à un autre il pourrait y avoir certains raccourcis ou détours inattendus [...] de telle sorte que toute localisation serait double, l'espace romain déformant plus ou moins pour chacun l'espace parisien, autorisant rencontres ou induisant en pièges. (p. 277-278)

Enfin, l'appréhension pathémique est bien présente : ce que le pointage vers des objets de l'espace, la cofondation d'une instance subjectale et d'une instance objectale à travers la perception doivent procurer, c'est un sentiment de détente, peut-être de familiarité qui rassure et réconforte. Le geste de l'ostension doit agir au même titre que la projection sur l'environnement de diverses grilles : topographique (« le coin couloir face à la marche à votre gauche », « un homme à votre droite », « sur la même banquette que lui, après un intervalle pour l'instant inoccupé » (p. 10-11), logique (de l'englobé à l'englobant, du particulier au général), chronologique (élaboration de mini-séquences narratives) ou encore idéologique. L'ostension doit dresser un rempart contre les logiques dispersives qui frappent l'espace et démantèlent les contenus doxiques et les fausses cohérences. Michel Butor donne cette clé de lecture lui-même :

> Qui vous a demandé qu'on éteigne ? Qui a voulu cette veilleuse ? La lumière était dure et brûlante, mais les objets qu'elle éclairait présentaient du moins une surface dure à laquelle vous aviez l'impression de pouvoir vous appuyer, vous accrocher, avec quoi vous tentiez de vous constituer un rempart contre cette infiltration, cette lézarde, cette question qui s'élargit, vous humiliant, cette interrogation contagieuse qui se met à faire trembler de plus en plus de pièces de cette machine extérieure, de cette cuirasse métallique dont vous-même jusqu'à présent ne soupçonniez pas la minceur, la fragilité. (p. 238-239)

L'entreprise est cependant risquée : l'ostension conduit à constituer les unités partitives en unités intégrales, qui fixent le sens, le soustraient à tout changement, et bloquent la circulation du sens et la possibilité des déformations érigées, à la fin du livre, en valeur suprême. En ce sens, le « voir ceci » thétique, thématique, doit être associé au « voir selon », tel que Jacques Garelli (1992) le conçoit dans un article consacré à Merleau-Ponty. Face à l'acte thétique objectivant, il s'agit de rétablir les conditions d'un élargissement de la perspective, du « passage possible, progressif, fondateur, amplifiant qui irait de l'inspection méthodique du "ceci" à la prospection interrogative du "selon" » (*ibid.*, p. 82). On ne saurait mieux mettre en évidence le côté réducteur et faussement sécurisant d'un voir individuant qui reste accroché à la « surface dure » des objets, le danger que représente le prélèvement de fragments du réel, figés et autonomisés. Il faut au contraire, selon Merleau-Ponty, aborder la chose individuée en tant qu'elle est inscrite dans une constellation : « toute perception n'est perception de quelque chose qu'en étant aussi relative imperception d'un horizon ou d'un fond, qu'elle implique, mais ne thématise pas » (Merleau-Ponty, 1968, p. 12 ; cité par Garelli, 1992, p. 83). Le sujet voyant doit être incorporé dans le champ du visible, afin que, dans un corps à corps avec le monde, puisse s'engager un échange avec les objets arrachés à leur fausse évidence et que soit générée « cette tranquille terreur, [...] cette émotion primitive où s'affirme avec tant de puissance et de hauteur, au-dessus des ruines de tant de mensonges, la passion de l'existence et de la vérité » (*La Modification*, p. 239). Grâce à cet échange, le sujet percevant peut, tel le peintre, « [naître] dans les choses comme par concentration et venue à soi du visible » (Merleau-Ponty, 1964a, p. 69), dans ces choses qui remplissent son regard de sa présence. Ainsi, dans *La Modification*, il appartient à l'épaisse lumière bleue d'instaurer ou, mieux, de révéler « de doux échos sur toutes les mains et sur tous les fronts des dormeurs » (p. 239), à l'image de « toutes ces participations » évoquées par Merleau-Ponty :

> [...] on s'apercevrait qu'une couleur nue, et en général un visible, n'est pas un morceau d'être absolument dur, insécable, offert tout nu à une vision qui ne pourrait être que totale ou nulle, mais plutôt une sorte de détroit entre des horizons extérieurs et des horizons intérieurs toujours béants, quelque chose qui vient toucher doucement et fait résonner à distance diverses régions du monde coloré ou visible [...]. (1964b, p. 175)

Dans *La Modification*, la mise en résonance est rendue possible par le

> [...] bleu qui reste comme suspendu dans l'air, qui donne l'impression qu'il faut le traverser pour voir, ce bleu aidé de ce perpétuel tremblement, de ce bruit, de ces respirations devinées, [qui] restitue les objets à leur incertitude originelle, non point vus crûment mais reconstitués à partir d'indices, de telle sorte qu'ils vous regardent autant que vous les regardez. (p. 239)

Résumons. Le SN démonstratif traduit ainsi les efforts pour à la fois i) centrer le regard et faire barrage aux cauchemars et à une désintégration généralisée, ii) initier une intersubjectivité grâce à l'entre-expression d'une instance subjectale et d'une instance objectale, l'objet devenant un autre sujet qui s'offre au regard, mais qui fait aussi connaître ses besoins, et iii) ouvrir sur l'ailleurs en relation avec le ici : il s'agit d'instaurer des mises en résonance auxquelles la superposition des villes de Paris et de Rome, qui rend possibles la fluidité des échanges, mais aussi la déformation et l'invention, confère une forme d'expression particulière.

La déictisation fournit ainsi ses bases à l'aspectualisation associée à l'inscription d'un centre déictique dans le temps et dans l'espace : celle-ci, ainsi que Greimas et Fontanille l'ont souligné, peut à la fois se traduire par des « saisies-arrêts dans une variation continue des équilibres tensifs » et par des « "balayages" homogénéisant la totalité des étapes du processus » (1991, p. 10). Précisément, il y a un risque que les « saisies-arrêts » occultent le caractère tensif de l'aspectualité, qu'il faut rétablir contre la menace du figement, tout comme un bleu trop épais peut générer un flou généralisé, où les lignes nettes s'abîment, et la fusion dans la masse. Dans les termes de Claude Zilberberg, il faut penser l'arrêt et l'arrêt de l'arrêt. Enfin, l'homogénéisation est, précisément, refusée à Delmont tant que le paysage défile à toute vitesse et que le tempo rapide impose des limitations à la vue. Durant son voyage, il lui est en effet impossible d'embrasser tout le paysage. La vue de l'observateur est obstruée, le paysage est nécessairement parcellisé et la recomposition ne peut se faire que sur le mode de la spéculation et de la déception :

> La voie ferrée y [dans une véritable forêt] creuse une tranchée qui se resserre de telle sorte que vous ne voyez plus du tout le ciel, que le sol même se relève en de hauts remblais de terre nue ou de maçonnerie sur laquelle un instant, juste le temps de les reconnaître, se peignent en rouge sur un rectangle blanc les grandes lettres que vous attendiez certes mais peut-être pas aussi tôt [...]. (p. 16)

La tranchée traduit figurativement un obstacle à l'avancée du regard, une « obstruction » au plan modal[9]. Modalisé selon le /ne pas pouvoir observer/, Delmont est condamné à n'avoir de cette réalité, placée sous le signe de l'inachèvement, qu'une vue à chaque fois instantanée. Aussi est-il obligé de réinterpréter l'obstruction comme une inaccessibilité. Soit

9 Dans ce contexte, voir aussi Fontanille (1987, 1999).

il suppose une continuité entre la partie visible et ce qui est soustrait à son regard, soit il opère un transfert de compétence sur l'informateur – le camion qui « s'écarte, revient, disparaît derrière une maison [...] » (p. 33) – et amorce un mouvement de retrait.

Nous essayerons de montrer, dans la troisième partie, en quoi ce mouvement déictisant, qui conjoint fermeture et ouverture, centrement et décentrement, arrêt et arrêt de l'arrêt, et qui érige la mise en résonance en valeur suprême, peut être *montré* (plutôt que dit) par un des traits caractéristiques du style de Butor. Il s'agira ainsi d'insister sur la capacité du texte littéraire à *mettre en scène* la manière dont la déictisation est au fondement de l'énonciation comme pratique.

PRENDRE LES MOTS AU « LASSO »
Déictisation, construction de la phrase et ponctuation

Ce qui retient notre attention ici, c'est l'« iconisation » du plan de l'expression, c'est-à-dire ce redoublement intime qui fait qu'une construction de phrase, la ponctuation, le recours au SN démonstratif, une disposition du texte dans l'espace de la page... peuvent refléter, voire mimer les métamorphoses qui s'opèrent au niveau du contenu : la désagrégation de la décision initiale, la volonté de trouver des repères dans l'espace, l'ouverture qui fait dialoguer l'ici et l'ailleurs et qui, proposant un nouvel ordre du monde multi-centré, ménage la possibilité de la découverte et du renouveau. Il s'agit de montrer en quoi les formes de l'expression dans leur dimension phono- et morpho-syntaxique rendent sensible une expérience à la fois sensible, perceptive et cognitive[10]. Ce redoublement intime peut témoigner d'une littérarisation du texte.

La déictisation concerne ici l'écriture comme mouvement, avec ses heurts, ses arrêts et ses reprises, une façon particulière d'investir l'espace de la page et de mobiliser le temps, qui renvoie à l'auteur comme centre déictique. L'idée à développer est que le style d'écriture, qui combine des composantes socio- et idiolectales[11], *donne à voir* le style sémiotique

10 Voir aussi Colas-Blaise (2001).

11 Au sujet d'un traitement idiolectal, *cf.* Philippe (2005).

ou, selon nos termes, expérientiel (Colas-Blaise, 2012) du personnage, c'est-à-dire, comme nous avons pu le dire, une attitude au monde (au temps, à l'espace, à l'A(a)utre) fondamentale. En l'occurrence, celle-ci tend vers l'émergence d'un *je-ici-maintenant*. L'auteur, pourra-t-on dire de manière cavalière, dessine en creux le lieu d'un point de vue, qui est occupé par le personnage ; ou encore, projetant une appréhension esthétique, narrative, discursive et cognitive, mais aussi pathémique du « défaut d'être » (Fontanille, 1996, p. 174), il *se met à sa place*, invitant le lecteur à tisser lui-même une relation de type empathique. Retenons plus particulièrement cet extrait, au tout début du livre :

> Un homme à votre droite, son visage à la hauteur de votre coude, assis en face de cette place où vous allez vous installer pour ce voyage [...] selon toute vraisemblance le possesseur de cette serviette noire bourrée de dossiers [...] pour être une chose, une possession et non un mot, posée sur le filet de métal aux trous carrés, et appuyée sur la paroi du corridor,
>
> cet homme vous dévisage [...] il voudrait vous demander de vous asseoir [...] (p. 8)[12].

Ce passage illustre ce que nous appelons le procédé de l'engendrement textuel par « paragraphes ouverts » (Colas-Blaise, 1998) qui imprime à la phrase une dynamique toute particulière. Michel Butor s'attarde lui-même sur les phrases longues. Au sujet de *L'Emploi du Temps*, d'abord :

> Dans *L'Emploi du Temps*, à partir du moment où l'une de mes phrases dépassait une grande page, pour rendre la structure plus apparente, je l'ai divisée en paragraphes. Habituellement, le paragraphe est divisé en phrases. J'ai renversé cela : à l'intérieur de la phrase, j'ai mis plusieurs paragraphes, ce qui rapproche cette prose d'une structure poétique, ce que j'ai accentué, en mettant des répétitions de termes au début de ces paragraphes. (1993, p. 88)

À propos de *La Modification*, ensuite :

> On voit bien comment, pour relier les menus détails d'une anecdote choisie aussi banale que possible, aux moments principaux de l'Histoire de l'Occident, il fallait

12 Dans l'édition de 1970, le segment « appuyée sur la paroi du corridor » est suivi d'un point final, avant le passage à la ligne et le retrait. « Cet homme » comprend une majuscule. Le procédé de l'engendrement textuel par « paragraphes ouverts » apparaît une première fois à la page 42 et devient récurrent quand, précisément, les zones temporelles se chevauchent et que, sous l'effet des cauchemars, les incertitudes se multiplient. Les deux éditions ne se valent donc pas et les choix opérés dans celle de 1994 sont lourds de conséquences pour l'interprétation de l'ensemble.

> des structures grammaticales assez complexes pour pouvoir en quelque sorte attraper certains thèmes par de grandes boucles comme avec un lasso, réalisant ainsi un équivalent littéraire des spirales des grands architectes baroques. (1993, p. 99)

Nous sommes, une nouvelle fois, face à une complexité. D'une part, le blanc après la virgule signifie le terme d'un mouvement et réclame un regard rétrospectif, avant un nouveau début, signalé par le retrait. D'autre part, cette logique est déjouée par la virgule qui tire en direction de ce qui suit, invitant à enjamber le blanc et à rétablir la continuité. Une continuité qui est immédiatement confrontée à une nouvelle discontinuité, à travers le SN démonstratif, sur lequel le regard *bute* littéralement. Arrêt et arrêt de l'arrêt : la limite est à la fois revendiquée et dépassée. Le procédé relève ainsi d'une poétique du passage heurté, qui doit être négocié, alors même qu'il est facilité par les répétitions en début de paragraphe, les anaphores qui imposent, contre la linéarisation stricte, une logique de nature paradigmatique : malgré les gradations et les progressions, les paragraphes finissent par se superposer, se lire les uns à la lumière des autres, se formant et se déformant au passage, à l'instar des villes de Paris et de Rome, et ouvrant grand le champ des possibles.

Dans ce mouvement général de déictisation-aspectualisation qui tend vers une paradigmatisation, le SN démonstratif joue un rôle central : il cumule les deux facettes anaphorique et démonstrative. Certes, « cet homme » renvoie à « un homme » dans le cotexte gauche. Toutefois, par opposition au SN défini « l'homme », qui validerait un enchaînement attendu et parfaitement canonique, en résumant et en clôturant le processus de l'identification du personnage, le SN démonstratif signale, du point de vue tensif, une intensification, une rupture brusque, une relance et un rebond, donnant lieu à une thématisation subséquente. L'article défini exercerait pleinement sa fonction « définitoire (ou identification-catégorisation) », en renvoyant au « référent dans sa dimension de catégorisation, support d'un savoir prototypique et centre d'un réseau sémantique » (Massé-Arka, 2017, en ligne), alors que le démonstratif désigne un « point de vue, met en focus, centre, délimite et de ce fait d'une certaine façon dé-contextualise un objet référent qu'il saisit globalement » (*ibid.*).

La déictisation-aspectualisation est ainsi créatrice de continuités et de discontinuités. La phrase se poursuit au-delà de la fin présumée du paragraphe. En même temps, le SN démonstratif oppose au balayage homogénéisant une « saisie-arrêt ». Dans ce cas, il n'est pas anodin que la praxématique place le démonstratif sous le signe de la troisième topothèse (image de réalité achevée) (Détrie, Siblot, Verine, 2001, p. 331). Pour Michèle Monte (2011), le démonstratif ne relève pas nécessairement de la subjectivité en soi-même et peut « construire un espace intersubjectif indifférencié ». Nous notons, pour notre part, le *passage* d'une instance encore impersonnelle à l'installation du « je », de ce « je » qui, dans *La Modification*, est pressenti et souhaité tout au long de l'ouvrage, avant d'émerger pour de bon vers la fin. En cela, la récurrence des SN démonstratifs est chargée de sens.

CONCLUSION

Dans ces pages, nous avons essayé de creuser la notion de déictique en progressant dans une triple direction : (i) en dégageant le mouvement de la déictisation comme installation de la deixis de référence à la base du déploiement des catégories temporelles, aspectuelles et spatiales et, plus particulièrement, de l'émergence du couple « je/tu (vous) » ; (ii) en prenant en considération le SN démonstratif; (iii) en rendant compte d'une iconisation du plan de l'expression à travers la construction de la phrase, la gestion de l'espace de la page et la ponctuation.

Ainsi, nous avons pu montrer que la composante déictique entre dans la définition du style expérientiel du protagoniste, à la base de ses actions, de ses réflexions et d'une appréhension pathémique du monde. Finalement, l'attention s'est portée sur le style d'écriture singularisant qui, par certains de ses traits idiolectaux, *donne à voir* le style expérientiel en opérant des effets de présence. Le style d'écriture donne corps, en définitive, à cette genèse de l'ipséité, par glissements et passages, heurts et (re)bonds successifs, dont le pronom « vous » est ici la trace textuelle la plus manifeste. On verra dans ce redoublement « méta-discursif » une des conditions de la littérarité du texte.

Marion COLAS-BLAISE
Université du Luxembourg

LES DÉICTIQUES ET LE PARTAGE PASSIONNEL DANS LA POÉSIE LYRIQUE

Le cas des *Contemplations* de Victor Hugo

En général, on distingue en français trois catégories pour désigner ou construire un référent : (i) les expressions avec une « référence absolue » (Kerbrat-Orecchioni, [1980] 2009, p. 45), c'est-à-dire celles associées aux compétences extratextuelles, notamment les noms propres ; (ii) les expressions anaphoriques ou cataphoriques, celles qui se reportent à leur cotexte (= « contexte discursif antécédent ou subséquent » (Herschberg Pierrot, 2003, p. 9)) ; (iii) les expressions déictiques, dont la référence n'est ni absolue, ni identifiable à travers le cotexte : elles ne peuvent être déterminées « que par rapport à l'identité ou à la situation des interlocuteurs au moment où ils parlent » (Ducrot, 1995, p. 369-370). Leur fonction consiste donc à « articuler l'énoncé sur la situation d'énonciation » (Maingueneau, [1986] 2000, p. 3). Plus précisément, les déictiques « sont des éléments linguistiques qui font référence à l'instance de l'énonciation ou à ses coordonnées spatio-temporelles » (Greimas et Courtés, 1979, p. 86-87), c'est-à-dire ceux qui, dépourvus de référents prédéterminés, peuvent renvoyer à un nombre infini de réalités en dehors de leur propre énonciation, et qui ne sont donc désignables que dans un *hic* et *nunc* partagé entre un locuteur et un allocutaire[1].

En termes de dynamique énonciative, en faisant appel aux déictiques, un discours constitue – ou feint de constituer – « un espace de co-référence » (Herschberg Pierrot, 2003, p. 20), ce qui amènerait à susciter un « effet de réel » (Barthes, 1968, p. 84) chez l'allocutaire – dans un texte littéraire, chez le lecteur.

1 Rappelons l'un des fameux principes de la sémantique énonciative : « dès qu'il se déclare locuteur et assume la langue, il implante l'autre en face de lui, quel que soit le degré de présence qu'il attribue à cet autre. Toute énonciation est, explicite ou implicite, une allocution, elle postule un allocutaire » (Benveniste, 1974, p. 82).

Dans ce chapitre, nous nous proposons de procéder à l'examen des différentes catégories d'expressions déictiques – relevant des acteurs de l'énonciation, du temps, de l'espace et de la monstration – dans l'un des recueils les plus connus de la poésie lyrique française, à savoir *Les Contemplations* de Victor Hugo où leur emploi est très fréquent. Nous voudrions, notamment, mettre l'accent sur les effets pragmatiques des déictiques, c'est-à-dire la façon dont ils impliquent le lecteur, considéré non pas comme une entité empirique, mais comme « une place dans un dispositif, une position de lecture à laquelle le texte associe diverses caractéristiques » (Maingueneau, [1986] 2000, p. 78)[2].

Nous commencerons par les pronoms personnels déictiques, autrement dit les pronoms d'interlocution[3] : le « je », le « tu », le « vous » et le « nous » qui – contrairement à la troisième personne (« il(s) », « elle(s) ») – sont présents sur la scène de l'énonciation, et qui, en outre, rappellent à tout moment que nous sommes dans une situation d'énonciation, dans un discours en acte[4].

---

2 Notre démarche sera moins soucieuse de traiter le contenu à proprement parler que de proposer une potentielle généralisation formelle. Il conviendrait également de noter que les trois cas susmentionnés pour la désignation du référent ne sont pas toujours faciles à distinguer dans les discours écrits. L'ambiguïté est particulièrement marquante dans la poésie, notamment pour deux raisons : d'un côté, il s'agit d'un jeu aux confins des potentialités des langues ; de l'autre, l'extension définie pour le cotexte est déterminante : l'unité discursive correspond-elle à chaque poème ou bien au recueil dans son intégralité ? Sans compter le problème des compétences contextuelles du lecteur ! Un simple exemple, parmi tant d'autres, pour *Les Contemplations* : faudrait-il considérer que le lecteur sait que la fille de Victor Hugo avait disparu et que plusieurs poèmes, et donc plusieurs pronoms apparemment sans référents précis, renvoient à elle, ou pas ? Il semble qu'il existe, dans de nombreux cas, une gradualité relative – sinon une perpétuelle tension sans perspective de stabilité – entre deux des catégories, voire les trois. Cette gradualité/tensivité pourrait faire l'objet d'une analyse détaillée, ce qui dépasse évidemment les limites du présent chapitre. Nos exemples sont choisis parmi les occurrences où la déicticité est certaine, du moins avec comme unité discursive chaque poème, et non pas le recueil entier.

3 Nous empruntons le terme d'« interlocution » à André Joly qui affirme : « Le rapport d'interlocution implique donc que la deuxième personne, l'allocutaire, entre dans l'espace temporel de la première, le locuteur, dont elle devient le corrélatif obligé » (1987, p. 65-66).

4 Le pronom « on », dans certains de ses emplois, pourrait être un déictique. Vu la complexité de ce pronom, nous ne l'abordons pas ici. Pour son analyse, ainsi que les enjeux liés aux variations pronominales dans le même recueil, voir Biglari (2019).

LES ACTEURS DE L'ÉNONCIATION

LE « JE »

Le « je » est le pivot de tout centre déictique : il n'y a pas de déictique sans la présence de cette instance. Il va de soi que le seul locuteur possible dans tout discours est le « je », mais, surtout dans un texte écrit, il n'est pas toujours manifesté, posé : il est parfois dissimulé, présupposé, en mettant en scène un « il(s) », « elle(s) », « tu », « vous »... Ce qui nous intéresse dans cette partie, c'est le « je » affiché en son nom. Cette forme linguistique implique la prise en charge simultanée du contenu de l'énoncé et de l'acte d'énonciation par un seul sujet singulier. C'est l'emploi du « je » qui permet au sujet d'assumer son identité en énonçant : « J'affirme que je suis Je. [...] Voici mon identité » (Coquet, [1984] 1989, p. 39). Dans la perspective de l'orientation discursive, le « je » est un actant qui occupe la position de l'instance de discours, et qui « réorganise l'ensemble du parcours autour du centre déictique et sensible » (Fontanille et Zilberberg, 1998, p. 215) qui est le sien. C'est du point de vue de cet actant-source que les structures actantielles et modales sont perçues, les rôles thématiques sont distribués, les valeurs sont déterminées, et les passions sont ressenties. Cette prise de position de l'instance de discours, cette subjectivisation, est d'ailleurs l'« une des conditions *sine qua non* de la sensibilisation du discours » (Fontanille, 2003, p. 231).

Ce pronom, dominant dans *Les Contemplations*, et mobilisé couramment dans la poésie lyrique, a souvent pour effet l'installation du lecteur à la place du locuteur, leur identification. Le lecteur de la poésie lyrique a, en général, l'impression que c'est lui-même qui est en train de s'exprimer, plus profondément en train d'*éprouver* les passions exposées, dans la mesure où il est censé partager le même « champ de présence » que le locuteur-éprouvant, et occuper la position de l'actant-source, celui qui perçoit, éprouve et s'exprime. L'effet du « je » lyrique est donc capital dans l'implication du lecteur et dans le processus du *faire éprouver*.

Dans la plupart des exemples choisis des *Contemplations* pour les parties suivantes (sur le temps, l'espace et la monstration), le « je » est présent, et il serait donc inutile de rajouter d'autres exemples ici[5]. Pour l'instant, soulignons seulement la grande variété du contenu du « je » dans le recueil : il apparaît sous la forme de différents rôles thématiques, qu'ils soient humains (surtout père, mais aussi fils, frère, amant, exilé, poéticien, penseur contemplateur, etc.) ou non humains, c'est-à-dire en mode métaphorique (la « colombe » (p. 95), « la fleur des murailles » (p. 108), le « fils du soleil » (p. 165), « la voix sinistre » (p. 243), l'« esprit » (p. 279), « l'algue » (p. 322), la « paille » (p. 385), etc.)[6]. On pourrait donc parler, comme dans la poésie hugolienne en général, d'une « “désappropriation” du moi » (Rosa, 1985, p. 271), ou d'un « je éclaté » (Albouy, 1976, p. 66) au sens le plus large du terme[7]. Ainsi, en désignant des êtres variés et hétérogènes, le « je » permet à chaque lecteur de s'imaginer constamment dans des positions nouvelles et de découvrir des ressentis inédits.

LE « TU » ET LE « VOUS »

Comme on le sait, en littérature deux types d'interactions peuvent s'imbriquer, à deux niveaux différents : d'une part entre le locuteur et un autre personnage, d'autre part entre le locuteur et le lecteur. Ce phénomène est notamment exploité par le théâtre, mais dans les autres genres littéraires aussi il peut apparaître. La deuxième interaction dépasse et englobe, bien entendu, la première, car le lecteur est le destinataire ultime de tout énoncé/discours, que celui-ci soit directement adressé à lui, qu'il soit à un niveau inférieur adressé à un personnage, ou qu'il ne soit explicitement adressé ni aux personnages ni aux lecteurs. Mais, l'attitude du lecteur se transformerait d'un cas à un autre.

Dans *Les Contemplations*, les deux formes d'adresse sont présentes. L'énonciateur s'adresse aussi bien à d'autres acteurs comme Dieu (p. 293-294), la mort (p. 319, p. 328), l'ange (p. 257), l'être cher (p. 108-110), sa bien-aimée (p. 89, p. 96, p. 105-107, p. 114, p. 263), sa fille (p. 194), son fils (p. 218), Claire (p. 252), les écoliers (p. 144-147), la nature (p. 143),

---

5 Par ailleurs, dans d'autres textes portant sur le même recueil de poèmes, nous avons déjà largement abordé les exemples du « je » (voir notamment Biglari, 2011a).

6 Notre édition de référence pour *Les Contemplations* est celle de Pierre Laforgue, publiée en 2008. Tout au long de ce chapitre, c'est nous qui mettons en italique les déictiques des citations de Hugo (dans chaque partie, c'est seulement le type de déictique en discussion qui est mis en italique, et non pas tous les déictiques).

7 Pour une analyse détaillée de cet aspect, voir Biglari (2016).

les arbres (158-159), le fleuve et le bois (p. 387), le lion (p. 150-151), etc.[8] qu'au(x) lecteur(s). Afin de ne pas trop compliquer notre propos, nous nous contentons de l'analyse des adresses directes, lorsque le lecteur est explicitement invoqué, interpellé, pointé[9].

Dans ses adresses au(x) lecteur(s), l'énonciateur des *Contemplations* emploie aussi bien le « tu » que le « vous ». Cela laisse supposer que, dans le premier cas, il s'adresse à un lecteur individuel, celui qui est maintenant devant le recueil, et que dans le deuxième cas, il s'adresse à l'ensemble des lecteurs, dont le lecteur individuel est l'un des cas. La préface renforce cette idée :

> [...] quand je vous parle de moi, je vous parle de *vous*. Comment ne le sentez-*vous* pas ? Ah ! insensé, qui crois que je ne suis pas *toi* ! (p. 26)

S'il est vrai que les deux pronoms d'adresse sont utilisés dans la préface, c'est le vous qui prédomine fortement. Cette alternance et cette prédominance sont également observées dans le recueil entier. Elles sont significatives, car il s'agit, d'un côté, de l'établissement d'une relation intime entre l'énonciateur et le lecteur, et de l'autre, d'un rappel constant du fait que le lecteur n'est pas seul, que tous les autres lecteurs ont cette « destinée » en commun (on lit dans la préface : « Ma vie est la vôtre, votre vie est la mienne, vous vivez ce que je vis ; la destinée est une » (p. 26)). En d'autres termes, en mobilisant le « vous », l'énonciateur construit un actant collectif, et l'émergence occasionnelle du « tu » lui permet de l'individualiser de temps à autre. Deux modes d'adresse sont donc en compétition : d'une part, l'énonciateur met

8 Notons que l'adresse aux personnes – réelles ou fictives – ou aux êtres inanimés est fréquente dans la poésie lyrique. Rappelons-nous Ronsard qui s'adresse à Cassandre, à Hélène, à Marie ; Aragon à Elsa ; Lamartine à Elvire, mais aussi au « lac », au « chêne », etc. L'adresse autoréférentielle est également l'une des formes d'adresse. Par exemple, Hugo, dans le poème « Un jour je vis... », écrit : « Poète, tu fais bien ! » (p. 29). Ce qui se constate dans d'autres recueils aussi : « Ô poète ! je vais dans ton âme blessée / Remuer jusqu'au fond ta profonde pensée » ([1837] 1964, « À OL. », *Les Voix intérieures*, p. 966), ou bien « Pourquoi t'exiler, ô poète, / Dans la foule où nous te voyons ? » ([1840] 1964, « Fonction du poète », *Les Rayons et les Ombres*, p. 1023).

9 On peut envisager une autre interprétation de ce type de « tu » / « vous » : il se peut que le locuteur s'adresse à un « tu »/« vous » qui est pour nous indéfini, et que les lecteurs soient non pas les allocutaires directs, mais les témoins d'une conversation entre d'autres acteurs. Une telle lecture ne remettra point en cause nos analyses dans la mesure où l'effet produit restera le même, pour la raison expliquée plus haut : l'allocutaire ultime de tous les énoncés est le lecteur.

l'individu en tant que tel en valeur ; d'autre part, il prépare les conditions d'un rassemblement maximal. Dans le premier mode, pour reprendre la terminologie de la sémiotique tensive[10], la restriction de l'étendue permet l'augmentation de l'intensité ; dans le second, l'élargissement de l'étendue implique l'affaiblissement de l'intensité au profit de l'effet de généralisation. Si, principalement, l'individuation incite à *éprouver*, la généralisation incite à *croire*. Ce va-et-vient a pour effet le renforcement mutuel du *faire éprouver* et du *faire croire*[11].

Prenons deux exemples parmi tant d'autres :

> Oui, *va* prier à l'église,
> *Va* ; mais *regarde* en passant,
> Sous la vieille voûte grise,
> Ce petit nid innocent. (« La Nichée sous le portail », p. 111)
>
> *Allez*, vivants ! *riez*, *chantez* ; le jour flamboie. (« Pleurs dans la nuit », p. 298)

Dans ces deux extraits, quoique les formes pronominales « tu » et « vous » soient absentes, les formes verbales montrent que l'énonciateur s'adresse dans le premier cas à un destinataire individuel et dans le second cas à un destinataire collectif. Le premier extrait, qui est tout au début d'un poème, n'a pas de destinataire défini et il semble donc que ce soit chaque lecteur, individuellement, qui est visé. Le locuteur établit ainsi une relation familière et intime avec le lecteur. Ce rapprochement aurait pour effet l'intensification et la sensibilisation maximales entre locuteur et lecteur, et rejoint d'autres procédés utilisés : la répétition du même impératif (« va » (à l'église)), qui intensifie le propos, suivie d'une importante concession sur quelque chose d'apparemment simple, mais hautement sensibilisé – notamment par l'emploi des adjectifs, précédés d'une préposition spatiale –, ce qui entraîne la visualisation de la scène (« sous la vieille voûte grise », « petit », « innocent »), et encore plus, par l'emploi de l'adjectif démonstratif « ce » qui pose l'objet (le « nid ») sous les yeux de chaque lecteur (nous reviendrons à cette question dans la partie sur la monstration). Dans le deuxième exemple, le locuteur exhorte

10 Voir, par exemple, Fontanille et Zilberberg (1998).

11 D'un autre point de vue, cela s'illustre à travers un carré sémiotique de Greimas (1976, p. 98) dont les positions sont « unité intégrale », « totalité partitive », « totalité intégrale » et « unité partitive ». Dans *Les Contemplations*, le « tu » correspond à l'« unité intégrale » et le « vous » à la « totalité intégrale », c'est-à-dire à deux positions complémentaires.

les lecteurs à « rire » et « chanter ». L'éloignement, comparé à l'emploi du « tu », est compensé par la généralisation. Les « vous » adressés aux lecteurs, nombreux dans le recueil[12], leur attribuent souvent un point de vue universel et solidaire, et créent un effet pragmatique spécialement marquant en se liant à d'autres procédés rhétoriques, notamment la présupposition qui, en présentant un cadre discursif comme déjà connu et partagé, donc comme hors débat et hors doute, impose un *croire* et un *éprouver*, sans lesquels le lecteur ne peut pas poursuivre la lecture[13]. Le « vous » réapparaîtra dans d'autres exemples.

LE « NOUS »

Comme l'explique Émile Benveniste, il existe trois types de « nous ». Un « nous » singulier qui désigne le locuteur seul, et qui, selon des contextes, peut avoir différents effets. Cet emploi ne concerne pas *Les Contemplations*, car lorsqu'il s'agit du locuteur seul, c'est manifestement le « je » qui s'applique. Les deux autres types de « nous » sont *amplifiés* : il n'est pas question d'« une multiplication d'objets identiques, mais [d'] une *jonction* entre *je* et *non-je* » (Benveniste, 1966, p. 233). Ce « non-je » peut être « toi/vous » ou « il/ils ». Le premier cas, nommé *nous inclusif*, est donc totalement déictique et le second, appelé *nous exclusif*, l'est partiellement.

Dans *Les Contemplations*, le nous exclusif est moins fréquent, ce qui ne signifie pas qu'il est moins important : l'énonciateur procède à l'amplification avec d'autres acteurs tels que « une petite fille » (p. 51), sa « bien-aimée » (p. 96, 105, 114), « [s]es deux frères » (p. 245), sa « Mère » (p. 247-248), etc. Mais ici, selon la perspective que nous avons adoptée, nous nous limitons aux « nous » inclusifs ou à ceux à la fois inclusifs et exclusifs. Plus précisément, d'un point de vue, ils sont inclusifs (fusion entre le locuteur et le(s) lecteur(s)), d'un autre, ils sont en même temps inclusifs et exclusifs (*je* + *toi/vous* + *ils* [l'ensemble des lecteurs])[14]. La prépondérance de ce type de « nous », au détriment du « nous » exclusif, est significative : le lecteur est visiblement impliqué. Regardons quelques exemples :

---

12 Voir par exemple les pages 73, 85-86, 130, 195-198, 299, 300, 320, 380, etc.

13 À ce sujet, voir Biglari (2018).

14 On peut trouver ces « nous » aux pages 38, 113, 157, 169, 180, 184-185, 187, 204, 285, 288, 327-328, 332, etc.

> [...] *nous* avons tous de ces dates funèbres ! (« Le revenant », p. 157)
>
> Ô vivants, serions-*nous* l'objet d'une dispute ?
> L'un veut-il *notre* gloire, et l'autre *notre* chute ? (« À qui donc sommes-nous ? », p. 204)
>
> *Nous* sommes les passants, les foules et les races.
> *Nous* sentons, frissonnants, des souffles sur *nos* faces.
> *Nous* sommes le gouffre agité ;
> *Nous* sommes ce que l'air chasse au vent de son aile ;
> *Nous* sommes les flocons de la neige éternelle
> Dans l'éternelle obscurité. (« Dolor », p. 330)

Le premier extrait apparaît entre deux tirets[15] : il s'agit d'une incise au sein d'une *histoire*, dans l'exact sens attribué par Benveniste (1966, p. 239), c'est-à-dire un *récit* qui se situe entièrement à l'extérieur de tout centre déictique : avec l'emploi du « il » et du passé simple, en l'occurrence un « croup » qui, « [u]n jour », « s'abattit », et ainsi de suite. Nous sommes donc face à une irruption déictique, inattendue et brève, qui a pour fonction de rappeler la présence de l'instance du discours, en créant un véritable *espace de co-référence* entre locuteur et lecteurs.

Dans le deuxième extrait, il est question, une nouvelle fois, d'une adresse aux « vivants », dont les lecteurs font naturellement partie. Le poème concerné, quoiqu'il soit assez court, est du point de vue énonciatif complexe, dans la mesure où tous les pronoms personnels, aussi bien au singulier qu'au pluriel, sont présents, d'ailleurs avec des référents variés. Il est notamment question d'interrogations sur les forces de « là-haut » (« Combien sont-ils là-haut ? ») et un désir de savoir afin de mettre fin à un doute non désiré (« Dieu, tire-moi du doute »). Dans l'exemple choisi, à travers la question, une vision manichéenne est mise en discussion, à savoir la confrontation de deux forces opposées, l'une bienveillante, l'autre malveillante.

Le troisième exemple aussi est un extrait d'un autre poème particulièrement complexe sur le plan énonciatif. Les attributs du « nous » passent des entités humaines vers des entités non humaines et métaphoriques (« le gouffre agité », « ce que l'air chasse au vent de son aile », « les flocons de la neige éternelle »). Nous avons déjà évoqué l'importance de la métaphore

15 Voici l'extrait plus complet : « Un jour, – nous avons tous de ces dates funèbres ! – / Le croup, monstre hideux, épervier des ténèbres, / Sur la blanche maison brusquement s'abattit, / Horrible, et, se ruant sur le pauvre petit, / Le saisit à la gorge. O noire maladie ! ».

dans les emplois du « je », ici nous la constatons associée au « nous ». Cette figure, « l'image privilégiée dans la poésie hugolienne » (Bellucci, 1998, p. 60), est constitutive de la vision du monde de l'écrivain[16].

Ce qui nous importe ici, c'est de souligner que le « nous », en supposant un seul « champ de présence » pour l'énonciateur et les lecteurs, contraint ceux-ci à admettre qu'ils ont tous la même « destinée » – selon l'affirmation de la préface – que l'énonciateur : ils pensent de la même façon, ils ont les mêmes croyances, ils éprouvent les mêmes passions.

LE TEMPS

Une autre dimension constitutive d'un centre déictique, c'est le temps présent, celui où se trouve le sujet lorsqu'il énonce. S'il est vrai que tout texte se crée dans un présent, que le locuteur ne peut prendre la parole que dans le présent – y compris lorsqu'il parle du passé ou du futur –, ce temps peut être relégué, sinon dissimulé, au profit d'un autre registre où les faits sont décrits ou racontés *comme s'ils* n'avaient pas de lien avec le présent de l'énonciation (*histoire* chez Benveniste). Ici, ce qui nous intéresse, c'est le présent affiché en tant que tel, ce qui suggère que le dire et le dit sont concomitants, que la perception et la parole sont simultanées ; d'où une forte implication de l'instance de discours.

Le temps dominant des *Contemplations*, c'est le présent. Existe-t-il une seule page du recueil où le présent n'est pas utilisé ? Prenons, à titre d'exemple, les strophes inaugurales de deux poèmes :

> *Maintenant* que Paris, ses pavés et ses marbres,
> Et sa brume et ses toits *sont* bien loin de mes yeux ;
> *Maintenant* que je *suis* sous les branches des arbres,
> Et que je *puis* songer à la beauté des cieux ; (« À Villequier », p. 210)
>
> *Maintenant* que mon temps *décroît* comme un flambeau,
> Que mes tâches *sont* terminées ;
> *Maintenant* que voici que je *touche* au tombeau
> Par les deuils et par les années, (« Parole sur la dune », p. 248)

16 Pour une étude de la métaphore dans *Les Contemplations*, voir Biglari (2016).

La ressemblance de structure entre les deux strophes saute aux yeux. L'apparition du temps présent, et même de l'adverbe « maintenant » – fréquent dans le recueil, de même qu'« aujourd'hui[17] » – est prolongée dans d'autres strophes des mêmes poèmes. Ces présents ne servent pas seulement à décrire un état actuel, ils révèlent en même temps une rupture avec un état antérieur. Le sujet, dans un cas comme dans l'autre, signale qu'il s'agit d'un nouvel épisode d'un parcours narratif, ce qui correspond à un nouvel état affectif. Cette simultanéité du ressenti et de l'énonciation verbale aurait pour conséquence l'augmentation de la participation du lecteur au travers d'un espace de partage direct des croyances et des passions.

En outre, le passé dominant du recueil est le passé composé, temps par définition en rapport avec le présent. Par exemple :

> J'*ai perdu* mon père et ma mère,
> Mon premier né, bien jeune, hélas !
> Et pour moi la nature entière
> *Sonne* le glas. (« En frappant à une porte », p. 360)

Comme on le constate, il s'agit d'un passé avec un impact direct sur le présent : le résultat d'avoir « perdu » les trois êtres chers dans le passé, c'est la tristesse actuelle. Ce rapport du passé avec le présent existe même, dans certains cas, à travers le passé simple qui est, toutefois, par essence radicalement disjoint du présent, non agissant sur lui. Nous avons, par exemple, déjà montré[18] que dans le poème « Trois ans après » (p. 195), la passion éprouvée dans le présent est si intense qu'elle peut présentifier – faire renaître – une passion éloignée, voire oubliée, ou du moins sans efficacité passionnelle sur le présent (présentée sous forme de passé simple). Un autre exemple, parmi tant d'autres, c'est l'énoncé sous forme d'incise de la partie précédente (« nous avons tous de ces dates funèbres ! »), qui apparaissait au sein d'un récit au passé simple… À l'instar du passé, le futur aussi est en général utilisé en relation directe avec le présent :

> *Demain*, dès l'aube, à l'heure où blanchit la campagne,
> Je *partirai*. *Vois*-tu, je *sais* que tu m'*attends*.

17 Par exemple, pour « maintenant », les pages 44, 50, 79, 117, 132, 197, 209, 217, 310, 320, 364, 387, etc. ; pour « aujourd'hui », les pages 36, 73, 146, 195, 214, 225, 243, 250, 367, 390, 391, etc.

18 Voir Biglari (2011a).

J'*irai* par la forêt, j'*irai* par la montagne.
Je ne *puis* demeurer loin de toi plus longtemps. (« Demain dès l'aube », p. 210)

Tu *verras* ; *aujourd'hui*, tu ne *peux* qu'entrevoir ; (« Ce que dit la bouche d'ombre », p. 367)

Dans le premier extrait, qui est le commencement de l'un des poèmes les plus connus de Victor Hugo, le locuteur s'adresse à sa fille. L'emploi des verbes au futur, renforcé par l'adverbe « Demain », nous projette dans l'avenir. Le futur en tant que tel, étant par essence lié au présent, est certes un déictique, mais l'effet est intensifié par le surgissement net du présent : « *Vois*-tu, je *sais* que tu m'*attends* » ; « Je ne *puis* demeurer ». Mieux encore, le futur est dépendant du présent : ce qui motive l'action de demain, c'est un état cognitivo-passionnel d'aujourd'hui (puisque le locuteur sait que sa fille l'attend, il partira ; puisqu'il ne peut plus demeurer loin d'elle, il ira). Notons également au passage que c'est le « tu » qui définit l'univers de valeurs du « je », et qui constitue son champ de présence. Cela est surtout visible, d'un côté, avec l'emploi de la présupposition (« je sais *x* »), ce qui signifie que le locuteur considère l'attente de sa fille comme un fait absolument incontestable, et de l'autre, avec l'adresse phatique à sa fille (« vois-tu »), ce qui signale la présentification maximale de l'être cher disparu.

Dans le second extrait, c'est la « bouche d'ombre » (un « spectre » (p. 361)) qui prend la parole et qui s'adresse à l'énonciateur principal du livre. Ici aussi, le futur en tant que tel, « verras », est un déictique. Mais, encore une fois, apparaît immédiatement la forme purement présente : « aujourd'hui », « peux ».

En bref, dans *Les Contemplations*, même lorsque le temps utilisé n'est pas le présent, un rapport direct avec le présent est très souvent établi. À quelques exceptions près – par exemple dans la « bouche d'ombre » qui est un poème visionnaire[19] –, c'est en général pour expliquer les

19 Selon Jacques Seebacher, « *Ce que dit la bouche d'ombre* répond à l'appel aux mages : c'est une réponse du mage à Hugo, de Hugo-mage à Hugo-poète » (1993, p. 124). De fait, le spectre fait des révélations, c'est-à-dire qu'il s'agit, en termes de *véridiction* sémiotique, du passage du *secret*, de l'*illusion* ou du *faux* au *vrai*. Le spectre, doté du « *savoir maximum possible* », du « *savoir référent* », *fait savoir* des *vérités* à l'énonciateur habituel, ainsi qu'aux lecteurs, qui ne possèdent qu'un « savoir particulier », un « *savoir référé* » ; acte qui permet de réduire, sinon d'éliminer, les « écarts introduits par le débrayage cognitif » (Fontanille, 1986, p. 253) entre les deux niveaux de *savoir*. Le locuteur et les lecteurs *savent* désormais plus qu'avant, même si leur savoir reste inférieur à celui du spectre.

causes ou les conséquences de son état actuel que l'énonciateur évoque le passé ou le futur. Dans ce recueil, tout est sous l'emprise du présent.

Cette prépondérance de la deixis temporelle dans le recueil enracine le lecteur au sein du moment même où le locuteur énonce, et l'incite à synchroniser ses mouvements et ses éprouvés avec ceux manifestés dans le discours[20].

L'ESPACE

L'espace est la troisième dimension qui intervient pour créer un centre déictique : le « ici » est au cœur même de ce centre, dans la mesure où il ne peut être compris que dans l'énonciation. L'ampleur référentielle du déictique spatial est relative : il « peut avoir l'extension que l'énonciateur désire, en fonction de ce qu'il considère comme non-ici » (Pottier, [1992] 2011, p. 161).

Quelles que soient leurs extensions, les déictiques spatiaux implantent le lecteur au sein de la sphère de l'énonciation définie par le locuteur. En effet, ils invitent le lecteur à occuper le centre d'organisation et de dynamisation du champ de présence mis en place, et à orienter les mouvements de ce champ sensible :

> Si vous voulez que je m'en aille,
> Pourquoi passez-vous par *ici* ? (« Chanson », p. 86)
>
> Tu vois cela d'*ici*. Des ocres et des craies ;
> Plaines où les sillons croisent leurs mille raies, (« Lettre », p. 87)
>
> Maintenant, c'est *ici* le rocher fatidique,
> Et je vais t'expliquer tout ce que je t'indique ; (« Ce que dit la bouche d'ombre », p. 364)

20 Signalons également que le présent poserait une difficulté conceptuelle supplémentaire car il est, « entre le temps déjà écoulé et le temps à venir, [...] un temps-limite qui s'évanouit constamment et n'a pas de véritable extension » (Parret, 2006, p. 8). C'est dire que les expressions temporelles révèlent au mieux l'instabilité référentielle des déictiques : « en chaque point de la chaîne syntagmatique, un référentiel peut être présupposé pour l'interprétation des relations temporelles, mais d'un point à l'autre, et à tout moment, le référentiel peut changer, et doit même changer pour que le discours suive son cours » (Fontanille, 2014, en ligne). Le lecteur a donc affaire à une « "navigation temporelle" », à « un ajustement permanent » (*ibid.*).

Dans le premier extrait, le locuteur s'adresse aux lecteurs en remettant en cause, à travers une question rhétorique, la pertinence de leur acte : « passer par ici ». C'est comme si les lecteurs partageaient le même espace que le locuteur. Il est également à mentionner que même s'il s'agit de la fin d'un poème, aucun cadre référentiel n'a été établi et le « ici » est un pur déictique, sans la moindre part de cata-/anaphoricité. C'est aussi le cas du deuxième extrait : « ici », apparaissant dans le tout premier vers du poème « Chanson », avant l'installation du moindre cadre référentiel, il n'y a aucun doute qu'il est entièrement déictique. Le locuteur place le « tu » à côté de lui-même pour lui faire voir des « ocres », des « craies » et des « plaines ». En outre, ces dernières sont suivies d'une description – « où les sillons croisent leurs mille raies » –, ce qui permet d'enrichir l'imagination et d'accroître l'effet de réel. Si dans le dernier exemple le locuteur est encore une fois la « bouche d'ombre » qui s'adresse au poète – c'est la suite de la parole mentionnée dans la partie précédente –, l'effet produit reste le même : il y a un espace, en plus du temps, partagé entre ces deux acteurs et les lecteurs[21].

Par ailleurs, à maintes reprises dans *Les Contemplations*, le contexte montre qu'il s'agit bien d'un « ici », même si le lexème explicite est absent. Pour ne prendre qu'un seul exemple, dans le poème « Demain, dès l'aube », dont le début a été cité dans la partie précédente, un « ici », corrélé au moment de l'énonciation, s'oppose à un « ailleurs » (la « tombe » de la fille du locuteur), la destination de « demain ».

Cette unification spatiale entre l'énonciateur et l'énonciataire favorise l'adoption du même point de vue, et, partant, le partage des mêmes visions, croyances et passions.

LA MONSTRATION

Cette catégorie que nous abordons en dernier lieu est d'une importance capitale. Elle renvoie directement à l'étymologie même du mot « déictique », *montrer* en grec. Dans le démonstratif, toutes les autres catégories déictiques sont impliquées : il y a nécessairement un *hic* et

21 Pour d'autres exemples de « ici », voir les pages 34, 85, 138, 212, 236, 377, etc.

nunc où un énonciateur s'adresse à un énonciataire, en lui montrant quelque chose par l'intermédiaire d'un *geste*. Il s'agit donc du « signe communicatif » (Brandt, 2018, p. 632) par excellence. Plus précisément, c'est « un jeu des attentions » (*ibid.*) qui est mis en avant : « Cognitivement, ce geste développe la capacité humaine à diriger entièrement *l'attention* vers l'attention de l'autre, plutôt que vers un objet, et corrélativement, d'appeler l'attention de l'autre vers la nôtre » (Brandt, 2014, p. 121 ; l'auteur reprend l'idée de Todd Oakley, 2009). C'est dire que « mon expression déictique exprime moins le contenu que mon rapport au destinataire » (Brandt, 2018, p. 632)[22].

Mais quel est l'impact de cette mise en relief de l'attention sur l'objet même qui est désigné ? Si l'on admet qu'il existe des « degrés de présence » (Parret, 2006, p. 8)[23], l'on peut dire qu'avec le démonstratif, il s'agit du degré maximal de présence, ou si l'on préfère, de présentification[24]. Il est question d'un lieu d'investissement sensible du sujet, d'un point de concentration de charge cognitive et affective, d'un espace de sens éminemment tonique et saillant qui entraînerait un vif partage d'expériences.

Dans *Les Contemplations*, les adjectifs et pronoms démonstratifs sont très nombreux. Dans une bonne partie des cas, il s'agit d'emplois anaphoriques ou supposés connus du lecteur. Et les occurrences ambiguës, difficiles à trancher entre ces catégories et celle des déictiques, sont loin d'être rares. L'analyse de ces occurrences, et d'une éventuelle gradualité entre les catégories susmentionnées, n'est pas l'objet de notre propos. Prenons quelques exemples dont la déicticité ne semble pas discutable[25] :

> Une brume couvrait l'horizon ; maintenant,
> *Voici* le clair midi qui surgit rayonnant ; (« Halte en marchant », p. 79)

> Vous qui pleurez, venez à *ce* Dieu, car il pleure.
> Vous qui souffrez, venez à lui, car il guérit. (« Écrit au bas d'un crucifix », p. 130)

22 Brandt rajoute : « La monstration n'est ni indicielle, ni iconique, ni symbolique ; elle fonctionne comme un *don*. Le destinataire ouvre ce cadeau et trouve un contenu, littéralement » (*ibid.*).

23 Parret précise : « Le champ sémantique de "présence" s'organise autour du sens d'origine : est *présent* ce qui est là, *in vivo, hic et nunc*, dans une constellation déictique, saisissable par ostension » (*ibid.*, p. 7).

24 Comme l'indique Dominique Maingueneau dans le chapitre inaugural du présent ouvrage, il s'agit d'une ambivalence de la déicticité : « sur une face elle est particularité pure et instabilité, sur l'autre face elle est présence absolue, l'évidence première qu'impose l'activité énonciative à ceux qui la partagent ».

25 Pour d'autres occurrences, voir par exemple les pages 143-144, 194, 320, 329, etc.

Je n'ai pas refusé ma tâche sur la terre.
Mon sillon ? Le *voilà*. Ma gerbe ? La *voici*. (« Veni, vidi, vixi », p. 209)

Que *ce* livre, du moins, obscur message, arrive,
Murmure, à *ce* silence, et, flot, à *cette* rive !
Qu'il y tombe, sanglot, soupir, larme d'amour !
Qu'il entre en *ce* sépulcre où sont entrés un jour
Le baiser, la jeunesse, et l'aube, et la rosée, (« À celle qui est restée en France », p. 388)

Les deux premiers extraits sont des débuts de poèmes, il n'y a donc pas d'ambiguïté sur leur déicticité. Dans le premier cas, un présent vient s'opposer à un imparfait : un « clair midi » remplace « [u]ne brume [qui] couvrait l'horizon ». Sur le plan syntaxique, il est intéressant de constater que le « maintenant », déictique temporel, apparaît dès le premier vers (sous forme d'un contre-rejet), un changement d'état est donc annoncé, un état qui sera décrit dans le vers suivant (sous forme d'enjambement). Le deuxième vers aussi commence par un autre déictique. Cette juxtaposition de déictiques, d'ailleurs l'un qui termine un vers et l'autre qui débute un autre, entraîne un effet de sens intense. On pourrait dire que le second déictique « surgit » de la même façon que « le clair midi [...] surgit » ! Le surgissement, de l'ordre du *survenir* – pour reprendre la terminologie de la sémiotique tensive –, traduit en soi une tonicité. Dans ce cas la syntaxe, notamment l'apparition du déictique « Voici » à cet endroit de la chaîne syntaxique, ne peut qu'amplifier l'effet sensible produit.

Dans le deuxième extrait, on constate que même le mot « Dieu », en l'occurrence désignant une entité accessible à la compassion et disposant du remède, est précédé d'un adjectif démonstratif (le locuteur aurait pu plus simplement dire : « venez à Dieu »), ce qui contribue à créer un effet de réel. Cette force déictique est consolidée par la conjonction « car », qui met l'accent sur la concomitance de l'assertion avec l'énonciation en cours ; d'où l'énergie véhiculée dans et par l'assertion[26].

26 Oswald Ducrot affirme au sujet de « car » : « Dire que, dans l'énonciation de *car Y*, le locuteur de cet énoncé est assimilé à l'énonciateur de *q*, ce n'est pas dire seulement que le locuteur prend à son compte la proposition assertée, c'est dire, en plus, que l'assertion est donnée pour contemporaine de l'énonciation : les engagements constitutifs de l'acte illocutoire d'assertion apparaissent donc comme pris par le locuteur dans et par son activité même d'énonciation. Au sens le plus fort du verbe *faire*, le locuteur "fait" l'assertion au moment où il parle, il ne se contente pas de manifester son accord à une assertion déjà

Dans le troisième exemple, une parfaite situation d'interlocution est établie : une affirmation nettement assumée par un locuteur (« Je n'ai pas refusé ma tâche sur la terre ») est suivie d'interrogations qui recèlent la voix des lecteurs, comme si les lecteurs avaient des doutes, ou du moins qu'ils avaient besoin de preuves, comme s'ils avaient dit : *Où est ton sillon ?* ; *Où est ta gerbe*[27] *?*. Le locuteur, au lieu d'argumenter, *montre* les preuves dans le *hic* et *nunc* de l'énonciation même, il les pose immédiatement et concrètement face aux lecteurs.

Dans le dernier exemple, un effet de réel est créé pour « livre », « silence », « rive » et « sépulcre », comme si tout se passait devant les yeux des lecteurs. Cela est particulièrement significatif pour le premier et le dernier mot : le « livre » s'applique au recueil de poèmes *Les Contemplations*, il s'agit donc d'une entité autoréférentielle, et le mot « sépulcre » est d'une importance particulière : non seulement Hugo écrit dans un autre poème du recueil : « Hélas ! tout est sépulcre. On en sort, on y tombe : » (« À celle qui est voilée », p. 324), mais aussi il écrit dans la préface au sujet des deux volumes du recueil : « c'est une âme qui se raconte dans ces deux volumes : *Autrefois*, *Aujourd'hui*. Un abîme les sépare, le tombeau » (p. 26). Quoi qu'il en soit, la répétition des adjectifs démonstratifs dans cette strophe *insiste*[28] non seulement sur les *objets désignés*, mais aussi et surtout sur le *geste d'adresse*, afin de renforcer les conditions d'une véritable communication avec les lecteurs.

Cette proximité et cette sensibilisation impliquent le lecteur au maximum : il est invité à se positionner au sein du même champ de présence et à partager les mêmes points de vue et les mêmes ressentis[29].

---

faite » (1983, p. 178). L'effet produit est donc le même que les expressions déictiques, notamment le temps présent.

27 Sur la polyphonie dans l'interrogation rhétorique, voir Bonhomme (2012).

28 Pour l'effet d'*insistance* produit par les déictiques, voir surtout le chapitre rédigé par Denis Bertrand et Verónica Estay Stange dans le présent volume.

29 Ajoutons au passage qu'il s'agit, dans ce recueil, d'une poésie parfaitement rythmée et musicale. Comme le souligne Per Aage Brandt, la musique « est probablement née comme technique d'appel déictique – comme moyen d'atteindre, corps et âme, l'esprit de l'autre, mort ou vivant. Un peu comme les *jingles* téléphoniques ou télévisuels. Elle signifie, déictiquement, [...] elle s'attire le langage pour devenir chant (la poésie se chante, se dit musicalement, rythmiquement) » (2014, p. 122). Ce point mérite bien entendu un développement à part entière, ce qui nécessite une analyse détaillée du plan de l'expression.

POUR CONCLURE
Embrayage contagieux

On constate donc que *Les Contemplations* sont un ouvrage hautement embrayé, car c'est le « je/ici/maintenant » qui domine. L'énonciateur n'est pas une instance fixe qui, une fois arrivée à son terme, porte un jugement sur le passé ; tout au contraire, il est en mouvement et en devenir, comme si l'énonciation était simultanée aux faits, que le moment et le lieu de la production du discours étaient les mêmes que ceux de sa réception, que le lecteur observait, percevait, concevait, comprenait, éprouvait avec le locuteur, en même temps que lui.

Ces caractéristiques sont de façon générale celles de la poésie lyrique. Jean-Michel Maulpoix indique que le « temps lyrique privilégié est un présent problématique qui se "suspend" dans le langage » (1997, p. 447). Il semble pertinent de généraliser ce propos et de dire que dans la poésie lyrique, c'est le « je-ici-maintenant » qui est suspendu dans le langage, et que c'est dans cette suspension actorielle, spatiale et temporelle que chaque lecteur trouvera sa part, qu'il s'y accrochera, qu'il partagera les mêmes éprouvés. On pourrait ainsi faire l'hypothèse que le principal responsable linguistique de la « contagion » (Landowski, 2004, p. 103-178) passionnelle entre le locuteur et le lecteur, ce sont les expressions déictiques[30] : elles permettent le partage du même *champ de présence* et du même *espace tensif* ; d'où la synchronisation des *flux perceptifs* et, partant, la « synchronisation affective » (Fontanille, 2005, p. 242).

Cette analyse souligne un fait parfois sous-estimé en sémiotique : à l'intérieur de la forme il y a une substance, en l'occurrence l'expérience humaine, qui se transcrit et se communique[31]. Cette expérience, comme l'ont déjà avancé les études phénoménologiques, est directement liée au corps sensible qui est « le véhicule de l'être au monde » (Merleau-Ponty, [1945] 1976, p. 97), « le support matériel de la signification » (Coquet, 1997, p. 8), l'instance originaire de tout discours. Les déictiques pourraient être considérés comme les unités linguistiques par excellence

30 Paul Éluard aussi dit : « La poésie est contagieuse » ([1952] 1968, p. 527).

31 Voir, par exemple, Benveniste (1966, p. 4). Coquet dirait que la « phusis » est indissociable du « logos » (2007).

pour contenir et transmettre les expériences humaines, pour assurer cette communication inter-corporelle entre les acteurs de l'énonciation.

Notons donc pour finir que les déictiques ne sont pas seulement de simples éléments grammaticaux, avec une valeur locale : ils sont des éléments cruciaux dans le processus de l'orientation discursive, mieux encore dans la fluidification des modulations de l'éprouver chez le lecteur, en l'inscrivant charnellement dans le *hic* et *nunc* de l'énonciation. Aussi la poésie lyrique se propose-t-elle, de fait, au-delà d'être rationnellement comprise, d'être reproduite, incorporée par le lecteur qui est censé la faire sienne et l'assumer.

Amir BIGLARI
Sorbonne Université

LES DISCOURS DES JURISTES PEU OUVERTS AUX DÉICTIQUES

Parmi les diverses branches de la recherche juridique, la linguistique juridique est à la fois l'une des plus originales et l'une des plus marginales. Rares – et même très rares – sont les juristes à se préoccuper de linguistique juridique. D'aucuns ignorent même jusqu'à son existence. Si elle n'est le fait que de quelques savants qui acceptent de lever les yeux au-delà des textes de droit positif et d'abandonner un instant la pure technique juridique appliquée, cette linguistique juridique n'en est pas moins une réalité et une nécessité. Elle possède toute sa raison d'être dans le champ des savoirs sur le droit.

Il suffit de songer à John Austin et à sa théorie des énoncés performatifs. Ces énoncés ont la particularité d'accomplir ce qu'ils disent du seul fait qu'ils sont dits (*Quand dire, c'est faire*). Tel est le cas lorsqu'un maire déclare que deux individus sont unis par les liens du mariage : son acte est en même temps un acte juridique et un acte performatif. D'ailleurs, nombreux sont les actes performatifs à être également des actes juridiques, soit des énoncés emportant, du seul fait qu'ils existent, des conséquences dans le monde du droit.

La linguistique juridique est d'autant plus légitime que le droit est essentiellement un langage. Peut-être même n'est-il que cela, s'il se réduit aux règles de droit, à leurs interprétations-applications et à leurs commentaires. Or une règle de droit est un signifié porté par un signifiant et ayant valeur de devoir-être dans l'esprit des interlocuteurs. Le droit se manifeste toujours à travers un langage, à travers des signes, à travers des sens particuliers dans le monde de la régulation sociale et étatique. Il est une activité de communication, de communicants, et les normes sont des messages, avec leurs émetteurs et leurs récepteurs. Tous les juristes, du magistrat au professeur de droit, « disent le droit », d'une manière ou d'une autre.

Parmi les diverses sciences du droit, la linguistique juridique a donc toute sa place. Son objet est le langage du droit (ou les langages du droit), tous les moyens linguistiques que les juristes mettent en œuvre. Quelle place les déictiques occupent-ils dans l'ensemble de ces moyens linguistiques ? Une place très limitée. Les déictiques s'avèrent rares dans les discours juridiques, cela pour plusieurs raisons qu'il convient ici de détailler.

LA VOCATION À LA GÉNÉRALITÉ ET À L'IMPERSONNALITÉ DU DROIT, PREMIER FREIN À L'UTILISATION DE DÉICTIQUES DANS LES TEXTES JURIDIQUES

Les termes et énoncés qui font ou servent le droit peuvent difficilement constituer des déictiques. Certes, si le vocabulaire et les discours des juristes sont spécialisés et techniques, cela n'est pas en soi incompatible avec la présence de déictiques – même si ces derniers sont sans doute plus rares parmi les langages spécialisés et techniques que dans le langage commun ou en littérature. Mais le droit est avant tout un système de normes générales et impersonnelles ; et celles-ci, par nature, ne peuvent s'appuyer sur des déictiques.

Ensuite, lorsque ces règles de droit sont appliquées à des cas particuliers par l'administration ou par la justice, la porte pourrait s'ouvrir aux déictiques. Cependant, les décisions, arrêtés, décrets, circulaires, etc. en comportent fort peu. Il en va de même des manuels de droit et autres ouvrages spécialisés sur des questions juridiques. Les textes de droit, dans leur ensemble, sont réfractaires aux déictiques.

LA SÉCURITÉ JURIDIQUE, SECOND OBSTACLE À L'UTILISATION DE DÉICTIQUES DANS LES TEXTES JURIDIQUES

C'est aussi l'exigence de sécurité juridique qui interdit la présence de déictiques parmi les textes juridiques. Un mot ou une expression est déictique si son interprétation varie en fonction du contexte, comme dans le cas des pronoms – sauf lorsqu'ils sont anaphoriques (« …la loi du 3 mars 2015. *Cette* loi… »). Le droit ne peut accepter la présence de tels signifiants assortis à des signifiés flous et incertains hors du contexte d'énonciation. Il est impératif que les discours des législateurs et autres magistrats soient compréhensibles de tous et non seulement des personnes présentes au moment de la rédaction de la loi ou de la décision de justice. Même un contrat ne saurait comporter de déictiques, bien qu'il intéresse principalement ses parties. Il doit aussi pouvoir être communiqué à des tiers (par exemple un juge en cas de conflit) capables d'en comprendre le sens sans avoir participé à la discussion depuis le début.

Le référent (élément de la réalité auquel renvoie un mot) d'un déictique ne peut être défini qu'en relation avec les interlocuteurs impliqués dans la situation de communication. Cela est tout simplement contraire à la logique du droit, qui doit être accessible à tous, partout et à tout moment. La mise en discours du droit serait une dénaturation du droit. Si les déictiques sont des unités linguistiques inséparables du lieu, du temps et du sujet de l'énonciation, à l'inverse, toutes les unités du langage juridique doivent être séparables du lieu, du temps et du sujet de l'énonciation. Ce langage ne peut s'accommoder de mots qui changent de sens en fonction de la situation d'énonciation.

Comme, par ailleurs, le droit est atteint de polysémie, « maladie du sens » touchant de plus en plus de concepts juridiques, il est d'autant plus important qu'il ne s'encombre pas de déictiques obligeant à de savantes recherches afin d'en comprendre le sens et la portée. En droit, comme partout, le nombre des signifiés est beaucoup plus élevé que celui des signifiants ; et les notions juridiques sont bien plus nombreuses que les mots pour les nommer. La polysémie est naturelle. La pluralité des sens est potentielle, *in intellectu*. *In actu*, dans un texte, la vocation du polysème est de revêtir un seul de ses sens et de s'actualiser, en contexte, dans un sens pertinent. En général, la polysémie ne provoque pas d'ambiguïtés. Les déictiques, en revanche, ne sont pas naturels. Et ils peuvent être tout bonnement éliminés des discours. C'est ce que les juristes tendent à faire.

L'INDIFFÉRENCE DES RÈGLES DE DROIT À LEURS CONTEXTES D'ÉNONCIATION

Avec les déictiques, les termes n'ont de sens que dans leurs contextes d'énonciation. Or ces derniers sont souvent lointains s'agissant d'une loi, d'un règlement ou d'une jurisprudence (une décision de justice qui, bien qu'en théorie à portée individuelle, comporte une règle de droit à portée générale et impersonnelle). Surtout, le contexte d'énonciation d'une norme est nécessairement sans intérêt afin d'en comprendre le sens et les conséquences. Un déictique suppose que la compréhension d'un énoncé dépende d'informations contextuelles (qui s'exprime, quand, où, etc.). Or le droit, compris comme droit positif (les règles de droit en vigueur), a besoin de clarté et de précision, autant de qualités que le recours à des déictiques malmène fortement.

Le législateur préfèrera ainsi écrire – et c'est heureux – « la loi entrera en vigueur le 1er mars 2019 » plutôt que « la loi entrera en vigueur dans six mois ». De même, les interlocuteurs impliqués dans la situation de communication doivent être précisément définis (destinateurs et destinataires des normes), si bien qu'un décret ne sera pas signé « Édouard » mais « le Premier Ministre Édouard Philippe » ; et il disposera non que « toute demande doit m'être adressée » mais que « toute demande doit être adressée au Premier Ministre ». Il n'est alors pas besoin de rechercher au préalable qui est le locuteur. Le texte doit se suffire à lui-même.

Des textes officiels qui renverraient à leurs situations de rédaction ou de communication seraient excessivement complexes à comprendre et, par suite, à respecter et à appliquer. Or « nul n'est censé ignorer la loi » ; et, pour faciliter cela, mieux vaut que ladite loi fasse l'économie des déictiques tels que les adverbes et locutions adverbiales de lieu et de temps ici, là-bas, aujourd'hui, maintenant, tout de suite, demain, hier, dans deux jours, ce matin, etc. Ceux-ci situent le message dans le temps et l'espace par rapport à l'énonciateur. Or une loi, expression du peuple souverain qui a délégué son pouvoir législatif à des représentants, doit au maximum faire fi de l'identité de ses auteurs réels et des lieu et moment de sa rédaction. Elle a une vocation à la généralité qui oblige à la détacher au maximum de ces éléments particuliers et contingents. *A fortiori*, les textes juridiques ne sauraient comporter des indicateurs de monstration (ce, ceci, cet, ces, voici, etc.) désignant des objets ou personnes en fonction du point de vue du locuteur, donc compréhensibles uniquement à l'aune de la situation d'énonciation. Même un contrat ne saurait stipuler « les chaussures vendues seront de cette couleur » et retiendra plutôt « les chaussures vendues seront de couleur rouge ». Enfin, y compris un déictique très large ne saurait être accepté au sein des textes officiels : les autorités ne proclameront pas « le pays s'engage… » mais « la France s'engage… ».

L'INSCRIPTION DU DROIT POSITIF DANS SON ENVIRONNEMENT

Cela ne signifie pas que le droit pourrait se passer de cadre ou serait insensible à son environnement. Le droit doit s'adapter à son contexte général. Mais ce contexte général consiste en l'ensemble des événements susceptibles de rendre les normes plus ou moins pertinentes, ce qui est très différent de leur contexte d'énonciation (qui est l'auteur de la norme, quand elle a été publiée, etc.). Et toutes les normes ne sont valides que dans un champ spatio-temporel précisément arrêté. Mais ce champ spatio-temporel, tout comme les destinataires et objets des normes, ne peut être exprimé au moyen de déictiques.

Plus encore qu'ailleurs, la communication juridique est l'affaire de ses récepteurs davantage que de ses émetteurs. C'est pourquoi ces derniers doivent autant que possible faciliter la tâche de ces premiers (personnes visées par les textes, mais aussi magistrats, conseillers, observateurs, etc.). Aussi en viennent-ils logiquement à privilégier un langage objectif, direct et distancié à un langage qui comporterait des déictiques. Les stratégies énonciatives du législateur, du gouvernement ou encore du juge au moment de rédiger une décision de justice ne peuvent emprunter la voie des déictiques.

LA LINGUISTIQUE JURIDIQUE LOIN DES DÉICTIQUES

La linguistique juridique, concentrée sur les particularités terminologiques, sémantiques, expressives et phraséologiques de la langue et des discours juridiques n'a donc guère de raisons de prêter une grande attention aux déictiques. Elle va surtout, en tant que lexicographie juridique, s'intéresser aux termes proprement juridiques et aux mots du langage courant qui revêtent des sens particuliers dès lors qu'ils pénètrent dans le domaine juridique – ainsi la phrase « la grosse est une expédition particulière de la minute » revêt-elle une signification claire et précise chez les juristes. La linguistique juridique va aussi interroger les formes très spéciales que revêt souvent le discours juridique : par exemple, les décisions de justice, en France, ne sont souvent constituées que d'une seule et unique phrase, même lorsqu'elles sont longues de plusieurs pages.

Une partie importante de la linguistique juridique se rapporte aux modes d'expression du législateur et des juges, c'est-à-dire aux habitudes et contraintes de rédaction des textes de loi et des décisions de justice – on parle aussi de « méthodologie juridique ». Il est vrai qu'il peut y avoir discours juridique sans vocabulaire juridique, simplement parce que les juristes appliquent des savoir-faire particuliers. Si les déictiques en sont absents, cela n'en est pas moins remarquable : le rejet naturel et principiel de telles formes d'expression est le signe des hautes exigences formelles qui empreignent les lois, règlements, jugements et autres décisions. Ceux-ci reposent sur des marques formelles et logiques remarquables, dans la phraséologie, la stylistique et la structure des discours.

Reste que la linguistique juridique ne prête guère d'attention aux déictiques. Si le droit comporte suffisamment de spécificités langagières pour justifier une linguistique juridique, les déictiques ne comptent pas au nombre de celles-ci. À tel point qu'il semble que le sujet des déictiques juridiques, des déictiques dans les discours et les pratiques juridiques, soit inédit. S'il est inédit, il n'est cependant pas sans objet. On peut rechercher – et parfois trouver – des déictiques dans le monde du droit.

LA PRÉSENCE DE DÉICTIQUES DANS LES DISCOURS ORAUX DES JURISTES

Pour trouver des déictiques dans les discours et pratiques des juristes, mieux vaut se concentrer sur leurs discussions et autres formes d'interventions orales. Par exemple, lorsqu'un avocat plaide devant un tribunal ou lorsqu'un professeur de droit s'exprime devant des étudiants, sans doute les déictiques sont-ils alors très présents. Les déictiques, quasi-absents des textes officiels, s'observent dans les pratiques des juristes. L'avocat, le magistrat ou encore le professeur de droit n'hésiteront bien entendu pas à évoquer les lois « applicables aujourd'hui », la décision de justice « rendue hier » ou « mon dernier article ». Ils pourront aussi user de gestes déictiques ou gestes ostensifs – ainsi l'avocat s'exclamant « regardez-le monsieur le juge » tout en se retournant et en désignant son client d'un geste de la main.

Cependant, leurs discours ne sont alors plus proprement juridiques et les déictiques ne paraissent pas compter au nombre des particularités langagières du droit – ce qui explique qu'ils n'aient jamais préoccupé les spécialistes de la linguistique juridique. L'avocat, le magistrat ou le professeur de droit n'hésitera sans doute pas à désigner un objet du regard ou par un mouvement de la tête, mais il n'y a dans un tel geste de désignation profondément ancré dans le contexte d'énonciation rien de juridique. De plus, la part orale du droit est peu de choses par rapport à sa part écrite. Le droit, c'est avant tout la légalité (au sens large) et l'officialité ; et celles-ci ne reposent que sur des textes, dans lesquels on ne trouve guère de déictiques. En d'autres termes, les études du droit portent très principalement sur les textes juridiques et seulement à la marge sur les discours oraux des juristes.

LES DÉICTIQUES SOCIAUX CHEZ LES JURISTES

Une catégorie de déictiques se retrouve peut-être chez les juristes plus que partout ailleurs : les déictiques sociaux. Ceux-ci traduisent des conventions sociales, des traditions, des habitudes. Le droit est, d'une part, très imprégné d'us et coutumes et, d'autre part, plutôt conservateur, attaché à ces us et coutumes. Les déictiques sociaux reflètent notamment les statuts de chacun. Or les juristes ne manquent jamais une occasion de s'adresse à « monsieur le professeur », « maître », « votre honneur », « monsieur le juge », « monsieur le président », « monsieur le ministre », etc. Le vouvoiement, partout de rigueur, est aussi une forme de déictique relationnel.

Cependant, et encore une fois, le droit est avant tout les textes constitutifs du droit positif et ces déictiques sociaux, bien que remarquables en ce qu'ils touchent tout spécialement le monde des juristes, ne confèrent qu'une place marginale aux déictiques parmi les discours juridiques.

LES SIGNES NON VERBAUX : DES DÉICTIQUES ?

Il faut évoquer, pour terminer, les éventuels déictiques prenant la forme de signes non verbaux. Peut-être est-ce la seule occasion à laquelle la linguistique juridique a pu s'intéresser, sans s'en apercevoir, à des déictiques – seulement est-il incertain qu'il s'agisse effectivement de déictiques tant les signes en cause ont une signification générale et impersonnelle (à l'échelle du droit). Le droit est friand de signes qui ne sont pas des mots mais, par exemple, des gestes et qui n'ont de sens que dans leur contexte (juridique). Par exemple, les couleurs verte et rouge revêtent, en droit, des significations bien précises (la permission et l'interdiction). Des formes géométriques, des figures ou bien des attitudes corporelles peuvent aussi servir à communiquer le droit : le rond est prohibitif quand l'hexagone est impératif, le carré indicatif et le triangle préventif. En somme, peut-être les routes sont-elles le seul endroit où le droit (à travers le code de la route) s'ouvre vraiment à une forme bien spécifique de déictiques.

On peut cependant contester que ce soit là des déictiques : il ne s'agit pas d'établir dans chaque cas un lien avec une instance d'énonciation précise ; les couleurs et les formes, au contraire, ont une signification absolue et définitive ou, en tout cas, voulue comme telle.

CONCLUSION

En résumé, si les discours juridiques peuvent connaître des déictiques, c'est très principalement dans leur versant oral. Or, en droit, les textes importent beaucoup plus que les discussions et autres énoncés oraux. Beaucoup de juristes considèrent même que le droit se réduirait aux textes porteurs des normes positives et que tout ce qui les entoure n'appartiendrait déjà plus au droit. Dès lors, les déictiques peuvent difficilement se faire une place dans le monde du droit. Celui-ci est par nature réfractaire à ces signes linguistiques compréhensibles uniquement à l'aune de leurs situations d'énonciation.

Certes, les textes juridiques peuvent à l'occasion comporter l'un ou l'autre déictique, notamment faisant référence au texte lui-même : « ce contrat… », « la présente décision… », etc. Mais cela demeure très marginal comparativement au nombre de déictiques que comporte, par exemple, un roman qui crée un monde que le lecteur va ensuite reconstruire en fonction des événements et de ses connaissances. Un message juridique, lui, doit autant que possible être compris unanimement par ses destinataires, afin qu'il soit interprété et appliqué de la même manière par tous.

Boris BARRAUD
Université de Grenoble-Alpes

TROISIÈME PARTIE

LES DÉICTIQUES À L'ÉPREUVE DES DISCOURS VISUEL ET SYNCRÉTIQUE

DEIXIS PICTURALE

De l'énoncé à l'énonciation

C'est à partir de l'œuvre emblématique de Philippe de Champaigne, *Saint Jean-Baptiste dans le désert*[1] où Jean-Baptiste désigne le Christ à l'intention du spectateur par un « regard camera » que nous aimerions revenir sur l'un des aspects de l'énonciation visuelle, celui qui concerne plus particulièrement la deixis.

Ce terme peut dans un premier temps signifier l'action de montrer, mais cette action est réalisée à l'intention de quelqu'un qui fait ou ne fait pas partie de l'énoncé pictural.

À ce propos, Louis Marin (1995, p. 276) oppose deux versions du même thème pictural de Jean-Baptiste au désert, celle de Champaigne et celle du Dominiquin à Sant'Andrea della Valle à Rome. Il commence par rappeler le texte source :

> Il y eut un homme envoyé de Dieu. Son nom était Jean. Il vint pour témoigner, pour rendre témoignage à la lumière, afin que tous crussent par lui. Celui-ci n'était pas la lumière, mais il avait à rendre témoignage à la lumière. (Jean, I, 6-8). [...] le lendemain, il [Jean] voit Jésus venir vers lui et il dit : « voici l'agneau de Dieu qui enlève le péché du monde ». C'est de lui que j'ai dit : « Derrière moi vient un homme qui est passé devant moi, parce qu'avant moi, il était ». (Jean, I, 29)

Quelques versets plus loin (35-36), le texte dit explicitement que Jean est accompagné de deux de ses disciples, dont André, le frère de Simon-Pierre, qui suivront le Christ et deviendront ses disciples après l'avoir été de Jean. Les propos de Jean trouvent donc dans l'énoncé des énonciataires identifiés.

---

1 Huile sur toile, 1,31 X 0,98, Musée des Beaux-Arts de Grenoble. Cadeau de Champaigne à sa fille à l'occasion de sa prise de voile, le 14 octobre 1657. Le tableau est visible sur le site du Musée des Beaux-Arts de Grenoble à l'adresse http://www.museedegrenoble.fr. Le pendant de cette œuvre est conservé au musée des Beaux-Arts de Rennes sous le titre de Sainte-Madeleine (1657).

Le tableau de Champaigne a été intitulé par Dorival *Saint Jean-Baptiste désignant le Christ aux premiers disciples*[2]. Et dans la fresque du Dominiquin, les deux disciples sont en effet bien présents dans l'énoncé pictural et c'est bien à eux que Jean s'adresse. Il a le visage et le regard orientés vers les deux personnages de droite et le bras tendu vers la gauche du tableau, là où se trouve en arrière-plan la figure du Christ. Curieusement, l'un des disciples semble, comme une reprise en écho, dupliquer son geste de désignation à l'intention de son compagnon. Dans le coin inférieur gauche de la fresque, sous la figure du Christ, et sans rompre en apparence l'isotopie figurative de la scène puisque le Baptiste tient un bâton de berger, un agneau semble bien être la traduction visuelle du « Ecce Agnus Dei » prononcé par Jean.

HISTORICITÉ ET TEMPORALITÉ
Problématique de la présence

Mais ce titre, « dans son apparente exactitude, [...] risque de manquer le véritable sens de l'œuvre de Champaigne en la faisant dériver vers une représentation d'histoire ». Jean-Baptiste, figure centrale du tableau, est reconnaissable à ses attributs emblématiques, la peau de bête, la croix à banderole sur laquelle on peut lire : « Ecce Agnus Dei qui tollit peccatum mundi ». Et « Il est vrai que le Baptiste désigne de son bras droit tendu et de son index pointé une silhouette lumineuse qui apparaît sur le bord gauche de la toile et en son milieu géométrique ; geste de désignation qui est la très précise traduction visuelle du "*Ecce Agnus* ..." que le spectateur lit sur la banderole » et Louis Marin de préciser que Jean

> [...] regarde hors de l'œuvre, plantant son regard dans les yeux de celui qui lui fait face [...] il ne regarde nul autre que le spectateur qui lui fait face. C'est à lui qu'il s'adresse [...] C'est à lui qu'il adresse son regard [et Jean est] une voix, un corps et une figure qui du monde même du spectateur paraissent entrer dans le rectangle de la toile, il s'y retire, il fait retraite dans le désert qu'elle représente, mais suffisamment proche et direct pour inviter le spectateur à

2 Voir le tableau sur : https://iconeslamour.files.wordpress.com/2015/07/4-jb-ph-de-c-mg.jpg.

> y entrer à son tour. Tout se passe comme si celui-ci était devenu André [...] comme s'il était André ; tout se passe [...] comme si, entre le tableau et le spectateur, se rejouait, *maintenant*, l'épisode des deux premiers disciples. (1995, p. 276)

Louis Marin parle alors de « commémoration quasiment liturgique de l'épisode des premiers disciples » par sa « répétition », sa « réactualisation présente », « non pas seulement ré-activation d'une mémoire de ce moment, mais production *hodie* de ce moment, présentation actuelle de cet événement dans la pratique ou l'exercice de son immuable vérité. ». « "Aujourd'hui", *hodie*, signifiant à la fois "*hoc die*", ce jour-là (dans le passé) et ce jour-ci dans le présent où ce passé est célébré » (*ibid.*, p. 277). Si c'est d'abord à Catherine de Champaigne devenant Catherine de Sainte-Suzanne en prenant le voile à Port-Royal en ce jour du 14 octobre 1657 que s'adresse *hodie* le regard camera du Baptiste, c'est ensuite à chaque visiteur du Musée de Grenoble passant devant le tableau. Il y a mise en présence du spectateur à l'événement que constitue l'avènement du Christ par l'intermédiaire du Baptiste, mise en présence pour laquelle Herman Parret, dans *Épiphanies de la présence*, rappelle que « la dimension temporelle est essentielle à l'idée de "présence" » (2006, p. 8) et pour laquelle il convoque les définitions du *Robert* :

> [...] le sens de « présence » comporte d'emblée la dimension *temporelle* : est présent ce qui est *hic et nunc*. Est présent ce qui se produit au moment où l'on parle, à l'époque où l'on vit. Le *présent* est cette partie du temps, [...], qui est celle où se trouve placée réellement la personne qui parle au moment même où elle parle. (*ibid.*)

On pourrait imaginer une structure de mise en abyme des niveaux de pertinence, imaginer un spectateur observant Catherine de Champaigne elle-même en contemplation devant la toile réalisée par son père, un spectateur mis en présence d'un *hoc die*, ce jour-là où Catherine est elle-même en présence d'un *hoc die*, ce jour-là où Jean désigne le Christ aux premiers disciples, *hoc die* que le regard camera de Jean transforme pour Catherine et pour le spectateur en *hodie*, mise en présence de l'une et de l'autre avec l'aujourd'hui du geste de Jean qui ne s'adresse plus aux premiers disciples, mais bien à Catherine puis au spectateur, visiteur du musée de Grenoble. Mais cette mise en abyme ne fonctionne que pour les plus érudits des spectateurs, ceux qui connaissent l'histoire du tableau. Pour la plupart, le relais de Catherine est court-circuité au profit d'une mise en présence immédiate du spectateur avec le *hoc die* des premiers disciples qui se transforme en *hodie* par leur effacement de la scène et le regard camera que leur adresse Jean. Ce n'est plus le « ça a été » que Barthes revendique pour la photographie (Barthes,1980, p. 120) et nous ne dirons pas, à l'instar de certains, que l'image transforme « l'instant en éternité » (Gauthier, 1989, p. 47), que cet instant « prélevé sur le continu du temps référentiel, devient, [...], un instant perpétuel : une fraction de seconde, certes, mais "éternisée", saisie une fois pour toutes, vouée (elle aussi) à durer, mais dans l'état même où elle a été captée et coupée » (Dubois, 1983, p. 160). Nous ne reprendrons pas non plus les très belles formules d'Herman Parret. Si le présent se fait événement, événement qui « sur-vient » dans le parcours de visite, il ne s'agit pas d'atteindre l'« éternelle présence » d'un « *maintenant perpétuel* » (Parret, 2006, p. 154-156)[3]. C'est un présent itératif, qui se renouvelle chaque fois que le regard de Jean croise celui d'un visiteur du Musée de Grenoble.

ESPACE REPRÉSENTÉ ET ESPACE DE REPRÉSENTATION
Modalité de présence des acteurs et du spectateur

Si ces remarques concernent la temporalité, ce regard camera ne manque pas de convoquer les autres grandeurs figuratives, celle des acteurs et de l'espace dans lequel ils évoluent. À la suite de Sartre, Parret souligne « cette tension entre la *présence* et le *présent* » : « c'est par le temps que l'on pense la présence ». Il rappelle aussi que « *présent* s'oppose à *absent* aussi bien qu'au *passé* » (Sartre, 1943, p. 159, cité par Parret, 2006, p. 8) et, reprenant les catégories de la grammaire tensive exposées par Fontanille et Zilberberg dans *Tension et signification*, que « la catégorie de la "présence" subsumerait la catégorie de la *coïncidence*, pour la spatialisation, et de *concomitance*, pour la temporalisation. » (*ibid.*). La présence est temporelle et spatiale, mais s'actualise par le jeu des acteurs.

Pour ce qui est des acteurs, on se souvient des propos de Meyer Shapiro sur la valeur symbolique de l'opposition face/profil dans la peinture :

3 À la suite de Claude Zilberberg, Herman Parret rappelle la soudaineté de l'événement caractérisé par le tempo et la tonicité relevant de l'intensité.

> Le visage de profil est détaché de l'observateur et appartient, avec le corps en action (ou inerte et sans but), à un espace que les autres profils partagent sur la surface de l'image. Il correspond approximativement à la forme grammaticale de la troisième personne [...] au lieu que le visage tourné vers l'extérieur paraît animé d'un regard latent ou potentiel dirigé vers le spectateur, et correspond au rôle du « je » dans le langage associé au « tu » qui en est le complément obligé (2000, p. 95).

Et Chastel (2001, p. 57) de rappeler, dans *Le Geste dans l'art*, les propos d'Alberti dans son *Della pittura* de 1435 : « il est bon que dans une histoire il y ait quelqu'un qui avertisse les spectateurs de ce qui s'y passe ; que de la main il invite à regarder » (livre II, p. 42).

Le regard qui s'adresse au spectateur est alors disjoint de l'objet désigné par le geste pour que se réalise une autre conjonction, celle du spectateur avec cet objet. Ce regard, qui de l'intérieur de l'espace représenté vient solliciter le spectateur hors-cadre (l'espace du musée), transforme ce hors-cadre, espace de réception, en hors-champ, et plus exactement contre-champ, espace non représenté mais contigu spatialement et temporellement avec l'espace représenté par le tableau. L'espace de l'image est par nature fictif en ce sens qu'il est toujours en disjonction temporelle et spatiale avec l'espace de réception, celui du spectateur. Le regard adressé au spectateur estompe la frontière entre son univers et celui du récit porté par l'image et l'implique dans ce récit. Il virtualise la fictionnalité de l'image pour cette mise en présence itérative du *hodie* de la scène représentée. Cette mise en présence pourrait relever davantage de la *présentification* que de la simple *présentation.* « La présentification est, dans un sens, rien qu'une réalisation "modifiée" d'une présentation. Dans une présentification, écrit Herman Parret, le sujet *reproduit* une présence originaire sur le mode du *comme si* » (2006, p. 17). *Comme si* Jean-Baptiste qui s'adresse aux premiers disciples sur le mode de la présentation puis à Catherine de Champaigne, première présentification, s'adressait ensuite à chaque spectateur parcourant le Musée des Beaux-arts de Grenoble dans une présentification qui se renouvelle à chaque passage de l'un d'eux devant le tableau.

Si « l'essence de la présentification consiste dans cette possibilité de reprendre l'absent de façon modifiée sur la scène où toute vie s'exécute » (Parret, 2006, p. 17), cette modification serait le fait d'un dispositif scénique et scénographique relevant aussi bien de l'énoncé que de l'énonciation, énonciation de la production et de la réception (dispositif d'exposition). Dans le jeu de cette deixis picturale, c'est l'énonciataire dont la présence hors-champ et hors-cadre est révélée par le regard de Jean, énonciateur d'une *présentation* aux disciples, qui sera autant de fois différent qu'il y aura de spectateurs à passer devant le tableau et qui sera convié à partager le *ici* et *maintenant*, *hodie*, de Jean par le dispositif mis en place par Champaigne, énonciateur de la *présentification* à Catherine et aux visiteurs du musée de Grenoble. La présence devient alors « événement » dans la mesure où l'image réalise une conjonction temporelle et spatiale que son statut de fiction devrait virtualiser. Cet événement est préparé en amont par un autre événement, celui du *visuel*, « événement présentifiant » et au compte duquel nous mettrons le dispositif scénique et scénographique qui construit le dispositif énonciatif et qui actualise un *visible* inattendu, cette sollicitation et implication du spectateur, initialement forme d'*invu*, mais qui accède à la visibilité parce que le regard a pu lire dans le *visible* les traces du travail du *visuel*[4].

LA DEIXIS PICTURALE ET LA SCÈNE DE GENRE

Ce procédé n'est pas l'apanage de la peinture religieuse. Nous le retrouvons dans bon nombre de scènes de genre de la tradition hollandaise et flamande du XVIIe siècle à la thématique tout à fait profane. La mise en présence s'accompagne alors d'une prise à témoin : l'un des personnages invite le spectateur à observer la scène et semble le solliciter pour, à son tour, en rendre témoignage. C'est ainsi que Cornelis de Man met en scène un couple de joueurs d'échecs[5] dont la jeune femme se retourne pour désigner de la main gauche à l'intention du spectateur le coup qu'elle est en train d'effectuer (elle déplace un cavalier de la main droite) et la surprise qu'il provoque chez son compagnon de jeu. On pourrait également citer Nicolas Maes, dans *La Servante oisive*[6], qui met en scène une

4 Herman Parret affirme : « Visible est le *produit* concret et matériel d'un *événement* qui lui-même et en tant que tel n'est pas visible. Le visuel alors est cet événement présentifiant » (2006, p. 214). L'invu, « de l'invisible provisoire » ou du « visible virtuel » n'accède à la visibilité par le visuel. Parret emprunte ici en les articulant des oppositions proposées par Georges Didi-Huberman (1990, p. 21-64) et Jean-Luc Marion (1991, p. 11-17).

5 Cornelis de Man, *Les Joueurs d'échecs*, vers 1670, Toile, 97,5 X 85 cm., Szépmüvészeti Müzeum, Budapest.

6 Nicolas Maes, *La Servante oisive*, 1655, 70 X 53,3 cm., huile sur panneau de chêne, National Gallery, Londres.

femme, probablement une servante, qui désigne également à l'intention du spectateur sa collègue endormie alors qu'elle devrait sans doute s'occuper des personnes attablées à l'arrière-plan. Le regard camera change le statut des personnages représentés. De simples acteurs d'une activité quotidienne, le service ou le jeu pour les tableaux que nous avons cités, au niveau de l'énoncé, ils endossent au niveau de l'énonciation un rôle actantiel particulier, celui de sujet opérateur pour mettre en conjonction le spectateur, sujet d'état, avec la scène représentée et l'impliquer comme acteur dans l'action qu'elle représente au moins à titre de témoin. Ce regard de l'un des personnages s'extériorise du champ de l'image pour atteindre le hors-champ (plus spécifiquement le contre-champ) de l'énoncé, celui de la partie d'échecs, mais surtout le hors-champ de son énonciation, le lieu du peintre ou du photographe. Il s'adresse dans un premier temps au peintre ou au photographe dans leur face-à-face dans le *hodie* de la partie d'échecs auquel le spectateur ne fait qu'assister sur le mode de « ce jour-là », *hoc die*. Mais si, conformément aux règles de la perspective, au regard du peintre se substitue le regard du spectateur, l'échange des regards se fera alors dans le *hodie* de la réception du tableau dans l'espace du musée. Cet espace hors-cadre d'une énonciation de la réception, loin d'affirmer sa différence avec le champ de l'espace représenté par l'image, suggère au contraire une possible contiguïté entre les deux espaces à la faveur d'une fusion ou confusion des deux hors-champs, celui de l'énoncé et celui de l'énonciation. Le principe de la ségrégation des espaces opérée par le caractère nécessairement fictionnel[7] de l'image est alors transgressé. Par le jeu de cette possible contiguïté, les deux espaces qui devaient entretenir une relation d'altérité entretiennent une quasi relation d'identité qui en fait des espaces « inséparés » (Bordron, 2011, p. 53).

Le premier contact avec le tableau peut se faire sur le mode du trompe-l'œil : Jean est là qui me regarde et qui désigne le Christ à mon intention. Pourtant, il s'agit d'une mise en discours pictural par Champaigne. L'« intention de sens » et sa construction n'échappent pas au spectateur, ce qui devrait virtualiser la possible existence de Jean dans mon champ de présence, la possible conjonction temporelle et spatiale entre son univers et le mien[8]. Fusion des espaces, celui du spectateur et

7 Nous entendons par là que l'image opère une disjonction spatiale et temporelle entre l'univers du spectateur et celui de l'espace représenté.

8 Voir, à ce sujet, l'exemple de la fenêtre proposé par Jean-François Bordron : Dans le cas du trompe-l'œil, « la fenêtre [peinte] apparaît [...] comme intention de sens en même

de l'espace représenté, fusion des espaces qui implique que le hors-cadre de la salle de musée s'assimile au hors-champ de l'espace représenté, le désert de la prédication de Jean ou les intérieurs hollandais de Cornelis de Man ou Nicolas Maes. Identité de lieu et de temps en tension pourtant avec la distance établie par le paysage de l'arrière-plan du tableau de Champaigne où semble cheminer le Christ désigné par le geste de Jean. « Le paysage naît d'une distanciation. De soi à l'espace », écrit Marc Desportes (2005, cité par Bordron, 2011, p. 38), distanciation opérée par le regard de l'observateur[9] et qui inscrit sans doute l'implication du spectateur dans une dynamique perspective, entre éloignement et proximité, qui accroît son intensité. Cette identité des espaces associée à l'effet de présence nous amène à envisager la deixis picturale en termes d'iconicité surtout si, comme le suggère Jean-François Bordron : « La notion de présent est en ce sens le modèle de toute iconicité » (2011 : 154), présent dont la stabilisation résiderait dans sa répétition. Pourtant, le « système de la deixis, propre aux langues naturelles, est étranger à l'iconicité. L'iconicité ne peut exprimer à elle seule les indications de temps, de lieu et de personne que fournissent certains adverbes, démonstratifs, pronoms personnels, etc. [...] l'iconicité n'a pas de sujet et ne peut donc affirmer un *je*, un *ici* et un *maintenant*, sources de toute deixis ». Et il est vrai qu'il est plus naturel d'envisager la deixis picturale ou photographique en termes d'indicialité, sur le mode du « ça a été » de Barthes dans *La Chambre claire*, qui suggère une relation de contiguïté entre le signe et l'univers représenté sur le postulat d'une existence réelle ou fictive de son objet[10].

Champaigne premier énonciateur offre au visiteur la scène du témoignage de Jean et le visiteur peut rester spectateur devant le *hoc die* de cet événement qui ne devrait pas le concerner. Il relève d'un *autrefois* et d'un *ailleurs*. Mais il y a ce que Jean montre, le Christ dans le désert, et

---

temps que son être comme fenêtre s'évanouit », mais si la fenêtre est réelle, « l'attention à l'existence virtualise le sens » (2011, p. 149-150).

9 « Le regard n'est pas l'œil, et le visuel n'a rien de purement optique », écrit Herman Parret (2006, p. 214). « Face à l'œil, il n'y a que le visible, face au regard, il n'y a que le visuel » (*ibid.*). Nous ajouterons qu'à travers le prisme du visuel, nous accédons à la visualité du visible.

10 Il faut noter que Barthes revendique le « ça a été » pour la photographie alors que la « peinture, elle, peut feindre la réalité sans l'avoir vue. Le discours combine des signes qui ont certes des référents, mais ces référents peuvent être des "chimères". Au contraire de ces imitations, dans la Photographie, je ne puis jamais nier que *la chose a été là*. Il y a double position conjointe : de réalité et de passé » (1980, p. 120).

le fait qu'il le montre et le montre à quelqu'un. La lecture est indicielle si l'on admet la relation de contiguïté entre l'événement : Jean désigne le Christ (« ça a été ») et sa représentation. Elle repose alors sur la base d'un interprétant iconique qui permet l'identification d'un homme qui en désigne un autre, schéma qui dans la tradition picturale va acquérir statut iconologique (au sens de Panofsky) et accèdera ainsi à une dimension symbolique. Par l'action de montrer adressée au visiteur et par le jeu du regard camera, Jean devient à son intention l'énonciateur du témoignage qu'il rend à la lumière (Jean, I, 6-8). L'*autrefois* devient un *maintenant* et l'*ailleurs*, un *ici* pour une mise en présence *hodie* de la scène à laquelle le visiteur est impliqué non plus comme simple spectateur, mais comme acteur. Dans cette fusion spatio-temporelle, qui virtualise le tableau de Champaigne comme image-objet au profit de ce qu'elle représente comme image-signe, jusqu'à tendre à la négation du signe par l'effet de trompe-l'œil, on serait tenté de voir une manifestation de la priméité du modèle de Peirce qui ne peut relever que de l'iconicité. Cette fusion temporelle est négation du temps envisagé comme distance, celle qui sépare le moment de la réception du tableau du moment de l'événement représenté, et, dans la répétition du *maintenant*, se manifeste la notion de tempo au détriment de la notion de durée, pour dire un discours qui sera perçu sur le mode de l'intensité. La dimension indicielle est cependant toujours bien présente, mais elle relève d'une indicialité que nous dirons *subjective* dans la mesure où elle révèle la présence, dans un hors-cadre qui devient hors-champ, d'un sujet qui observe[11] et l'implique dans la scène représentée. Le présent de l'énonciation de Jean rejoint le présent du visiteur pour une mise en présence de l'énoncé la scène du témoignage de Jean[12]. La relation de contiguïté s'instaure alors sur le mode du *hodie* et relève d'une indicialité que nous dirons aussi *de proximité* car on peut envisager l'indicialité comme graduelle avec la possibilité d'évaluer la distance plus ou moins grande qui sépare l'univers du spectateur de l'univers représenté. Si le trompe-l'œil tend à virtualiser cette distance par l'effet de fusion entre les deux

11 Indicialité *subjective* au sens que prend ce terme au cinéma lorsque l'on parle de « caméra subjective » : le point de vue de la caméra est alors celui d'un personnage, de telle sorte que le spectateur ait la sensation de partager la perception visuelle de celui-ci.

12 Lorsque Bordron écrit qu'il « n'y a [...] pas grand sens à dire qu'un icône se situe au présent si l'on entend par là l'équivalent d'un présent d'énonciation » (2011, p. 166), il fait référence, semble-t-il, au présent de l'énonciation picturale de Champaigne et non à celle de Jean et de son témoignage.

univers, il y a toujours un moment où l'illusion cède le pas, où le visiteur se retrouve bien en position de spectateur devant le tableau, image objet et non devant en position d'acteur impliqué dans la scène représentée par l'image signe. Révélation peut-être déceptive du caractère fictif de l'image qui réactualise l'ailleurs et l'autrefois et réaffirme l'altérité des deux univers et virtualise l'ici et le maintenant qui pourraient fonder l'identité spatio-temporelle propre à la priméité peircienne dont relève l'iconicité.

La deixis picturale ou photographique est orientée vers le spectateur, énonciataire d'une double énonciation, celle d'un peintre ou d'un photographe, qui lui adresse une image-objet tout autant qu'une image-signe. Cette dernière est porteuse d'un énoncé qui lui-même peut représenter un autre acte d'énonciation, celui d'un acteur qui peut s'adresser à d'autres acteurs représentés, mais qui peut également s'adresser au spectateur par l'artifice du regard camera. Lorsque le visiteur reste spectateur, la dimension énonciative de l'image peut se limiter au fait que l'image sollicite ses compétences encyclopédiques et elle s'actualise lorsque ces compétences répondent présentes à l'appel. Ce que Jean-François Bordron formule ainsi : « Il ne s'ensuit pas pour autant que l'icône ne possède pas une certaine dimension d'énonciation. [...] les connaissances implicites qu'un spectateur possède à propos d'une image [...]font que l'on peut attribuer cette image [...] à des auteurs, des époques et des lieux, etc. » (2011, p. 165). C'est dans le dernier cas de figure, celui où le *hodie* remplace le *hoc die*, où le spectateur devient acteur, que s'actualise pleinement cette indicialité *subjective*, de *proximité* qui caractérise sans aucun doute une forme de deixis picturale. Cette deixis s'inscrit dans le jeu de la tension d'une plus ou moins grande implication du visiteur, qui pourra tour à tour endosser le rôle de spectateur ou d'acteur et d'actant dans un programme narratif, qui relèvera alors du *survenir*, d'un événement où il devient le sujet d'état d'un sujet opérateur, Jean, qui lui désigne un objet valeur en rendant témoignage à la lumière.

Odile LE GUERN
Université Lumière-Lyon 2

LA DEIXIS DANS LA RELATION TEXTE-IMAGE[1]

La deixis est une notion qui a été élaborée dans le cadre de la linguistique. Elle mettait toutefois en danger la stabilité de cette discipline qui, à un certain moment, entendait limiter son objet à la phrase et, pour approcher cette dernière, se donner la règle de l'immanence. En effet la deixis, « mode particulier d'actualisation » (Dubois, 1973, p. 137), pointe la situation d'énonciation, bien au-delà de ce que j'ai appelé (Klinkenberg, 2016, 2017) énonciation restreinte (celle qui se limite aux traces formelles que l'acte énonciatif laisse dans l'énoncé ; ce que l'on a pu, de manière imagée, appeler « *l'énonciation énoncée* ») : elle ne peut être correctement abordée que dans le cadre d'une approche de l'énonciation généralisée, fidèle au projet benvenistien : cette approche est celle de « l'acte même, [d]es situations où il se réalise, [d]es instruments de l'accomplissement » (Benveniste, 1970, p. 14). Une telle approche postule une sémiotique de l'espace et du temps, débordant l'exploitation que la linguistique fait habituellement de ces catégories[2].

1 Le présent texte fait usage des rectifications de l'orthographe de 1990, proposées par tous les organismes francophones compétents, dont l'Académie française.

2 Malgré les propositions d'Édeline (2013). Il existe évidemment un grand nombre de travaux sur les usages sémiotiques de l'espace (ex. Marcos, 2013 (éd.)). Mais ces travaux vont d'habitude directement aux questions esthétiques, anthropologiques ou sociologiques, et souffrent souvent de leur caractère sectoriel. La lacune porte dès lors sur l'étude des grands mécanismes par lesquels l'être vivant (homme ou animal) donne sens à l'espace dans lequel il se meut, et sur l'étude des grandes structures qu'il impose ainsi à la substance spatiale. Les pistes les plus intéressantes ont été tracées dans le champ linguistique. Des techniques descriptives y ont été mises au point, qui oscillent entre soubassement logico-géométrique et soubassement cognitiviste. On pense ainsi à Clarck (1973) pour l'anglais, à Bierwisch (1967) pour l'allemand, encore très proches des descriptions objectivantes (géométriques ou logiques dans le cas de Miller & Johnson-Laird, 1976) ; d'autres chercheurs (ex. Langacker, 1982, pour l'anglais ; Vandeloise, 1986, pour le français) sont plus proches du cognitivisme, tout en restant confinés dans le langage au sens strict.

ESPACE SÉMIOTISÉ ET DISCOURS PLURICODIQUES

Entre l'espace (et le temps) comme données physiques et l'espace (et le temps) tels qu'ils sont traités par les langues, il y a en effet une autre chose : le sens que le sujet donne à l'expérience spatiale, à l'expérience du temps. Ce sens est certes modelé par la langue au sens strict, comme le veut toute la tradition sur laquelle on a déposé un peu vite le label Sapir-Whorf ; et modelé, il l'est en l'occurrence grâce à des ressources qui sont propres au langage en général (comme la séquentialité de celui-ci), ressources que les langues particulières modulent de diverses manières, grâce à des outils spécifiques : par exemple les prépositions spatiales ou temporelles, certains affixes ou certaines flexions spécialisées, les temps verbaux et les aspects, et aussi les déictiques. Mais le sens donné à l'expérience spatio-temporelle est aussi modelé par notre capacité à informer les données du monde, et cela indépendamment de nos langages au sens strict, et donc antérieurement au travail de ceux-ci. Pour être plus précis, je dirais qu'entre le temps et l'espace comme phénomènes physiques et le temps et l'espace des langues, il y a non pas *un* intermédiaire, mais *des* intermédiaires, ordonnés le long d'un continuum où opèrent une série de transductions. Pour schématiser ceci, je distinguerai : (1) le temps et l'espace comme phénomènes physiques, (2) l'espace et le temps perceptifs, produits de la rencontre entre nos canaux sensoriels et le donné naturel ; (3) l'espace et le temps sémiotisés, dotés de sens et partageables au sein du corps social notamment par le truchement de la langue[3] ; et donc enfin (4) cet espace et ce temps dits par la langue, par une langue particulière[4].

L'espace sémiotisé (3) et l'espace perceptif (2) ne sont pas superposables. Autrement dit, si le premier dérive du second, il a ses caractères propres, liés à la culture. Une des caractéristiques de l'espace perceptif sémiotisé est la distinction du fond et de la figure (voir Groupe µ, 2015). Or des expériences ont démontré que la gestion de cette distinction était

3 À propos de l'espace, Édeline (2013) distingue encore dans cette catégorie l'espace mental, que le sujet éprouve et qui fait partie de sa sphère privée et l'espace conceptuel, produit de l'activité mentale, cette fois partageable au sein du corps social notamment par le truchement de la langue.

4 Sur tout ceci, *cf.* Klinkenberg (2018).

culturellement stratifiée : les asiatiques sont plus sensible au fond qu'à la figure, contrairement aux occidentaux (Chua *et al.*, 2005). Il en va de même pour la gestion des distances, les espaces que les psychologues désignent comme espace personnel et espace d'action varient en fonction des cultures, de l'apprentissage et des tâches à exécuter. L'espace sémiotisé est donc un espace culturalisé.

Dans l'espace sémiotisé peuvent prendre place des manifestations sémiotiques d'ordres divers, soit relevant d'une seule et même sémiotique, soit associant des éléments relevant de sémiotiques distinctes ; autrement dit des discours pluricodiques ou intersémiotiques. Par discours pluricodique, j'entends toute famille d'énoncés considérée comme sociologiquement homogène par une culture donnée alors même que l'on peut régulièrement isoler dans ses énoncés plusieurs sous-énoncés relevant chacun de systèmes réputés distincts par ladite culture (*cf.* Klinkenberg, 2000). Le plus bel exemple de discours pluricode est peut-être fourni par le cinéma. Cet art a indéniablement son identité et sa stabilité à nos yeux. Et pourtant, il mobilise simultanément, en une interaction réglée, le récit, l'image, la kinésique et la proxémique, la langue, la musique, l'iconisme sonore, l'écriture[5]…

Pour être fonctionnelle, et non simplement syncrétique, cette hétérogénéité doit évidemment être gérée, ce qui suppose une structuration de l'espace sémiotique où elle s'inscrit. Et la deixis s'offre comme un instrument privilégié de cette structuration.

5 Pour désigner les discours pluricodiques, la sémiotique a souvent utilisé la dénomination « sémiotique syncrétique ». Appellation doublement critiquable parce que ce ne sont pas les sémiotiques elles-mêmes qui sont syncrétiques (par définition, elles sont construites et donc homogènes) mais les énoncés observés, et parce que l'adjectif « syncrétique » renvoie généralement à une combinaison d'éléments peu cohérente. Tout en conservant cet adjectif, elle tend aujourd'hui à parler de « discours syncrétique », phénomène à présent décrit conformément à la définition que j'en donnais dès 1996 (reprise dans 2000) : « production sémiotique, à la fois stabilisée par une dénomination générique qui l'identifie socioculturellement comme un ensemble homogène […] et résultant de l'articulation entre au moins deux systèmes sémiotiques différents » (Badir *et al.* (éd.), 2019, p. 5).

STRUCTURER L'ESPACE SCRIPTO-ICONIQUE
L'index comme deixis généralisée

Dans ce qui suit, j'examinerai comment cette structuration opère dans le cas du problème de la relation pluricodique texte-image. J'utiliserai l'expression *énoncé scripto-iconique* pour désigner un énoncé pluricodique mettant en œuvre à la fois l'icône et l'écriture dans une modalité d'association sociologiquement stable : c'est le cas de l'affiche publicitaire, de la page ou de la case de B.D., de la page de revue ou de journal, de la page de l'album pour enfants, de l'image pieuse, des encyclopédies, etc. Par convention, je désignerai ci-après les sous-énoncés écrits par la lettre L (pour linguistique) et les sous-énoncés iconiques par la lettre V (pour visuel).

La relation pluricodique texte-image peut apparaitre comme un sujet rebattu (*cf.* Déom, Tilleuil, Vanbraband, 2005, 2007). Pourtant, il n'a été que rarement pris à bras le corps en tant que problème sémiotique de portée générale. Ce qui abonde, ce sont les études de cas ou les études de type esthétique dont les auteurs, pressés d'arriver à leur objet global complexe, et surtout à l'effet pragmatique qu'il induit, négligent souvent la mise au point des instruments élémentaires devant permettre la description fine des mécanismes à la base de ces effets[6]. Toutes ces contributions n'ont le plus souvent donné naissance qu'à des concepts *ad hoc*, à des taxinomies empiriques ou encore à des notions générales mais restant vagues et insuffisants, comme celles de relais et d'ancrage (grâce à quoi « le texte *dirige* le lecteur entre les signifiés de l'image »), lancées par Barthes (1964b, p. 44).

La distinction que Roy Harris opère entre syntagmatiques interne et externe constitue apparemment une avancée :

> *The determination of graphic space in wich a text is situated yields a division within the text between (i) external and (ii) internal syntagmatics. External syntagmatics covers the various relationships which may obtain between the written forms and*

6 On doit faire le même constat à la lecture de maints travaux sur l'écriture, démontrant pourtant la présence massive de l'image dans cette écriture (voir par exemple Christin, 1995) : ils ne se sont pas fréquemment interrogés sur la manière dont se noue le rapport entre ces deux objets.

items or events to which they are significantly connected in the space outside (i.e. that space within which the 'graphic space' itself is situated). [...] Internal syntagmatics relates to the disposition of written forms relative to one another and to other forms within the same graphic space. (1995, p. 121)

Mais Harris ne nous dit rien sur les procédures qui permettent d'identifier et de délimiter un « espace graphique » au sein de l'espace sémiotisé – et donc sur ce qui permet en pratique de distinguer les faits de syntagmatique interne et de syntagmatique externe – ni sur les modalités d'établissement de la relation entre les formes écrites et les autres formes coprésentes.

Or ce sont là deux problèmes importants. La case de BD est un espace graphique où des liens se nouent entre image et texte et donnent lieu à une syntagmatique interne, mais l'album où cette case apparait constitue assurément un autre espace graphique, incluant le premier (ce qui laisse comprendre que les espaces graphiques peuvent s'emboiter). Cette configuration est passablement différente de celle qu'on peut trouver dans un magazine illustré. Si un article *m* constitue un espace graphique, où des liens se nouent entre image et texte, l'article voisin *n* en est indépendant, bien qu'il soit inclus sur le même support : il n'y a pas de relation entre une forme L de l'article *m* et une forme V de *n*. L'article *n* constitue donc un espace graphique distinct.

Ces difficultés nous paraissent pouvoir être résolues grâce à la notion d'index, que nous avons étudiée par ailleurs[7].

Pour rappel, l'index – qu'on se gardera de confondre avec l'indice[8] – est un dispositif sémiotique ayant une double fonction : focaliser l'attention sur une portion déterminée d'espace (et éventuellement y ségréguer un objet), et donner un certain statut à cette portion d'espace ou à cet objet. Exemple canonique : le doigt pointé vers un objet (mais

7 Klinkenberg (2000, 2016), Groupe µ (à paraitre).

8 Les index sont fréquemment confondus avec les indices, notamment chez les tenants de la tradition peircienne (*cf.* Klinkenberg, 2000), parce qu'ils partageraient le trait « voisinage » (un terme emprunté à la topologie et n'impliquant aucun préjugé sur la distance entre les deux éléments). Mais les « contigüités » spatiales jouant dans les deux cas ne sont pas les mêmes : perceptive dans le cas de l'index, et causale dans celui de l'indice. Notons que même dans le cas de l'indice, il est hasardeux d'invoquer une « contigüité » : une causalité peut elle aussi être distale (c'est l'exemple du coup de soleil). La confusion indice-index (également due à la quasi-homonymie des termes français ; dans maintes autres langues, dont l'anglais, l'homonymie est même totale) ne semble pas avoir été bien perçue par les sémioticiens, en dehors d'Umberto Eco.

on pourra aussi penser à la flèche, à l'étiquette, etc.). L'index mobilise toujours trois éléments : (i) la manifestation indexicale proprement dite (/doigt pointé/, /badge/…) ou *indexant*, (ii) la portion d'espace désignée ou *indexé* (porte de sortie, personne) et (iii) la relation précise que le premier institue avec le second ou *indexation* (« désigner », « donner un statut », etc.) L'index présuppose donc une sémiotique de l'espace : pour que l'indexant puisse désigner une portion d'espace, il faut au préalable que l'indexé soit perçu comme une unité homogène et distincte de son entourage : par exemple un bâtiment, distinct de son environnement, un objet, distinct de son contexte. Quant à la relation d'indexation, elle a, comme on l'a dit, deux fonctions possibles, la seconde étant facultative : (i) la focalisation sur une portion déterminée d'espace, (ii) donner un statut sémiotique à cet indexé (« œuvre d'art », « fonction sociale », etc.). Si la nature des objets appelés à devenir des indexants peut être très variable (comme on va le voir, ils peuvent très bien être de nature linguistique : /*ce* type-*là*/), ils structurent toujours l'espace sémiotisé. L'indexation constitue donc une deixis généralisée.

Ce sont de telles indications indexicales, culturellement contingentes, qui établissent l'unité du dispositif scripto-iconique : elles assurent la clôture et l'identification de l'espace graphique au sein de l'espace sémiotisé et affirment l'homogénéité de l'espace ainsi clôturé. C'est à elles qu'il revient d'établir l'identité des énoncés scripto-iconiques : la case de BD, l'affiche, etc. Nous savons ce que c'est qu'une page, à quoi elle sert, comment elle se manipule, et sommes dressés à considérer tout ce qui figure dans l'espace délimité par sa bordure comme constituant une unité de forme et de sens. Nous savons aussi ce qu'est un livre, et y postulons de la même manière que tout ce qui est contenu dans les limites matérielles de son volume, ou dans celles de sa subdivision qu'est la page, constitue une unité de forme et de sens.

Mais la question des règles de l'interaction scripto-iconique n'est pas encore résolue. Il serait réducteur de les résumer à ce que Harris appelle une syntagmatique interne. C'est d'une grammaire complète que nous avons besoin. Or comme dans toutes les grammaires, ces règles sont de cinq types, que l'on étudie généralement dans cinq chapitres distincts : les règles qui régissent l'engendrement des constituants de base (en langue, ce seront les sons et les phonèmes) – mais nous n'avons pas à nous en préoccuper ici : ce sont en effet ceux qu'étudient la sémiotique de l'écriture d'une part et la sémiotique visuelle –, celles qui président à la constitution des unités complexes du plan de l'expression (morphologie), celles qui décrivent les relations entre ces unités (syntaxe), celles du sens (c'est la sémantique, phrastique et textuelle autant que lexicale) ainsi que celles qui régissent l'usage des énoncés en situation : la pragmatique. Dans la pratique, il est évidemment toujours difficile de maintenir séparés ces différents ordres, et ce sera particulièrement le cas ici. Pour insérer mon propos dans le présent ensemble de travaux sur la deixis, je me focaliserai sur les interactions syntaxiques, en faisant ressortir systématiquement les mécanismes pragmatiques à l'œuvre.

Les instruments essentiels de cette syntagmatique interne sont ici les déictiques et les connecteurs, auxquels viendront s'ajouter certains autres mécanismes non langagiers mais concourant comme les premiers à structurer l'espace graphique.

Traditionnellement, on appelle déictiques les éléments d'un énoncé linguistique qui réfèrent à des « coordonnées déictiques » (Dubois, 1973, p. 137) – le lieu, le moment, les acteurs – qui ne peuvent être appréhendées que dans le cadre d'une énonciation généralisée. On distinguera ici deux sortes de déictiques : les démonstratifs et les embrayeurs, auxquels on joindra les « termes d'adresse ».

MODALITÉS DE LA DEIXIS DANS LES ÉNONCÉS SCRIPTO-ICONIQUES

DÉMONSTRATIFS, EMBRAYEURS, TERMES D'ADRESSE

En français, les démonstratifs sont des pronoms, des adjectifs et des adverbes : « cela », « cette », « voici », etc. Ces termes désignent indexicalement des référents à partir de la position occupée par le locuteur, en tant que celle-ci est identifiable. Soit le célèbre exemple de *La trahison des images*, de René Magritte, dont la reproduction serait à la fois inutile et dispendieuse. L y énonce : /Ceci n'est pas une pipe/. En vertu de la clôture assurée par l'index (ici le cadre), la monstration est par hypothèse tout entière contenue dans l'énoncé scripto-iconique (et n'est pas référée au locuteur du monde). Le spectateur est donc fondé à chercher le lien sémantique entre L et le seul énoncé V qu'il ait à sa disposition dans l'espace clos. Il aura donc à gérer l'opposition apparente entre un L qui affirme « Ceci n'est pas une pipe » et un V qui semble dire « Ceci est une pipe ».

Le référent des embrayeurs varie avec les trois séries de variables que sont les coordonnées déictiques : le couple énonciateur/énonciataire, le moment de l'énonciation, son lieu. Les interactions scripto-iconiques reposant sur de tels embrayages sont nombreuses : dans la bande dessinée, l'homogénéité thématique du binôme scripto-iconique est assurée par eux, comme nous en persuadent les cases où les notations « le lendemain », « quelques instants après » abondent dans les bandeaux, les « tu » et les « vous » dans les phylactères, on l'on trouvera aussi les « là » et les « ici ».

Les termes d'adresse sont étroitement parents des embrayeurs. Prenons l'exemple d'une publicité passablement sexiste pour une plaque de cuisine vitrocéramique de marque Rosières. On y voit un personnage féminin se pencher sur cette plaque, brillante comme un miroir, et énoncer : « Rosières, Rosières, dis-moi ce que nous allons lui mijoter ce soir » (allusion au « Miroir, mon beau miroir, dis-moi qui est la plus belle ? » attribué à Blanche-Neige). Le terme L – /Rosières/ – y est équivalent à un /tu/ : il donne son statut à l'objet, qui est en l'occurrence l'énonciataire interne au sous-énoncé V : la plaque-miroir est identifiée comme « Rosières ». L'adresse relaye d'ailleurs ici des embrayeurs personnels : /nous/, /moi/.

La mobilisation des déictiques pose deux problèmes, dont la solution est d'ordre pragmatique. La première difficulté consiste à identifier correctement l'indexé du déictique à l'intérieur de l'énoncé iconique ; la seconde est de décider s'il faut chercher cet indexé à l'intérieur de l'énoncé iconique ou s'il faut au contraire sortir de ce dernier pour obtenir une interprétation satisfaisante de la relation indexicale. Abordons ces deux problèmes.

QUELLE RÉFÉRENCE INTERNE POUR LA DEIXIS ?

Dans *La trahison des images*, Magritte ne nous laissait pas le choix : puisque son énoncé ne comportait qu'une seule unité V, c'est elle qu'il fallait identifier comme l'indexé de l'indexant qu'est le /ceci/. Mais les choses sont rarement aussi simples. Dans la mesure où plusieurs unités V peuvent être présentes dans l'énoncé global, l'identification de l'indexé n'est pas assurée d'emblée et plusieurs hypothèses entrent en concurrence. L'identification fait alors l'objet d'un calcul, mobilisant le principe de pertinence : on privilégiera la relation laissant le moins de résidus (gain de sens maximal) pour le cout cognitif le plus bas (économie de moyens maximale).

Prenons l'exemple d'une publicité pour la sécurité au travail (figure 1). Elle montre en V une main dressée dont le majeur est remplacé par une plante stylisée, et énonce en L /ça ne repousse pas/.

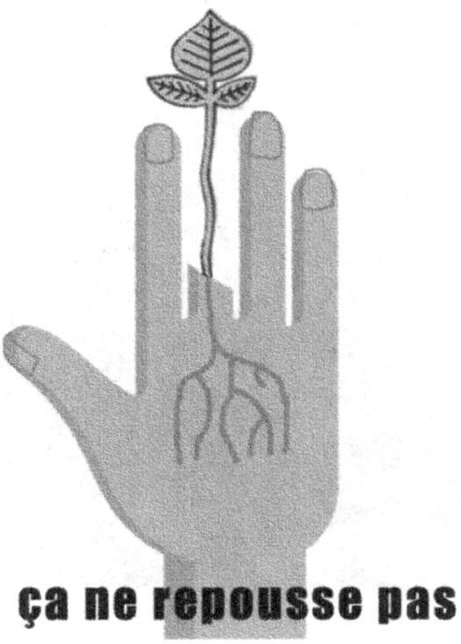

FIG. 1 – La référence de la deixis.
Quête de la pertinence.

En droit, le /ça/ pourrait se référer à plusieurs portions V de l'énoncé : un des doigts présents, la racine, le feuillage, etc. Devant cette pluralité d'hypothèses, le spectateur doit donc se livrer à un calcul interprétatif. Ce calcul amène ici à choisir le « doigt manquant » comme objet le plus pertinent pour le déictique à l'exclusion du végétal et des doigts intacts. En effet un végétal repousse (et cette hypothèse rendrait malaisé l'établissement d'un lien sémantique avec L) et un doigt intact ne justifierait pas le préfixe *re-*.

Dans ce premier type de cas, l'évaluation de la pertinence se fait à partir des éléments V manifestés à la surface de l'énoncé. Mais il arrive qu'aucun de ces éléments ne permette d'interprétation satisfaisante. La quête du référent de la deixis impliquera alors un calcul inférentiel plus sophistiqué, permettant de passer d'un type iconique V, manifesté mais peu pertinent par rapport au déictique, à un autre type non manifesté mais impliqué par le premier et qui, lui, aura un degré supérieur de pertinence. Prenons l'exemple de la figure 2.

FIG. 2 – La référence de la deixis.
Calculs inférentiels.

Soit L /celui qui n'a pas bu, c'est celui qui conduit/, et V une voiture, identifiable comme un corbillard. L'identification de l'indexé de « celui qui » est délicate. L'église ? mais le nom est féminin… Le mur ? non : un mur ne boit ni ne conduit. Mais l'énoncé V permet une inférence à partir de « voiture ». C'est un présupposé de type Π[9] : qui dit « voiture » dit « moteur », « carburant », mais aussi « conducteur » et éventuellement « passager ». L'énoncé L, avec ses verbes « conduire » et « boire », se référera plus économiquement à ces acteurs humains non manifestés qu'au type « voiture », pourtant manifesté. Et on en déduira la proposition « celui qui a bu, c'est celui qui ne conduit pas ». Et c'est donc le passager. Or le passager d'un corbillard est souvent un

9 Sur ce concept, voir Klinkenberg (1998).

mort. D'où la production d'une interprétation « le mort a bu » (que la doxa reformulera sur le mode déontique : « qui veut ne pas être mort ne boira pas »).

DEIXIS À RÉFÉRENCE INTERNE OU À RÉFÉRENCE EXTERNE ?

Jusqu'à présent, nous n'avons envisagé qu'une syntagmatique interne à l'énoncé scripto-iconique. Mais les déictiques se caractérisent par leur capacité à référer à n'importe quoi dans l'espace sémiotisé. D'où leur ambivalence : ils peuvent se référer tantôt à un objet interne à l'énoncé, tantôt à un objet extérieur à cet énoncé. Par exemple, le couple énonciateur/énonciataire pointé par la deixis peut être celui que forment des partenaires manifestés iconiquement, mais ce peut aussi être le couple formé par l'énonciateur et l'énonciataire de l'énoncé global : le producteur et le récepteur de cet énoncé.

Pour quelles raisons opte-t-on pour l'une ou l'autre de ces possibilités ? De nouveau, on se livre à un calcul de pertinence. Or il arrive qu'on ne puisse déboucher sur une lecture économique en restant à l'intérieur de l'énoncé, parce qu'aucun élément iconique V ne peut entrer de manière pertinente dans la relation déictique, même au prix des inférences décrites ci-dessus. Il faut à ce moment postuler une deixis reliant l'énoncé L au spectateur extérieur (énonciataire) de l'énoncé global.

Si un énoncé L comporte plusieurs déictiques, le calcul peut dès lors donner des résultats différents pour chacun d'eux. Prenons l'exemple de l'affiche célèbre /I Want you for US Army/.

« I » (L) y est l'énonciateur de l'énoncé linguistique, et cet énonciateur est présent iconiquement dans V : la deixis reliant « I » et « Uncle Sam » (V) est donc mise en scène. Mais aucun énonciataire potentiel de « You » (L) n'est manifesté iconiquement (à moins d'opter pour l'hypothèse – couteuse – selon laquelle le personnage se parlerait à lui-même). On est donc fondé à estimer que la deixis mobilise un énonciataire extérieur à l'énoncé.

Nous parlerons donc dorénavant d'*énonciateurs* et d'*énonciataires externes*, pour désigner les énonciateurs et énonciataires de l'énoncé scripto-iconique global, et d'*énonciateurs* et d'*énonciataires internes* pour désigner les énonciateurs et énonciataires mis en scène iconiquement (V) dans cet énoncé global.

La deixis peut fonctionner dans les deux sens : relier l'énonciateur interne à l'énonciataire externe (c'est le cas avec le « you » de « I want you ») ou un énonciateur externe à un énonciataire interne. Autrement dit, deux mouvements sont possibles, l'un centrifuge, l'autre centripète.

Prenons l'exemple des deux images pieuses ci-après (fig. 3a et 3b) : on y observe la présence iconique du même personnage – le Christ –, et les deux textes font usage du même embrayeur « vous ». Toutefois, on se persuade aisément que l'indexé du /vous/ n'est pas le même dans les deux cas. Dans le premier (3a), le fidèle est l'énonciataire externe, le Christ V étant l'énonciateur, comme dans l'affiche précédente : deixis centrifuge. Dans l'autre (3b), l'énonciataire indexé est le Christ, toujours représenté iconiquement, et l'énonciateur est le fidèle : deixis centripète.

FIG. 3a et 3b – Deux références de la deixis : externe et interne.

Mais ce n'est pas tout. La deixis peut également relier l'énonciateur externe à l'énonciataire externe. C'est le cas dans une publicité pour un abonnement au mensuel *Fluide glacial*, que je me vois obligé de décrire au lieu de la montrer, la chicherie des éditeurs étant ce qu'elle est. On y voit un poing tendu vers un personnage, poing muni d'un pistolet et appartenant à un corps hors-champ. Ce pistolet est pointé sur la tempe de Cosmik Roger, un personnage du magazine. Le tout est accompagné de la légende « Abonnez-vous ou nous tuons ce personnage ». Parmi les nombreux déictiques qu'on peut repérer sur le feuillet, et dont certains sont internes à l'énoncé (/Ce personnage.../), on distingue un couple constitué d'un énonciateur externe (la rédaction ou les services financiers du magazine) et d'un énonciataire externe lui aussi (l'abonné potentiel) désigné par /vous/.

En résumé, le déictique peut mettre en rapport soit

1. deux éléments de l'énoncé iconique V : on parlera de deixis interne ou de *deixis mise en scène* dans le message iconique ;
2. un élément de l'énoncé iconique V et un partenaire de l'énonciation de l'énoncé global (son énonciataire ou son énonciateur). On parlera de *deixis interne-externe.*
   Dans cette hypothèse, on peut avoir deux cas distincts : (2a) un énonciateur interne et un énonciataire externe (*deixis interne-externe centrifuge*) ou (2b) un énonciateur externe et un énonciataire interne (*deixis interne-externe centripète*).
3. deux éléments extérieurs à l'énoncé iconique V : énonciateur et énonciataire externes. On parlera de *deixis externe.*

QUELLE PERTINENCE POUR LES DEIXIS POSSIBLES ?

Quels facteurs interviennent dans la prise de décision du spectateur face aux choix interprétatifs que l'on vient de décrire ? Si la règle de base est la quête de l'option interprétative la plus pertinente, le spectateur est orienté dans cette quête par plusieurs variables, parmi lesquelles on énumèrera : 1) sa connaissance de la sémantique des codes iconiquement représentés, 2) ses connaissances encyclopédiques et 3) les indications génériques.

Parmi ces codes iconiquement représentés, on peut donner l'exemple de la gestuelle. Le geste d'Uncle Sam rappelé plus haut a un signifié centrifuge, ici mobilisé le long de l'axe frontal. C'est cette valeur qui, rendant couteuse l'hypothèse selon laquelle le protagoniste s'adresserait à lui-même, prédispose en contrepartie à l'identification d'un énonciataire externe : en effet, celui-ci est idéalement situé dans un axe perpendiculaire au plan de l'énoncé.

Pour illustrer le rôle de la seconde variable – les autres compétences encyclopédiques –, on peut se tourner du côté des images pieuses (fig. 3a et 3b) : c'est la connaissance de la personne et du rôle du Christ ou des saints, et des relations qu'ils entretiennent avec les fidèles, qui permet l'interprétation correcte du « vous » et son assignation à un référent tantôt interne (quand le fidèle s'adresse au Christ ou au saint) tantôt externe (quand c'est le Christ ou le saint qui s'adresse au fidèle). Dans la proposition d'abonnement à *Fluide glacial*, c'est la connaissance des rôles dévolus aux acteurs du processus d'abonnement qui permet de les identifier l'un comme « abonneur », l'autre comme abonné.

Enfin, les contraintes de genre créent des protocoles d'interprétations susceptibles d'orienter la deixis. On peut ainsi estimer que le « vous » fréquent de la publicité a *a priori* de fortes chances d'être centrifuge, s'adressant à un acheteur potentiel, et que celui de l'image pieuse sera préférentiellement centripète, s'adressant souvent à Dieu ou à un saint.

RHÉTORIQUE DE LA DEIXIS

Tout ceci montre que bien des hésitations peuvent survenir quant à la manipulation correcte des instruments syntaxiques que sont les déictiques, et que des ambigüités ou des superpositions sont possibles. Les énoncés pluricodiques peuvent évidemment jouer sur ces propriétés, ce qui produit une véritable rhétorique de la deixis.

Ainsi, le « vous » de telle publicité interrogeant « Que serait la mode sans vous ? » est-il interne, se référant alors à la personne représentée (qui peut évidemment représenter la communauté des énonciataires de l'énoncé global) ? ou est-il externe, se référant alors directement à l'énonciataire dudit énoncé global ?

C'est aussi le jeu des indexés qui explique l'efficacité de cette autre publicité pour une cinémathèque, que je dois décrire elle aussi. On y voit un dos féminin, nu, et des mains masculines occupées à dénouer des bretelles qui se révèlent être faites de pellicules de film 35 mm, ainsi que la légende « Découvrez-moi ». Cette efficacité provient, outre du trope iconique (film-bretelles), du fait que la publicité superpose deux indexés possibles du « moi », correspondant à deux sens du mot /découvrir/ : un « moi » qui est celui de l'énonciatrice interne, laquelle invite – comme Juliette Gréco le faisait – son partenaire à la déshabiller (premier sens de /découvrir/), et un « moi » externe, faisant de la cinémathèque l'énonciatrice (laquelle utilise cette fois /découvrir/ dans le sens de « faire connaissance »).

Quant à la réclame pour *Fluide glacial*, riche en déictiques, le « nous » y est simultanément externe (il se réfère alors à « l'abonneur », comme on l'a dit) et interne : la présentation sous forme iconique de l'arme de poing susceptible de tuer le personnage présuppose bien, en effet, un tueur interne. Deux isotopies sont ainsi connectées : celui des aventures du personnage de BD et celui des relations éditoriales.

CONNECTEURS

Le terme connecteur désigne des outils linguistiques exprimant des liens syntaxiques, logiques ou sémantiques entre deux portions d'énoncés. Il s'agit bien d'une deixis, mais cette deixis est interne à l'énoncé.

Sont ainsi des connecteurs : 1) les termes temporels, qui organisent tantôt des simultanéités, tantôt des successions d'évènements (« pendant ce temps-là », « d'abord », « alors », etc.) ; 2) les termes indiquant un rapport logique, par exemple de causalité ou de conséquence (« donc », « ainsi »), de contradiction (« mais », « toutefois ») ou de sommation (« bien plus », « en outre »), etc.

Une des propriétés linguistiques des connecteurs est que certains d'entre eux peuvent tantôt relier des portions d'énoncé situées dans le même espace graphique (*connexion interne*), tantôt un énoncé et ses coordonnées déictiques (*connexion externe*). Ainsi, un connecteur temporel peut exprimer un lien chronologique entre deux épisodes dans l'histoire racontée – deux unités narratives –, mais il peut aussi connecter deux phases du récit racontant. Il fournit alors des indications sur la dynamique du discours narratif lui-même. Par exemple, « enfin », qui est susceptible d'avoir une première valeur chronologique dans un récit (« Enfin Malherbe vint… »), peut aussi renvoyer au déroulement du récit racontant lui-même : « enfin » pouvant être paraphrasé en « pour terminer ce récit ». Ainsi, outre qu'ils donnent une unité à l'énoncé, les connecteurs participent également à la structuration, à l'organisation du texte (comme le font les connecteurs logiques du genre de « d'une part, [...] d'autre part »).

Mobilisé dans un énoncé scripto-iconique, un connecteur aura donc un impact sur la partie iconique V de l'énoncé en lui donnant un statut argumentatif. Par exemple en en faisant la première partie d'une opposition (dont la seconde serait signifiée par le contenu linguistique L), ou en en faisant l'antécédent d'un conséquent (signifié par le contenu linguistique).

Par manque de place, nous ne pouvons examiner ici le fonctionnement de tous les connecteurs possibles dans le discours scripto-iconique. Nous renvoyons pour cela à Klinkenberg (2008), où sont examinés les cas des connecteurs logique et dialogique.

DEIXIS NON-LINGUISTIQUES EXPLICITES

L'examen des articulations scripto-iconiques par déictique ou par connecteur suggère que la tâche consistant à établir le lien syntaxique est toujours à charge du composant linguistique L de l'énoncé global. Et effectivement, lorsque la connexion semble à charge du composant iconique V, c'est que celui-ci a iconisé le processus de production d'un signe indexical (par exemple, comme dans l'exemple d'Uncle Sam, un personnage ayant le doigt tendu, le doigt constituant l'indexant).

Mais la connexion peut en effet également se faire par des indexants non linguistiques, tantôt explicites tantôt implicites. Tous ont pour tâche d'articuler la portion linguistique L de l'énoncé scripto-iconique avec sa portion iconique V, mais les uns opèrent par des marques manifestées en surface, d'autres utilisant les caractères globaux de l'espace sémiotisé. Globalement, ces index ont une valeur d'étiquetage.

Dans ces index non-linguistiques, des éléments apparemment L peuvent intervenir : par exemple des lettres, phénomène que l'on rencontre fréquemment dans des ouvrages scientifiques anciens.

C'est pourtant bien ici qu'il faut traiter de ces index, car ces lettres n'y interviennent pas à titre de composants d'un énoncé linguistique, mais à titre de composant spatial de l'indexant (des astérisques ou des chiffres pourraient d'ailleurs parfaitement les remplacer ; ce qui compte, ce n'est pas la valeur langagière de l'indexant, mais sa double position dans l'espace.) La particularité est qu'il y a ici une double indexation. Première indexation : un point dénommé x (indexant) désigne un élément V de l'énoncé (indexé). Deuxième indexation : un autre point également dénommé x (indexant) désigne le point spatial qu'est le début d'un texte. L'indexation globale repose sur l'équivalence des deux x, de sorte que la relation indexicale est transitive : (x ↔ icône) + (x ↔ texte) ⊃ texte ↔ icône.

Car on le voit, ce qui compte, ce n'est pas la valeur linguistique (a, A) de l'indexant, mais sa double position dans l'espace.

Selon les genres discursifs historiques, les énoncés peuvent faire un usage très sophistiqué des index explicites. Une des sources de cette sophistication provient du fait que l'indexation est une relation transitive. Elle peut donc être exploitée de manière récurrente, démultipliée, et cela de manière en principe infinie. On peut par exemple avoir un premier couple d'indexants littéraux conforme à la description qui vient d'être donnée ; mais, pour obtenir plus de précision, le point sur lequel porte la première indexation peut être lui-même précisé par un indexant de la famille du trait et de la flèche. C'est un tel exemple que nous trouvons dans la très connue *Histoire de la nature des oyseaux, avec leurs descriptions et naïfs portraicts retirez du naturel* de Pierre Belon (1555 ; fig. 4). On observe ici trois index : celui qui lie, dans l'image, la lettre M et l'organe indexé, l'index liant, dans la zone textuelle du bas, la même lettre M et le texte qui la suit (« Pallerons longs… ») ; mais le premier est redoublé et son application spatiale précisée par un trait fin, qui est le troisième indexant mobilisé.

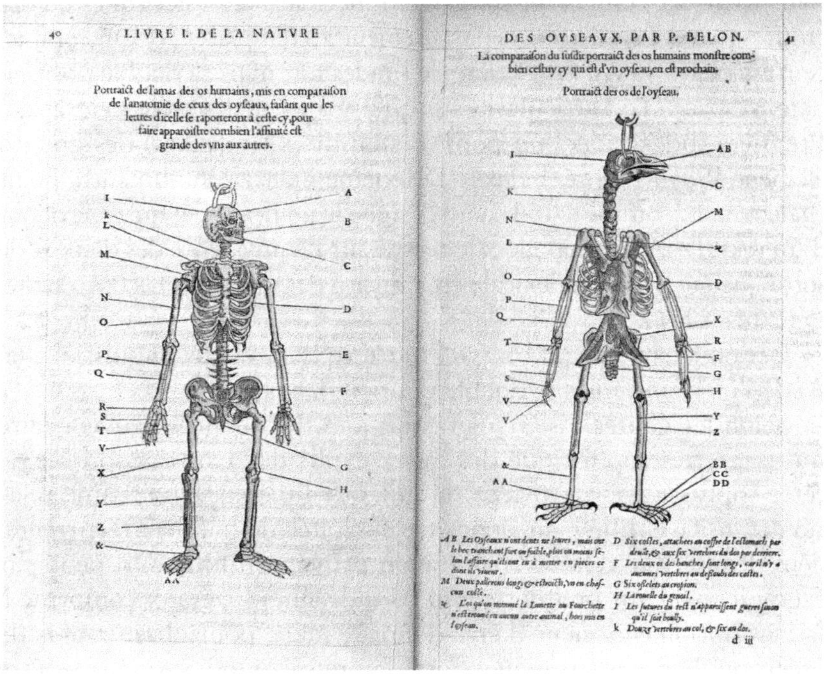

FIG. 4 – Triple indexation, avec indexants littéraux.

Dans ces énoncés scripto-iconiques, le sous-énoncé L a avec le sous-énoncé V une valeur de co-référence. Il peut s'agir d'une co-référence relative à des objets (comme dans le cas de l'étiquetage ou dans celui de la légende des encyclopédies) mais aussi à des procès. C'est ce dernier qu'illustre la célèbre toile de Roy Lichtenstein *Whaam !* (1963), où l'onomatopée accompagne l'explosion de l'avion.

CONCLUSION

Limitée aux questions de relation syntagmatique, et, parmi celles-ci, aux questions de deixis, l'esquisse de grammaire générale qui précède n'épuise évidemment pas tous les cas d'articulation entre image et texte.

Comme on l'a dit, elle n'a pas donné le détail de tous les cas possibles de connecteurs, de tous les cas possibles d'embrayage ; elle n'a pas envisagé tous les cas de redondance modulés par le sémantisme de L ; elle n'a qu'effleuré la question importante des schémas et diagrammes…

Quant à la question des genres, elle n'a été signalée que rapidement. Pour des raisons de clarté, j'ai privilégié des énoncés relevant du genre de la publicité où la relation scripto-iconique fonctionne de manière très spectaculaire. Considérer d'autres corpus – certains aux codes très rigides, comme l'image pieuse, la bande dessinée classique européenne, les encyclopédies, d'autres plus souples comme « les mots dans la peinture » contemporains –, ou encore des corpus anciens, ou extra-européens, permettrait sans nul doute de mettre en évidence des spécificités dans la manipulation des outils généraux ici mis au point.

Mais l'esquisse fournie indique à suffisance que ce problème général peut trouver des solutions dans le cadre d'une sémiotique générale, dont le postulat est que le sens est un. Dans le cas présent, cette perspective conduit à ne pas surfaire – comme on le faisait à l'époque de Barthes – le rôle de la langue dans un type de communication mixte que toutes les cultures ont exploité, et qu'elles seront amenées à exploiter davantage au fur et à mesure que les techniques multimédias se diffuseront, et à mettre en avant le rôle des espaces sémiotisés.

Jean-Marie KLINKENBERG
Académie royale de Belgique
Université de Liège

LE DOUBLE CORPS DU REGARDEUR, LES IMAGES ET LEURS DÉICTIQUES

Les déictiques dans la langue prennent tout leur sens en reliant les partenaires à l'espace et au temps de l'acte d'énonciation. Ces unités signifiantes instituent des sujets linguistiques au cœur de l'échange et y assurent la rémanence de l'interaction communicationnelle. Autrement dit, en y inscrivant la trace spatio-temporelle et le statut des sujets communiquants, ces items discrets et conventionnels sédimentent la part de subjectivité dans l'acte de langage. Or, si la langue parlée et écrite s'est imposée comme le média de communication dominant dans la discursivité sociale, elle n'en détient pas pour autant le monopole. Les déictiques ne sont finalement que des jalons de tout discours, qui marquent les personnes, l'espace et le temps d'un message pour une communauté donnée, posés les premiers avec le langage mais que d'autres formes d'expression sont susceptibles d'activer à leur tour. La question qui se pose est de savoir s'il existe de telles unités ou protocoles signifiants dans des matériaux non-linguistiquement formés comme les images. Et quelles configurations peuvent avoir des déictiques iconiques, plastiques, cinétiques ? Comme nous le suggère Roy Wagner, il « est clair que, si les mots ne sont que des sons et les images visuelles que des agencements de lumière, ni les uns ni les autres ne forment par eux-mêmes des associations naturelles ou allant de soi » (2014, p. 70). Autrement dit, comment une image parvient-elle à performer son spectateur ? S'il ne se rencontre pas de dictionnaire de déictiques visuels, par contre les matières et les formes d'expression abondent. « Toute image est continuiste et magmatique, comme le constate Daniel Bougnoux, elle ne relève pas de l'ordre symbolique qui est linéaire et successif, chaque signe y occupe la case ou le segment qu'inspecte successivement, digitalement notre lecture » (1991, p. 252). Constat déceptif mais qui en revanche, face à la diversité et au poids de notre « mediascape » quotidien (Appadurai, 2001) et des pratiques sociales de plus en plus envahissantes qui lui sont associées, nous conforte dans l'hypothèse de la présence de régulations et de normes qui structurent la relation aux messages audio visuels. Or, nous n'avons plus ici affaire au poids du système clos et intelligible des signes de la langue mais à la matérialité opaque des données de la perception et à des « systèmes à unités non signifiantes » selon la formule péremptoire et à la fois paradoxale d'Émile Benveniste (1974, p. 44). En effet, il faut garder en mémoire, pour éviter tout aveuglement platonicien qu'entraîne trop souvent la « linguicisation » des messages visuels, le conseil du linguiste lorsqu'il nous met en garde « il faut dépasser la notion de signe saussurien comme principe unique » (*ibid.*, p. 66) et, pour l'étude des « systèmes artistiques », en tirer les conclusions : « il existe bien une syntaxe mais pas de sémiotique » (*ibid.*, p. 56). Ainsi, si l'image est privée de signifiants discrets et conventionnels, cela n'exclut pas qu'elle n'ait pas une signification, comme les travaux sur le signe visuel le démontreront plus tard (Greimas, 1984 ; Groupe µ, 1992).

DES INSTRUCTIONS DE SENS

À la surface d'une image ou d'une séquence d'images animées, le spectateur discrimine des formes, des couleurs, des textures, des lumières qui ne sont pas articulées en système de signes ferme mais en percepts locaux et singuliers. Il s'agit donc de repérer au cœur de l'expression visuelle des types de structuration ou des formes langagières qui peuvent opérer comme des « instructions de sens » pour le regardeur. Cette notion proposée par Oswald Ducrot pour la langue distingue « dans l'énoncé la composante proprement linguistique et le sens effectif donné par la composante rhétorique dans les diverses situations d'emploi » (1972, p. 106). Il s'agit donc avant tout de considérer l'audio visualité comme un système agrégeant des signifiants indiciels tout autant plastiques qu'iconiques que sonores mais un système signifiant et une rhétorique dont le codage est faible et la « logique floue » et toujours contextuelle (Moles, 1990). Car, si le sujet parlant doit sa compétence au système intelligible des mots, c'est à travers l'accès à des données empiriques disparates et muettes que le sujet percevant s'institue et que le message visuel prend tout son sens. Toute image, comme objet de la perception, est appréhendée par l'intermédiaire de la vision d'un sujet et astreinte au spectre sensible d'un certain regard porté par un corps. En effet, les découpages que nos organes visuels opèrent sont toujours filtrés et médiatisés par des opérations d'inférences qui discriminent la pertinence de telle ou telle série d'images (Sperber et Wilson, 1996). Comme la neurophysiologie nous l'enseigne, c'est à travers une activité et son traitement par un corps-cerveau que s'élabore notre vision du monde (Gibson, 1989). Umberto Eco le confirme lorsqu'il affirme que « si le signe a des propriétés communes avec quelque chose, il les a, non avec l'objet, mais avec le modèle perceptif de l'objet. » (1972, p. 185). Face à l'image d'un objet, c'est en ayant recours à un traitement cognitif qui isole les traits iconiques pertinents, que le sujet aboutit à la reconnaissance de celui-ci, les zébrures du zèbre. Pour ce faire, ces percepts prennent appui sur des déictiques graphiques, spatiaux et temporels engrammés dans une représentation qui rejouent la vision native de l'œil humain. S'il existe une part de subjectivité dans toute figuration, c'est donc bien celle qui est assignée à ces « yeux de chair » dont nous parle Merleau-Ponty (1964b, p. 25). Cette ambivalence clive le statut iconique de toute image, pour une part analogique en tant que représentation copiée et détachée de son référent, mais pour une autre part rattachée à un « modèle perceptif » lié au « corps percevant » du spectateur. Alors que les discours d'escorte du signe visuel sont le plus souvent assignés exclusivement à l'ordre analogique de la copie et donc de la re-présentation, les images figuratives relèvent tout autant d'un autre ordre signifiant, cet ordre métonymique qu'est l'ordre indiciel qui repose cette fois-ci sur un lien existentiel de contiguïté avec le « corps signifiant » du regardeur sur lequel se fonde la saillance de toute réception et la reconnaissance d'un index qui s'ouvre pour Éliséo Veron à la dynamique de la sémiosis sociale (1983).

LE DOUBLE CORPS DU REGARDEUR

Dès l'aube de notre modernité, à la base de toutes les représentations préexiste une matrice sociale sous la forme d'une interface de contact qui assure la contiguïté avec le corps percevant du sujet. Ce sont le tableau, l'affiche, le tirage photo, le grand ou les petits écrans qui viennent assurer le lien entre l'image et son regardeur. De ce point de vue, tous ces supports sensibles de médiation, tous ces médias en puissance comme les définit Marshall McLuhan sont des prolongements de l'appareil sensitif de l'humain et en constituent des prothèses. Comme le sociologue l'affirme, « l'emprise réelle des médias ne se manifeste pas au niveau des concepts et des opinions, mais bien plus profondément dans les structures génératives des processus qui permettent la formation et la réception de concepts et d'opinions » (1977, p. 12). On peut concevoir cette interface qui stocke une part de l'expérience humaine comme un premier déictique qui désigne et exhibe, selon ses modalités propres, des messages sensibles et dans le même temps contribue à modeler et à médiatiser le regard du sujet percevant. Car chaque média confronte le spectateur empirique à un format et un usage social déterminé qui s'implicite en réception à chaque fois dans un type générique de discours, artistique, informatif, publicitaire, etc. Usage trop souvent occulté, comme le dénonce Eliséo Veron pour qui « l'universalité supposée d'une théorie linguistique a été abusivement transférée sur des objets qui ne sont pas séparables de pratiques sociales spécifiques » (1994, p. 48). Chaque pratique sociale assigne un statut générique « d'image de » au message visuel en l'insérant dans un format astreint à des déictiques et des instructions de sens prédéterminés générant ainsi ses propres « modèles perceptifs ». Cet embrayage constitue la première instruction de sens que l'on pourrait qualifier de macro-déictique quasi « phatique » propre aux messages non verbaux. En effet, elle correspond à la rencontre et dans le même temps à l'effacement du cadre-support, assignant un statut singularisé à ses images en les inscrivant dans la « scène sociale englobante » de chaque genre médiatique (Mainguenau, 2007, p. 70). C'est ce dispositif de médiation mais aussi de distinction qui dote la figuration du statut « d'image de » et interpelle son regardeur en s'auto-désignant, semblant dire, « je ne suis qu'une image et rien qu'une image de … » ; je suis ce tableau, je suis cette photographie, je suis ce film, etc. Ce « cadrage contextualisant », tel que le définissent les psychosociologues, active des scripts de lecture pertinents et conformes ; dès lors, la même photographie selon son cadrage contextualisant, publicitaire, artistique, journalistique délivrera des instructions de sens et des interprétations divergentes (Chabrol, 2002).

Lors du traitement du message visuel, le sujet percevant se dédouble à travers, en premier lieu, une vision du dehors, celle propre au spectateur membre du public d'un média et adepte de tel ou tel genre qui l'interpelle en tant qu'usager. Dans un second temps, le sujet percevant peut embrayer sur un regard du dedans, générique et intelligible cette fois-ci, induit par la vision encadrée voire incarnée d'un *sujet regardant* incorporé à la scène figurée dans tel tableau, dans telle photographie, à la surface de cet écran-ci, etc. Pour reprendre la formule de Daniel Dayan le regardeur « chausse les lunettes d'un public » (1998, p. 244). Ce jeu d'assignation de place rejoint le dédoublement du statut de tout sujet communiquant décrit par Patrick Charaudeau dans l'acte langagier (1983) ; le spectateur empirique y détient le statut de « partenaire » externe dans l'opération de médiation-interaction-reconnaissance que propose le support médiatique, alors que le sujet regardant y apparaît comme un « protagoniste » interne au cœur de la scénographie de la représentation. C'est bien sur la possibilité de l'existence de ce *double corps du spectateur*, ce stade non pas du miroir mais du regard que s'inscrit la deixis des messages visuels. Pour illustrer ce phénomène, on peut revenir sur le cas des visuels de Benetton, qui dans les années 1990 ont tiré le discours publicitaire vers le discours de l'information, en convoquant des thématiques agitant l'espace public, semblant dire : « je refuse de vous montrer des images de rêve, voilà, votre le réel ! ». Immédiatement de façon tout à fait symptomatique, tant en production qu'en réception, les professionnels tout comme les consommateurs de base ont exprimé des attitudes d'opposition « ce n'est pas de la publicité ! ». Ce qui s'était joué à cette occasion, c'était pour une part une commutation entre des univers sémantiques génériques attendus correspondant respectivement aux contenus représentationnels des discours publicitaire et informatif et donc à l'irruption d'un biais dans le « cadrage contextualisant » entraînant une incompatibilité entre les postures des partenaires et des protagonistes de la communication, autrement dit entre le regardeur et le sujet regardant.

LE STADE DU REGARD

Quitte à côtoyer les marges du perceptible, la réalité mondaine telle qu'elle est perçue par l'œil humain ne possède pas de limites. Le regard du passant peut se poser sur l'horizon à l'infini, même s'il n'en distingue qu'une fraction. *A contrario*, toute image médiatique dès qu'elle s'inscrit à la surface d'un cadre-support est finie. Elle s'enferme dans le cadre géométrique hérité du tableau de la Renaissance ou dans ceux de nos écrans qui s'efforcent tous de recouvrir et de simuler la vision frontale et binoculaire de l'être humain. Le cadre-support des images circonscrit alors une frontière entre les deux corps du spectateur, entre celui du regardeur qui va rester constamment hors cadre et celui du sujet regardant qui la plupart du temps va venir hanter le hors champ des images. L'inertie de ce support géométrique a longtemps pesé et pèse toujours sur la représentation, installant le regardeur aux premières loges d'une scène aménagée et exhibée pour lui. Dans les images figuratives de la modernité, la composition à l'intérieur même du cadre est assujettie depuis le Quattrocento à la « forme symbolique » que représente la perspective qui en « niant la surface de l'image dans sa matérialité » (Panofsky, 1975, p. 38) ordonne une vision inclusive de l'ensemble des éléments figuratifs. Les grammaires de production de l'art pictural se sont peu à peu standardisées à travers des normes esthétiques et des déictiques visuels ; ainsi la règle des tiers ajuste la ligne d'horizon dans les peintures de paysage, l'emphase des gestuelles se sédimente dans les poses hiératiques des portraits, toute la scénographie du perçu se cale sur la vision uniponctuelle du sujet regardant. Ce formatage du regard permet au spectateur de prendre sa part du spectacle, c'est-à-dire d'être doté d'une vision à distance, cadrée voire géométrisée. L'espace perspectif de la figuration s'est peu à peu imposé comme le régime hégémonique de la représentation occidentale. Le déploiement de ces instructions de sens est corrélé à la rémanence du sujet regardant hors champ. En allouant une certaine distance aux sujets ou aux objets montrés, la mise en images y active une fonction déictique dont le « mètre étalon » est donné par le double corps du regardeur ; « je suis proche ou je me tiens à distance de tels objets, de tels corps, etc. » Ce vecteur de production de l'image accomplit ce que Jacques Fontanille présente comme « une référence anthropomorphe » (1987, p. 287) qui façonne la relation que le regardeur va entretenir avec la scène montrée. L'apparition de ce nouveau régime de réalité entérine l'avènement d'une nouvelle forme anthropologique, celle de l'individualisation et de la subjectivation du regard.

À l'acmé de cet académisme, la scénographie de la figuration s'est centrée sur le motif qui du même coup en circonscrit les contours et active l'effacement du cadre. C'est cette dynamique ambivalente que relève André Bazin, en l'opposant à un autre cadre celui du cinéma « le cadre [du tableau] est centripète [...], il polarise l'espace vers le dedans de l'image... » (1964, p. 188). Pour Svetlana Alpers la prise de pouvoir de la perspective a figé la figuration, en privilégiant la description au détriment de la narration et de son symbolisme (1990). En effet, l'exhibition frontale des personnages et des décors s'y métamorphose en un véritable cadre scène qui opère comme un déictique de clôture au risque de propulser le sujet regardant hors cadre. Ces vues encadrées et centrées interagissent alors comme des visions adressées qui s'offrent à un regard du dehors, celui porté sur la Joconde ou sur les fresques hiératiques de Delacroix ou de David qui assignent un emplacement fixe au regardeur. Ces images posées génèrent cet « effet de chœur » ou de « microcosme » que relève Ernst Gombrich très tôt dans la peinture de l'âge classique (1996, p. 235). L'ostentation de ce « cadre scène » y œuvre le plus souvent à magnifier les apparats ou les mythologies des pouvoirs, les glorifications royales, toute la peinture de commande des cours européennes ou les figurations édifiantes des allégories bibliques et des tragédies antiques de l'art pompier.

Aujourd'hui encore ces centrations souvent sanctuarisées survivent. On les rencontre chacune dans leur pré carré ; poses des photographies officielles, comme les portraits des puissants ou celles de ces collectifs qui exposent leurs images agrégatives et roboratives dans les photographies de classe ou de mariage et qui substituent au hors champ un hors cadre en expulsant le sujet regardant du champ de l'image. Dès la fin du XIXe siècle, cette rhétorique emphatique de la visualité a volé en éclats dans l'art de la figuration picturale sous les coups de butoir du décadrage et du décentrement d'un Degas ou d'un Renoir, décentrement support d'une subjectivation du regard, celui jeté sur le monde par un passant incarné. Tout au long du XXe siècle, cette centration hiératique, sera abandonnée au profit de l'image privée d'aura qu'est devenue la photographie, cet « art moyen » (Bourdieu, 1965) qui consacre désormais la montée en puissance du regard profane et affranchi du citoyen moderne, ce « passant nomade » que nous décrit Walter Benjamin (2012).

Au cœur de ces jeux énonciatifs de figuration, ce sont la place et la vision du sujet regardant qui se sédimentent, se cristallisent à travers de nouveaux déictiques qui viennent aspectualiser la vision du sujet regardant, le flou net, le décadrage, le très gros plan, l'arrêt sur image du temps, la dynamique du hors champ, etc. *A contrario*, le processus de sémiose peut être discontinu, et se trouver fragmenté voire quasi-instrumentalisé. C'est le cas de la bande dessinée qui va externaliser et découpler ses modes d'articulation que sont le cadre, les bulles, et toute une série d'effets syntagmatiques et tabulaires à l'œuvre dans chaque planche. Ici le média ne s'efface plus, au contraire il va mobiliser un mécanisme d'interaction avec le regardeur qui doit réagir continûment à la topologie et la deixis des instructions de sens. Le graphisme, l'écriture, le dessin n'y prennent sens que par l'intermédiaire de la participation active du lecteur (Marion, 1993). Ce dernier doit conjoindre sans cesse deux répertoires de déictiques, d'une part les traces graphiques et plastiques du dessin et toute la deixis des prises de paroles.

LE CORPS PERFORMÉ DU SPECTATEUR

Alors que la peinture figurative et la photographie avaient cherché à capter son seul regard et à l'ériger au cœur de la représentation, l'image animée va introduire le corps même du sujet regardant dans le monde des images. L'« automate spirituel » qu'est le cinéma (Deleuze, 1985) parvient à simuler ce « corps tout percevant » qui vient s'incorporer dans la trame diégétique de la fiction filmique (Merleau-Ponty, 1945). À la vision d'un regard, s'ajoute alors l'incarnation, le mouvement, le temps, le bruit et la parole. À une vue isolée, se substituent la temporalité d'un flux d'images et une nouvelle cosmologie spatio-temporelle. Alors que la rhétorique des déictiques de l'image fixe opérait au cœur d'une topologie essentiellement spatiale et tabulaire, certaines de ses productions avaient déjà initié et activé leur propre gamme de déictiques en mobilisant l'échelle des plans, la lumière et plus tardivement avec la photographie la dynamique du hors champ. C'est tout ce répertoire d'instructions de sens que le cinéma va mener à son terme en ajoutant ses propres déictiques temporels, spatiaux, cinétiques, sonores enfouis dans la trame du matériau filmique ou bien, à travers d'autres apports acousmatiques comme la musique ou les voix off, qui viennent s'y greffer de l'extérieur (Chion, 1990). Tous ces déictiques convergent vers le corps du sujet regardant pour œuvrer à sa quasi immersion dans l'univers montré. Ils y assurent la synchronisation et la pérennité du point de vue de ce dernier avec tous les signifiants topologiques ; l'entrée ou la sortie de champ des personnages, les champs et contre champs entre les locuteurs, les poursuites, les raccords de mouvements, etc. Cette armature déictique va générer un regard-parcours exploitant et redoublant la puissance de la vision anthropomorphe que la perspective avait imposée à la représentation figurative. D'autres types de déictiques s'immiscent dans la trame diégétique du film comme l'axe des regards, devenus des vecteurs de désignation et d'interpellation des personnages. Quant aux déictiques extra-diégétiques pour l'essentiel non attribuables aux personnages mais à l'instance narrative, ils sont de différentes natures ; cinétique en premier lieu, ce sont tous les mouvements de caméra et les effets cinétiques qui vont déborder le simple cadre de l'image et la vision des personnages en repoussant continûment les limites spatiales du hors-champ. Tout au long de l'histoire du cinéma, de nouveaux déictiques graphiques ou spatio-temporels comme les fondus-enchaînés, les fondus au noir, les inserts, toute une série d'effets de transition ou de clôture se sont sédimentés peu à peu dans les grammaires de reconnaissance des publics. Comme nous le confirme André Bazin, c'est bien, cette fois-ci, toute une dynamique centrifuge, qui anime les images du grand écran, certes une dynamique adressée vers un hors champ qui alimente continûment la diégèse du film mais dont la source et l'armature demeurent bien la rémanence d'un corps percevant. La mise en phase de cette « grande syntagmatique » du film (Metz, 1968) – même si cette structure est apparue aux yeux de beaucoup de chercheurs comme un répertoire de signifiants privés de signifiés – et l'incarnation du sujet regardant vont contribuer à performer le spectateur du film.

L'ensemble de ces déictiques marquent la continuité temporelle et cinétique du récit film et y assurent la "téléportation" du regardeur en son cœur. Ils œuvrent ainsi au passage du registre perceptif d'une séquence indéterminée d'images à un système narratif. Comme le constate Daniel Dayan « la performance du spectateur, comme celle des acteurs représentés sur l'écran, est soumise à un scénario » (1983, p. 11). Les films de famille ou les films d'amateurs témoignent de cette absence de scénario et d'un déphasage de la plupart des déictiques, films qui au final ne parviennent qu'à performer leurs seuls auteurs. Dans le film narratif, cette mise en phase repose sur deux logiques performatives qui charpentent la visualité. Une première logique cohésive de « diégétisation » d'un monde, assurée par le montage, qui découle de la succession mécanique des vues (Odin, 2000). Passer d'une image à une autre, c'est déjà entrer dans un récit, et appréhender une continuité signifiante du perçu résultant d'un traitement cognitif. De ce continuum perceptif résulte l'« identification primaire » au point de vue machinique de la caméra que présuppose Christian Metz dans ses analyses de l'image animée. Assise sur cette substitution du corps du sujet regardant à l'appareil de prise de vue, une autre logique s'installe, mais cette fois-ci une logique d'instanciation et d'adhésion à un espace imaginaire. C'est alors cette prévalence d'un « signifiant imaginaire » qui correspond, pour le théoricien du film, à l'entrée du spectateur dans la fiction. Projeté au cœur du film, ce dernier y devient le pivot de la production d'une diégèse bâtie sur une énonciation distribuée, celle des personnages, celle du narrateur et enfin, englobant toutes les autres, celle du sujet regardant. À chaque fois, c'est cette topologie relationnelle et déictique de déplacement et de distribution des regards et des plans qui vient structurer l'énonciation filmique.

UN MÉDIA CANNIBALE

Pour la langue, Émile Benveniste avait démontré comment l'orientation et la valeur des déictiques variaient suivant deux grands régimes distincts : le discours et l'histoire, pour lesquels le sujet linguistique se présente soit comme une instance constituante soit comme une instance invisible qui tend à s'effacer. Le cinéma dominant si l'on adopte le point de vue du linguiste se serait cadenassé dès sa maturité dans un régime quasi hégémonique relevant de l'histoire qui arrime le sujet regardant à un *nobody's shot* qui tend à l'exclure de la diégèse. Les analyses filmiques soulignent cette homogénéité générique au niveau des formes d'expression, des modalités énonciatives tout comme dans ses modes de réception. C'est ce que confirme Roger Odin lorsqu'il avance « qu'une bonne part de l'histoire du cinéma peut être lue comme une tentative d'ajuster toujours mieux la technique, invention du son synchrone, le langage (*cf.* l'histoire du montage) et même les lieux du spectacle (la disposition des salles) aux exigences de la fictionnalisation » (1988, p. 122). Derrière ce privilège accordé à l'histoire, c'est alors un IL invisible qui s'impose. L'appareil déictique ainsi que les usages de la télévision et des écrans qui vont lui succéder n'ont pas donné naissance à un tel enfermement. En multipliant au cours de son histoire ses propres dispositifs communicationnels et ses propres "idiomes audiovisuels", le média télévisuel a participé de façon décisive à intégrer mais surtout à élargir le mode de représentation et de communication de son ancêtre cinématographique.

Paradoxalement, la télévision réalise ce à quoi le cinéma des origines était dédié ; un dispositif de reproduction de la réalité. La télévision a en quelque sorte supprimé la distance entre le spectacle et son spectateur : elle a permis que celui-ci s'installe tout simplement chez lui. En fait le passage du cinéma à la télévision c'est à la fois le passage de l'œuvre à la série, de l'acte unique de création au flux de programmes, mais aussi le passage d'un public collectif à des publics singularisés faisant face à un petit écran devenu un terminal domestique, et du point de vue déictique le glissement effectif du IL au TU. En effet, que ce soit le médium qui le favorise ou bien le type de dispositif qui l'impose, le contact individué avec les visages et le regard de sujets parlants, les *talking heads* nord-américaines, domine, mimant et jouant constamment l'interlocution avec ce partenaire fictif mais paradoxalement proche qu'est le téléspectateur. « Le spectateur se fait écran, alors qu'au cinéma, il se fait caméra, constate pour sa part Marshall McLuhan qui ajoute, le point focal d'un appareil de télévision est le spectateur lui-même, l'essence même du spectacle de télévision est donc de nous faire intensément participer. » (1977, p. 49). À partir de cette rencontre avec la communauté disparate de ses millions de téléspectateurs lambda, la production de la télévision a assumé une dynamique omnivore mariant tout à la fois la scène théâtrale, la conversation radiophonique, le témoignage documentaire, l'esthétique du music-hall ou bien la ferveur empathique des gradins du stade.

Ce qui explique en grande partie la force des images télévisuelles tient à leur proximité domestique mais aussi au fait qu'elles relèvent de cette trace, vidéographique ou numérique et s'inscrivent dans ce que Jean-Marie Schaeffer a appelé : l'*icône indicielle* : « la "trace" celle qui institue l'image en signe indiciel de l'existence, au moment "t" de la prise de l'empreinte d'entités physiques quelconques » (1987, p. 130). Cette indicialité et ce vérisme de l'imagerie télévisuelle sont redoublés par une temporalité inédite, la diffusion en direct. Philippe Marion a dénommé « homochrones » ces médias qui ont pour caractéristique d'intégrer leur usager dans la même temporalité que celle de leur manifestation (2014, p. 113). Le regardeur et le sujet regardant sont prisonniers de ce déictique temporel qui déroule, sauf à interrompre le flux, un espace temps ininterrompu et inclusif. Pour le chercheur chilien Luiz Alvarez Garcia « la simultanéité [du direct] est toujours capable de nous tirer de la position de voyeur privilégié, propre au cinéma et au non direct, pour nous plonger dans le sentiment de co-participation avec l'événement exceptionnel qui est une des valeurs clés de la simultanéité » (1986, p. 182). Dans l'image diffusée en direct, les sujets communiquants, tant en production, qu'en réception, se trouvent virtuellement réunis dans le même espace-temps au cœur de l'événement. Aux antipodes du mode intermittent et lointain du cinéma, le petit écran est ainsi devenu un instrument du quotidien, un véritable chronomètre social scandant son tempo pour chacun de ses usagers.

DIFFÉRENTS RÉGIMES SCOPIQUES

Cette indicialité inédite du média télévisuel vient nourrir l'hétérogénéité de ses productions. Ses programmes s'y sont peu à peu sédimentés autour de grammaires de production et de reconnaissance redevables à des thésaurus de déictiques spatiaux et temporels variés, générateurs d'un certain nombre d'effets. Ces régimes scopiques se sont cristallisés autour de trois principaux *dispositifs énonciatifs de médiatisation* visant soit des effets de fiction, soit des effets de réel ou bien encore des effets de spectacle à travers des protocoles et des formats que le média télévisuel va s'évertuer à élaborer et à perfectionner tout au long de son histoire (Soulages, 2007). Ces dispositifs énonciatifs prennent appui sur le potentiel de médiativité du petit écran et y interviennent sur la configuration des matières de l'expression pour y déployer un cadre de participation à destination de ses publics. La performance de ces derniers peut alors s'inscrire dans un genre télévisuel prédéterminé, celui d'un talk-show, d'une série, d'une émission de variété ou d'un journal télévisé. Ces dispositifs énonciatifs de médiatisation sont loin d'être hermétiques et dédiés à des programmes précis. S'ils sont souvent univoques pour la plupart d'entre eux, ils peuvent toutefois contaminer tous les genres. En effet, le constat doit être fait que ce croisement entre dispositifs énonciatifs et genres télévisuels est sans cesse remis en question, d'une part par la pression exercée par le *turn over* constant des programmes mais aussi par l'évolution et l'inventivité des routines des professionnels. Néanmoins, grâce au savoir latéral que la fréquentation du média leur confère, les publics restent ouverts à l'acclimatation à des écarts voire à des innovations ; c'est le cas de formes hybrides comme les fictions documentarisantes, les documentaires fictionnalisés et de plus en plus de toutes sortes de formes textuelles nouvelles comme les productions de la téléréalité.

En tout premier lieu, la télévision va reconduire le legs de son ancêtre cinématographique, le *dispositif de fiction* caractérisé par une clôture diégétique qui exige du sujet interprétant une opération de « mise en phase » accomplie par cette deixis filmique décrite plus haut. Le média va par contre dans sa visée d'empathie et de contact avec son destinataire opter pour la sérialisation et la feuilletonnisation du genre. Cette subjectivité quasi autistique d'un monde clos sur lui-même prend le contrepied de l'ouverture formelle et de la visée référentielle que vont afficher les autres productions du média qui vont délibérément aller à la rencontre de leur public. Si les coulisses de la fiction sont le plus souvent celles lointaines et héroïques des épopées, la plupart des programmes de la télévision vont afficher des formes d'expression et des thématiques familières et plus proches du monde quotidien de leur usager. En conséquence ce sont les modalités et la nature des procédés déictiques qui vont considérablement évoluer et les matrices d'interprétation du regardeur qui vont commuter.

LES EFFETS DE RÉEL, LE RÉGIME DÉICTIQUE DE LA « CAPTATION-RESTITUTION »

Ce qui traverse toute l'histoire des écrans, c'est bien cette transformation de la relation du spectateur à la représentation de plus en plus proche et familière. Rudolf Arnheim le pointe lorsqu'il souligne le statut de témoin privilégié que va acquérir rapidement le téléspectateur, convoqué sur le petit écran comme témoin toujours de plus en plus proche (1989). Ce phénomène est présent dans les stratégies de filmage des énoncés de réalité ; reportages, documentaires, programmes de téléréalité ou ces séquences brutes émanant des smartphones, toutes ces « icônes indicielles » qui font irruption sur nos écrans. Le *dispositif énonciatif de monstration* s'établit sur une apparente absence de médiation et de scénarisation entre la scène représentée et le regardeur en privilégiant la transparence et le contact direct. Cette co-présence et cette contiguïté du sujet regardant avec la réalité événementielle va reposer sur deux familles de déictiques.

La première nous confronte à un changement de paradigme, alors que le corps du filmeur empirique et le dispositif médiatique, ce que Christian Metz rapporte à « l'identification primaire à la caméra » tendent à s'effacer dans le film narratif au profit du « signifiant imaginaire », c'est un *sujet montrant* qui prend le pouvoir ou pour reprendre le vocabulaire de la narratologie un « je origine-réel » qui occupe désormais toute la scène (Hamburger, 1986). Jules Gritti dans un article pionnier le constate :

> L'interpellation, la comparution du visage humain, qui sont les signes le plus immédiatement perceptibles de la fonction phatique de la télévision, nous invitent, remarque-t-il, à tabler sur cette fonction comme donnée spécifique du langage télévisuel. La télévision s'est développée d'abord comme un art du dire, du présenter. Elle montre pour ainsi dire du doigt des images et les entoure de son verbe explicateur. Elle fait voir. (1967, p. 34)

En effet, ces types de programmes délaissent la mise en scène du cercle de supplétifs que sont les personnages de fiction auxquels est déléguée en grande partie la production de la diégèse filmique. Dans le dispositif de monstration le sujet montrant place le téléspectateur frontalement vis-à-vis de l'événement et de ses acteurs, témoins, locuteurs, experts, etc. La filmisation du monde s'y élabore en permanence à partir d'effets d'énonciation énoncée, la présence de la caméra y est connue par tous les acteurs de l'événement et sa vision panoptique est scandée dans les émissions de plateau par le rôle de la régie qui colle au plus près aux interactions des locuteurs. Dans les reportages, son maniement laisse sa trace dans l'image, bougé, caméra à l'épaule, absence manifeste de suture entre les plans, etc.. C'est ce que Philippe Marion et André Gaudreault intitulent le paradigme de la « captation-restitution » envisagé comme « une suite narrative d'actions filmées dont la seule composante filmographique réside dans le simple report d'un événement sur une pellicule sensible, et qui, sur le plan intrinsèque, ne possède qu'une narrativité de premier niveau, inhérente à un dispositif qui prévoit des images séquentialisées… » (2014, p. 157). L'unicité dominante du point de vue sur la scène (mono-caméra) va y renforcer à la fois une dimension testimoniale mais aussi un effet de proximité. L'emploi systématique par la télévision (contrainte par son petit écran) du gros plan pour le filmage des corps, induit un certain nombre d'effets analysés par Gilles Deleuze dans le film narratif qu'il synthétise sous le terme « d'image-affection » (1983, p. 125). Celle-ci opère, selon lui, comme toute image dans son sens de découpe, un effet de « déterritorialisation ». Le gros plan ou le plan serré sur un visage phagocyte l'arrière-plan. Le spectateur et d'autant plus le téléspectateur se trouvent délibérément installés dans la bulle d'intimité des locuteurs, face à une visagéification des *talking-heads*, au plus près de leurs mimiques et de leurs signaux de coopération ou de régulation (expression des visages, directions des regards, etc.).

En renonçant au procédé de distanciation et de délégation du dispositif fictionnel, ce régime scopique exhibe les apparences du monde de la quotidienneté et non plus la scénographie et l'artefactualité d'un univers déjà scénarisé. Ce qui est proposé au destinataire, à travers cette mise en scène « naturelle », ce n'est plus le spectacle d'un monde lointain et imaginaire, mais une présence inclusive dans une réalité à échelle humaine qu'il reconnaît comme la sienne. À travers ce voir instrumentalisé s'installe un effet de transparence et d'immédiateté, que l'on pourrait qualifier d'effet homodiégétique visant à l'intégration de plein droit dans la scène événementielle des deux protagonistes ; le sujet montrant comme le sujet regardant. En ayant recours à ce dispositif ostentatoire, le sujet montrant se présente ainsi plus comme un mandataire du destinataire, son *alter ego*, que comme un metteur en scène et un maître de cérémonie.

La deuxième série de déictique va mettre au jour et mobiliser la corporéité indicielle du regardeur et ce « corps signifiant » qui va devenir de l'autre côté de l'écran le point d'incandescence et de contact de la deixis télévisuelle. Il correspond à l'axe de filmage, les yeux dans les yeux (y-y), au moyen duquel l'acteur médiatique établit délibérément un contact individué avec le téléspectateur, hors cadre. Est proposé, ici, au sujet regardant un rôle d'interlocuteur désigné, à travers l'annexion par un acteur médiatique, de « l'espace ombilical, celui où s'établit et s'entretient le contact avec le téléspectateur » (Veron, 1984, p. 73). Par l'intermédiaire de ce déictique de contiguïté, le téléspectateur y est institué en tant que protagoniste direct de l'échange communicationnel. C'est cette figure du TU qui s'est imposée comme une des postures privilégiées de l'énonciation télévisuelle qui interdit au téléspectateur de s'installer dans le rôle de voyeur puisque c'est lui qui est désormais regardé et interpellé. Ce regard adressé provoque un effet de « défictionnalisation » comme l'a observé Eliseo Veron qui fait référence implicitement au statut atypique de ce déictique dans l'énoncé filmique fictionnel. Mais, s'y jouent avant tout un effet de réel, d'adresse et d'interlocution directe, un contact et une marque phatique délibérée constamment renforcée par des points de cohésion interstrate (gestuelle et verbale), propres aux différents médiateurs de la télévision : « Il est là, je le vois, il me parle » (Veron, 1983). Ici le regardeur hors cadre et le sujet regardant ne font plus qu'un, partenaire et protagoniste fusionnent dans l'acte de communication.

LA DEIXIS DU SPECTACLE

Le dispositif énonciatif de spectacle est présent au cœur d'un grand nombre de genres télévisuels comme les jeux, les émissions de variétés, les talk-shows qui se fondent sur l'édification d'une scène habitée par un public support d'un procès d'empathie avec le destinataire. Il va s'ancrer dans une scénographie qui se métamorphose en une performance support de deux types d'enjeux, un enjeu topologique et un enjeu réflexif. En effet, l'agencement du dispositif spatial vise à mettre en scène le contact avec un public réel et renouer ainsi avec des spectacles vivants comme le théâtre, le music hall, le concert en rejouant les interactions et la scénographie empathique de ces performances publiques pour le seul téléspectateur. L'emplacement des multiples caméras, la variation incessante des angles de prise de vue, le déplacement et la gestualité des individus prennent place à l'intérieur d'une véritable scénarisation de l'univers profilmique. Cette armature déictique se coule dans une parfaite synchronie avec des rôles et des emplacements fixés et distribués par avance pour chacun des sujets filmés rythmée par l'alternance des plans, rapprochés et lointains, assurée par la régie. Sur la scène, l'animateur et les vedettes jouent leurs rôles ; dans la salle, un public interne, rendu par des inserts diégétisés de visages de spectateurs anonymes, réagit observant-participant à la performance. Le sujet montrant déploie ainsi des figures réflexives, supports d'empathie et d'adhésion. Figés dans des contrechamps récurrents, les véritables acteurs-spectateurs *in praesentia* semblent constituer une surface de réverbération pour un deuxième cercle de spectateurs *in absentia*, les destinataires effectifs du programme, le public des téléspectateurs. Les décors y exhibent des espaces scéniques théâtraux ou des espaces de studio proprement télévisuels, habités par la silhouette d'un public vivant, figure en écho des destinataires. Derrière cette itération de vues inclusives et "dans les conditions du direct", le sujet regardant en vient à fusionner avec le public présentiel du *show* et ici c'est d'évidence la figure d'un NOUS qui cherche à s'imposer. C'est la présence complice de l'animateur qui va tisser le fil rouge de la performance en assurant cette osmose des deux collectifs, de part et d'autre de l'écran. Cette gestion du spectacle peut parfois se dérouler hors sol ou plutôt en voix off, comme c'est le cas de la retransmission sportive où cet actant désormais invisible se mue avec la complicité du réalisateur en bonimenteur. En ajoutant le déictique du direct, l'événement sportif s'est, au fil du temps, aligné lui aussi sur ce régime scopique du spectacle. Conçu aux origines du média comme la simple « captation-restitution » de l'épreuve, ce programme intègre, aujourd'hui, tous les déictiques d'inclusion, d'empathie et de fusion du dispositif de spectacle.

Au cœur de ces stratégies de captation des publics, le dispositif de monstration ou de spectacle ne sont en aucun cas exclusifs des seuls énoncés de réalité, ils en constituent plutôt les catégorisations majeures à travers lesquelles se mettent en place les formes de scénarisation du « réel télévisuel » dont ils constituent les deux polarités.

LE DISPOSITIF DE SIMULATION OU LA RÉALITÉ AUGMENTÉE

Un dernier régime scopique a surgi plus récemment du croisement des développements des technologies numériques et des industries créatives. Il est aujourd'hui présent dans les techniques de simulation et d'interactivité introduites par les dispositifs de production de mondes virtuels en temps réel, celui des jeux vidéo, des sites web ou bien des parcours dans des univers reconstruits (dessins animés, simulateurs de vols, de parcours de musées, monuments, villes, etc..). Ce régime scopique autorise une multitude d'effets et de transformations du cadre de l'image (fenêtrage, images infographiques, ralenti, solarisation, etc.), l'image plane de l'écran invitant à des habillages de surfaces, des glissements et juxtapositions de formes, des concaténations de figures. En jouant sur cet éclatement du cadre perspectif figuratif classique, ces images proposent la coexistence et la contiguïté de plans hétérogènes à la surface de l'image. L'image cinétique telle que le cinéma l'avait développée puisait sa mobilité dans le déplacement des caméras ou bien dans l'art du montage. L'image numérique est à même désormais de créer un mouvement à la surface même de l'écran ou dans le corps même des images. Ce phénomène est tout à fait saillant dans ces images interstitielles qui prolifèrent aujourd'hui sur nos différentes interfaces médiatiques. Elles semblent appartenir à un espace virtuel, à un non-lieu d'où surgissent, à chaque instant, des textes, des objets, des personnages. Comme le fait remarquer Gilles Deleuze, ce sont des « images [qui] n'ont plus d'extériorité (de hors champ) [...], elles ont plutôt un endroit et un envers... » (Deleuze, 1985, p. 346)

Ce qui se joue, en premier lieu, dans ces nouvelles images, c'est l'annihilation du statut véridictoire et déictique de l'empreinte spatio-temporelle apportée par l'icône indicielle et que Roland Barthes attribuait à la photographie, son célèbre « ça a été » (1980). En second lieu, dans le *dispositif de simulation* le rapport à l'image se présente comme un rapport d'interaction et de création permanent. La réalité y est devenue une réalité augmentée, performée. Sa nature n'est pas seulement analogique, c'est-à-dire issue de la copie et de la re-présentation, mais elle est issue du calcul et de l'intelligence artificielle. Désormais, pour Gilles Deleuze « c'est le couple cerveau-information, cerveau-ville, qui remplace le couple œil-Nature... » (1985, p. 349). Le nouveau régime scopique a définitivement coupé le cordon ombilical avec la vision humaine, sa genèse est purement algorithmique et digitale.

Plus que toute autre forme de production médiatique, ces productions remettent en question la notion même de texte, de sujet et d'œuvre ainsi que les modalités mêmes de leur élaboration du fait que les places de l'énonciateur et de l'énonciataire y fusionnent constamment et que le texte se génère en temps réel. C'est une « textualité navigante » selon l'expression de Dominique Mainguenau qui fait de chacune de ces productions un *work in progress* (2013). Si ce dispositif de simulation représente une extension de l'expérience humaine et une pratique empirico-imaginaire, il entérine surtout un nouvel alliage entre le corps du sujet et les images. Alors que dans la sémiosis cinématographique c'était le corps percevant du sujet regardant qui structurait le voir, ici c'est un corps agissant qui intervient dans la production d'un monde. Avec le régime de simulation, les déictiques ne correspondent plus seulement aux coordonnées anthropomorphes du corps inerte du regardeur, ils ont le statut de véritables opérateurs agissant et générant la trajectoire du sujet devenu acteur. À la surface de l'écran tactile ou grâce à des objets connectés, le geste sensoriel est devenu l'outil de cette nouvelle textualité qui allie deixis et praxis, face à une matière signifiante sans limites. La perception s'est muée en une navigation dans l'espace du virtuel et de l'imaginaire.

CONCLUSION

Ce truisme qui prétend que notre société est une société peuplée d'images contemplatives et de regardeurs passifs est paradoxal et ambivalent mais peut être contrebalancé par un constat qui ferait d'elle plutôt une société des messages et des interactions. Il convient de rejeter la dichotomie platonicienne que reconduit une certaine sémiotique, cadenassée dans une conception linguistique du signe ; d'un côté l'intelligible, l'éden des idées et des mots, de l'autre le chaos informe du monde sensible, de ses corps et de ses images. Le postulat mcluhannien « *medium is message* » même s'il apparaît aux yeux de beaucoup comme basique car débrayé du social et du politique, constitue le postulat de tous les artefacts médiatiques en révélant la médiativité et l'inertie des matières et des formes de l'expression, et en tout premier lieu le poids et la malléabilité du médium qu'est le corps-cerveau humain. Par ailleurs, la labilité du régime des formats, des contenus, des formules de la plupart des productions numériques contemporaines concourt à cette osmose des dispositifs énonciatifs. Les rôles et les statuts dévolus au regardeur y sont innombrables, celui-ci peut devenir tour à tour spectateur du grand écran, téléspectateur addict de jeux vidéo, passant dans la rue, nomade scotché à son smartphone ou bien encore visiteur virtuel d'un musée. Tous ces déictiques sensibles disséminés dans les percepts constituent des points d'appui pratiques, des leviers qui vont permettre d'accéder à une trajectoire vers de l'intelligible, de l'intercompréhension et parfois de l'imaginaire. Le traitement de tous ces messages repose sur le formatage du regard d'un sujet percevant susceptible de se transformer en sujet agissant. Autre analogie que ravive ce monde sensible multiple et qui renoue avec le mode épistémique qu'ont mis en évidence nos cousins physiciens, c'est bien le point de vue de l'observateur qui est déterminant. L'irruption du sensible conforte ce principe d'incertitude qui limite toute information et donc toute signification à la place et la présence de l'observateur. Cette redistribution de ces paradigmes épistémiques ne peut qu'inciter les recherches en sciences humaines et sociales à fonder leur démarche sur des catégorisations plus adéquates prenant en compte de nouveaux types d'interactions et à élaborer de nouvelles grilles d'analyse.

Jean-Claude SOULAGES
Université Lumière Lyon 2

DEIXIS ET AUDIOVISUEL

De la quête d'un site énonciatif vers une deixis spectatorielle

> Alors signe, pas signe ? Qu'est-ce que vous en pensez ?
> *Calls*, S01/E01[1], générique.

Ce chapitre a pour objectif de prolonger la discussion autour des enjeux sémiotiques de la deixis dans le contexte de l'audiovisuel (cinéma et télévision). Pour ce faire, nous présentons et discutons certaines affirmations fondatrices de la théorie de l'audiovisuel et des analyses existantes, au prisme d'un corpus exploratoire composé de trois films, *Suture* (Scott McGehee et David Siegel, USA, 1993), *Usual suspects* (Bryan Singer, USA/Allemagne, 1995), *Crosswind, la croisée des vents* (Martti Helde, Estonie, 2014) et d'une série, *Calls* (Timothée Hochet, France, saison 1 et 2, 2017 –) pour déboucher sur la proposition d'une conception intégrative de la deixis, inspirée par la sémio-pragmatique. Ces productions audiovisuelles contemporaines ont été choisies pour les problèmes qu'elles posent à la théorie et pour la façon dont elles mobilisent leurs spectateurs perceptivement, narrativement, émotionnellement et axiologiquement.

1 L'abréviation S suivie d'un chiffre désigne la saison tandis que E indique l'épisode.

L'AUDIOVISUEL AU DÉFI
Deixis, énonciation

Du point de vue de la sémiologie qui a pour objet l'audiovisuel, les films et émissions de télévision s'ancrent dans une perspective discursive puisqu'elles sont des faits de langage (chez Christian Metz[2] bien sûr mais aussi chez Jean Mitry[3], Dominique Chateau[4], Michel Colin, François Jost, y compris chez Roger Odin[5], et tant d'autres). En cela, ils sont analogues à toutes les productions culturelles qui se constituent en artefacts adressés, circulent dans un espace public et font l'objet de pratiques variées. Or, pour Metz, tout discours comme occurrence « renvoie forcément à un *sujet de l'énonciation* » (1968, p. 29). Cette évidence s'observe couramment et sans problème théorique dans le spectacle vivant (théâtre, cirque, *happening*, etc.) ou pour les émissions de télévision en strict direct pour lesquelles nous avons affaire à des « je » qui disant « je » embrayent vers eux-mêmes et dans lesquelles la coïncidence entre le temps de l'événement spectaculaire et le temps de la réception permet de se reposer sur la deixis indexicale pour les catégories temporelles. Ce terme, perçu comme lié à la théorie de Karl Bühler, se comprend donc pour une deixis en situation de production de discours, situationnelle et permettant la réflexivité. Mais, même dans le cas du direct télévisuel, en admettant une totale synchronisation entre le temps de la production et le temps de la diffusion, ce qui serait la catégorie indexicale d'un espace

2 Il est vraiment le théoricien qui porte le plus loin cette conception du cinéma comme le signalent Dominique Chateau et Martin Lefebvre (2013). Metz déclare notamment que chez les premiers cinéastes, il est déjà question de « pli[er] aux *articulations* [...] d'un *discours* narratif le matériau analogique et continu de la reproduction photographique » (1968, p. 98).

3 Se donnant comme l'initiateur de cette approche, Mitry se distancie de Metz et voit dans le cinéma une opportunité de « retrouve[r] [...] la pensée intuitive opérant sur les choses et délivrée de l'emprise des mots », un moyen de « formalis[er] ainsi un jugement, un point de vue, une vision du monde » (1987, p. 263).

4 Ainsi, dans *La subjectivité au cinéma*, Chateau indique que le plan ou « forme filmique » (2011, p. 165) « agit [...] non pas en tant que conscience, positionnelle/réflexive, mais en tant que *sémiosis* instaurée par une conscience » (*ibid.*, p. 164).

5 Dès sa définition semi-provocatrice de la sémio-pragmatique comme « modèle de (non-)communication qui pose qu'il n'y a jamais transmission d'un texte d'un émetteur à un récepteur mais un double processus de production textuelle » (2000, p. 10).

en situation de discours n'est pas aussi simple à déterminer et surtout pas aussi homogène que ce que nous observons dans le cas de l'*origo* de Bühler, le *ego/hic/nunc* ([1934] 2009).

Or, généralisant les enjeux, Jean Dubois montre que la théorie de l'énonciation se déploie dans trois directions : « L'énonciation est présentée soit comme le surgissement du sujet dans l'énoncé, soit comme la relation que le locuteur entretient par le texte avec l'interlocuteur, ou comme l'attitude du sujet parlant à l'égard de son énoncé » (1969, p. 100). À partir de là, toute la question, difficile, est celle de l'appareil formel de l'énonciation, l'équivalent de *ego/hic/nunc*, nécessaire à établir pour observer le jeu des embrayages et des débrayages. C'est d'ailleurs un problème que n'ont pas manqué de relever différents sémioticiens de Metz (1968) à Claudio Paolucci (2017). La différence entre le langage verbal et le langage audiovisuel ne fait pas qu'aiguiser la difficulté, elle a eu pour conséquence de retarder la prise en compte d'une énonciation syncrétique, tout aussi capable de polyphonie fine que de facilité scénographique, dans la mise en scène du terrain par la télévision, par exemple.

Nous allons donc examiner la manière dont la sémiologie de l'audiovisuel a cherché en quelque sorte à résoudre le mystère d'une *semiosis* trop incarnée. C'est à cette fin qu'elle s'est engagée dans la deixis, indicielle et référentielle.

Employé seul, le terme « deixis » désigne la situation de discours ; selon les courants, il est accompagné de l'adjectif « indexical » ou « indiciel ». Le glissement d'indexical à indiciel peut se comprendre comme un changement de perspective (Nef, 1986) : au lieu de considérer la référence comme une construction sémantique, on a cherché à l'appréhender comme un paramètre sémiotique, du côté du procès, engageant alors à considérer les indexicaux comme des « symboles indiciels » (Todorov 1972, p. 115). Tzvetan Todorov (*ibid.*, p. 406) parle donc de deixis indicielle, lorsque la référence donnée par ces indices est à prendre dans la situation d'énonciation immédiate. L'objectif est de s'essayer, quasi archéologiquement, à reconstruire un procès d'énonciation en s'appuyant sur des traces d'une situation passée mais en faisant valoir que, même « évanouissant » (Benveniste, 1974, p. 227), l'événement énonciatif contient la référence comme « partie intégrante de l'énonciation » (*ibid.*). À l'opposé, on parle d'anaphore et de deixis anaphorique (Todorov, 1972, p. 406) ou, moins fréquemment, de deixis référentielle lorsque la référence se construit en repérant ce que Georges Kleiber appelle « la bonne *source* » (1991, p. 4) dans un contexte textuel ou discursif. Dans tous les cas, la préoccupation commune est le référent, ce que l'on convoque, ce vers quoi l'on pointe mais qui n'est pas nécessairement immédiatement présent ou complètement désigné. Mais la construction de l'identification référentielle est bien épistémologiquement ce qui divise les deux théories.

Dans le domaine audiovisuel, l'analyse de la deixis s'est souvent confondue avec la question du point de vue, assimilé au regard énonçant, avec toutes les finesses des perspectives construites par la perception visuelle ou par la perception auditive. Mais, faute d'aboutir, par la totalisation des différentes perspectives, au point aimanté de l'énonciation en acte, Metz (1991) a proposé de neutraliser la question en une assertion et de recatégoriser l'*ego* en un impersonnel tout aussi capable de subjectivation. C'est d'ailleurs cette piste que pousse à bout Paolucci (2017), défendant la thèse radicale d'une instance énonciative sous la forme d'un événement. Pour autant, la sémiologie de l'audiovisuel ne peut pas se satisfaire de débats sans fin sur la localisation de l'épicentre énonciatif. Nous nous proposons de montrer que la distinction entre deixis et anaphore peut être dépassée et qu'adossée à la linguistique, la deixis anaphorique a toute sa place pour une analyse de l'audiovisuel. Par ailleurs, face à la forte présence de travaux sur la multimodalité, la sémiotique peut réaffirmer la prégnance des empreintes sensorielles, pluralisant la présence des relations déictiques dans des artefacts audiovisuels. Mais surtout, et c'est l'axe conclusif inédit de ce chapitre, il nous faut affirmer que les films et les émissions de télévision s'expérimentent pour leurs spectateurs. C'est donc par une deixis spectatorielle que nous proposons de renouveler le questionnement sémiotique de la deixis en régime audiovisuel.

QUAND LA DEIXIS QUESTIONNE L'ÉNONCIATION AUDIOVISUELLE

UNE RÉPONSE RESTREINTE : DEIXIS ANAPHORIQUE, ENTRE DÉSIGNATION ET REPRÉSENTATION LANGAGIÈRE

Deixis et anaphore sont d'ordinaire séparées, voire opposées, car elles diffèrent dans la construction de la référence, quels que soient les critères considérés. Le processus anaphorique concerne les mécanismes d'introduction ou de confirmation d'un référent dont la disponibilité comme l'existence se trouvent dans le texte qui sert de contexte tandis que, dans le mécanisme déictique, nous allons devoir chercher le référent dans l'entourage spatio-temporel qui le crée et le situe, en nous appuyant sur l'indexicalité ou en considérant qu'il fait l'objet d'une « donation » nouvelle (Kleiber, 1991, p. 16). La construction de la référence ne peut qu'intéresser la sémiotique de l'audiovisuel pour l'éclairage qu'elle contribue à donner aux phénomènes syncrétiques, donc directement en prise avec la dimension langagière. Un film, une série télévisée sont syncrétiques parce qu'ils engagent différents langages de manifestation (par le sonore, le gestuel, le kinésique, le visuel, etc.) et que leur plan d'expression se traduit en une « pluralité de substances pour une forme unique » (Floch, 1986, p. 218). Donc, le référent est susceptible d'être composé de toutes les couches, combinaisons et stylisations de ses matières de l'expression et selon des modes de donation qui vont de la co-occurrence simultanée à la succession, en passant par les phénomènes de rappels à travers le montage, sans compter bien sûr que les jeux de référenciation peuvent ne pas coïncider exactement d'une convocation à une autre. Le contexte audiovisuel est donc composite et la construction de la référence potentiellement plurielle. Même dans les cas d'anaphores apparemment simples, la référenciation audiovisuelle montre toute sa productivité. Ainsi, dans *Usual suspects* (1995), le dénommé Keyser Söze, que nous ne verrons jamais, mais qui est sans cesse cité, fonctionne comme un support anaphorique ambigu dont le référent flotte à mesure des contextes énonciatifs, faute de se stabiliser sous une forme figurative.

En outre, Kleiber montre que la ligne de partage entre anaphore et deixis peut se placer différemment et que l'on trouve des cas d'« expression *déictique* » (*ibid.*) y compris en contexte textuel. Deux de nos exemples construisent leur fiction autour d'une situation discursive : *Usual suspects* (1995) est l'interrogatoire d'un témoin de crimes ; *Calls* (2017-) met en scène différents locuteurs en situation de discours et manifeste visuellement les jeux déictiques du sonore. Par le terme de « deixis anaphorique », nous soulignons donc que certaines œuvres de fiction présentent des aspects déictiques ou induisent des effets déictiques, que ce soit par la mise en scène de situations de discours ou par des phénomènes de déictisation (un « référent rendu saillant » Kleiber *ibid.* p. 14, une désignation ostensive, etc.). Dans *Calls* (2017-), le dispositif adopté à l'écran spatialise les manifestations sonores et les conversations : les interlocuteurs actuels ou potentiels, repérés par des voyants, se répartissent sur les bords de l'écran. Sans que cela ne soit une règle constitutive, la tendance rhétorique est de les placer du même côté lorsqu'ils sont co-présents et sur des côtés différents lorsqu'ils sont physiquement distants. Selon les degrés d'activité sonore, les voyants varient en intensité lumineuse et clignotent à mesure des ondes. S'ils sont susceptibles de participer à l'échange, le nom des personnages est « activé » par de la lumière. Ainsi, Lucie n'a aucune activité verbale ou sonore et n'est pas présente physiquement dans l'échange de Tom ou de Laura. Tous deux ne sont pas non plus co-présents (ils s'appellent au téléphone) mais ils sont géographiquement plus proches (Lucie à New York, les deux autres à Paris). Tom dont le voyant de présence est le plus lumineux parle à Laura qui l'écoute, d'où la lumière marquant également ce nom. Les propos s'affichent par blocs d'énoncés, avec une légère avance sur leur émission sonore. Quant aux images de fond, elles sont prévues pour interagir de manière aléatoire avec les propos et le cadre narratif. À la diffusion de ces bandes sonores, nous sommes bien dans un « cas de deixis, [dont le référent] est donné par la situation d'énonciation, soit directement (*in praesentia*), soit indirectement (*in absentia*) » (Kleiber, 1991, p. 3). L'émission des voix, propos et autres manifestations sonores est exactement concomitante de leur enregistrement, si bien que lorsque l'un des deux personnages dit ressentir des secousses sismiques et que l'autre renchérit, même avec un intervalle de deux secondes et une forte distance géographique, c'est bien le maintenant d'un événement, celui d'un séisme mondial, qui est partagé et traduit visuellement. Mais, par le truchement narratif de la trouvaille, topos intertextuel de l'authenticité[6], un tel dispositif matérialise une élasticité spatiale artificielle autour d'un « ici » de l'écran, installe un jeu de profondeur subjective avec un événement identiquement et intimement vécu par trois « Je » différents et cale un maintenant *glocalisé*. Évidemment, il serait fallacieux de prétendre que cet *ego/hic/nunc* interne, traduit à l'écran, détermine en quelque manière l'écoute dans le futur de ce fichier 01, daté de 2028. Les deux situations d'énonciation, l'émission et l'enregistrement d'un côté, l'écoute de l'autre, sont irrémédiablement séparées. Pourtant, *Calls* enrichit (ou brouille) la construction de la deixis car la série s'ingénie à nous présenter les bandes sonores que nous écoutons comme une restitution simultanée, ici-maintenant, et non comme des cadres fictifs identifiés à l'intérieur d'un autre cadre fictif.

Si nous nous intéressons à la richesse des mécanismes inférentiels et à l'autonomie sémantique des textes, les perspectives nuancées de Kleiber s'avèrent précieuses. Ainsi, il propose de faire passer l'opposition, non pas entre anaphoriques et déictiques, mais entre des « mode[s] de donation du référent » (1991, p. 4), c'est-à-dire entre une procédure référentielle exophorique, qu'elle soit déictique ou non et une procédure endophorique, spécifiquement en prise avec le fonctionnement du texte donc et livrée par lui seul. Faisons l'expérience avec *Usual suspects* (1995). Ce personnage dont tous parlent et nommé en référence absolue « Keyser Söze » est associé à une description linguistique, à des anecdotes criminelles et à une représentation terrifiante. Donc, nous pourrions dire qu'il n'existe aucune ambiguïté dans la désignation car nous sommes dans une situation de co-référence filmique et non d'anaphore ; d'ailleurs si nous décalons légèrement l'apparition de la séquence ou l'énoncé de ces caractéristiques, il n'est pas vraiment nécessaire de saturer l'expression « Keyser Söze » pour en construire le référent[7]. En revanche, dans la séquence finale qui est une récapitulation de la déposition de Verbal Kint et que se remémore le policier Dave Kujan, l'anaphore intervient, à la faveur du doute sur l'identité réelle de Keyser

6 Le topos va des manuscrits littéraires à la cassette vidéo *found footage* du film *Projet Blair Witch*. Pour la saison 1, la diversité des natures et des contextes d'enregistrement fait partie du topos : par téléphone (E01), sur répondeur (E03 et E05), à travers la prise de son pour un film (E06), par talkies walkies (E08), sur une boîte noire (E09), à travers des archives de la NASA (E07) ou par des sources multiples non précisées (E04, E10).

7 Kleiber (1991, p. 7) exclut normalement le nom propre des emplois anaphoriques ou déictiques au motif que le sens du nom « n'*exige* pas une identification référentielle donnée par le contexte ». Ici, le problème est tout différent.

Söze. Jusqu'à présent, tant que c'était une figure légendaire, la rigueur du lien avec la représentation n'avait pas grande importance. Mais le soupçon qu'il pourrait bien être un prête-nom pour l'un des cinq malfrats rompt cette acceptabilité. Il s'agit maintenant de vérifier comment se donne le référent, entre des propos d'un côté et des images de l'autre, ainsi attachés à un nom redevenu disponible. L'image d'un homme vêtu de noir, coiffé d'un chapeau et enveloppé de volutes de fumée, est associée à la désignation 'Keyser Söze', qui l'est à son tour avec des occurrences telles que « un Diable », « le prince des ténèbres en personne ». Certaines de ces occurrences composent des blocs anaphoriques synchrones tandis que d'autres apparaissent comme des anaphores liées, moins concomitantes[8]. Cette fois, nous avons besoin que les images ou les énoncés linguistiques se servent de contexte l'un à l'autre pour confirmer la continuité de la référence. Le processus de construction du référent par le film s'affirme également lorsque « c'est Keyser Söze » est proféré en même temps que nous voyons apparaître le portrait robot du criminel élaboré sur la description d'un mourant et que le visage ressemble à celui de Verbal Kint[9]. Ces quelques déplacements montrent que la donation anaphorique de la référence en contexte syncrétique active des relations sémiotiques intéressantes à décrire ainsi que des calculs utiles à l'interprétation narrative globale.

UNE QUESTION OBSESSIONNELLE, L'ÉNONCIATION AUDIOVISUELLE ET LE SITE DU FILM

La réflexion sur l'énonciation audiovisuelle avec une situation d'énonciation instaurée en tant que point nodal produit l'effet d'une Arlésienne théorique, comme s'il fallait que chacun ajoute sa pierre de complexité, à une aporie pourtant simple : il n'est possible ni pour les films ni pour les séries, dans leur déroulement fictionnel standard, de renvoyer à la situation d'énonciation dont ils procèdent (de niveau 0), qui est à chercher entre le moment de leur production et le moment de leur médiatisation. Donc, hormis pour les émissions que la télévision diffuse en même temps qu'elle finit de les produire[10], la majorité des productions

8 Sur le modèle des combinaisons images-sons synchrones ou liées de Chateau et Jost ([1979] 1983).

9 C'est à ce moment-là que les spectateurs sont censés comprendre, avant le personnage du policier, que le récit, donc le film, est une affabulation.

10 D'où l'intérêt, chez Francesco Casetti, pour un vrai axe déictique, les « yeux dans les yeux » à la télévision.

(des documentaires aux fictions) relève d'une deixis anaphorique et non d'une deixis indicielle. Mais deux raisons peuvent expliquer l'engagement particulier dans cette deixis. Tout d'abord, l'ambition de la sémiotique[11] a été de se placer au plus près du survenir de la signification, de vouloir subsumer les manifestations en cherchant le site énonciatif, comme point d'origine. Du fait même que « l'énonciation a volontiers quelque chose d'anthropoïde » (Metz, 1991, p. 12), la recherche s'est plutôt concentrée sur les typologies d'instances et de leur champ de présence (Fontanille, 1989), sur les marques d'adresse (Metz, 1991) ou sur les paradoxes narratifs créés par les points de vue (Jost, 1992). Or logiquement ce point d'origine se dérobe ou donne l'illusion d'être approché, cachant son caractère métaphorique[12] ou anaphorique. Reprenons l'exemple de *Usual suspects* (1995). L'instance narrative, Verbal Kint, détermine dans son interrogatoire les personnages de son récit, leurs relations mais également les événements produits et leur déroulement. Or son récit, sans la moindre trace formelle pour le signaler, est prolongé en une représentation audiovisuelle. Effectivement, il ment, il invente à mesure que lui tombent sous les yeux les coupures de presse, les photos, les signalements d'un panneau d'affichage en face duquel il est interrogé. La majeure partie du film est donc très exactement une ocularisation et une auricularisation (Jost, [1987] 1989) mensongères. Mais à qui l'attribuer ? À Verbal Kint et sa force de persuasion fictionnelle, ce serait donc un récit presque entièrement en Je ? Au policier déjà convaincu que le vrai coupable est ailleurs et qui ne suspecte rien dans cette déposition falote ? Reformulons : à quoi imputer cette si complète traduction à l'écran, sinon à l'intention de produire un brillant artefact narratif aux dépens des spectateurs, avec une focale dont nous ignorons le foyer et même le mode de production ? Avec quelle validité sémantique sinon celle de jeter le trouble[13] sur les niveaux d'emboîtements énonciatifs ?

Le second intérêt à persister dans la voie d'une énonciation audiovisuelle englobante (de niveau 0), en même temps que la difficulté analytique à le

11 Casetti (1999, p. 173) attribue cette préoccupation pour l'énonciation à la « deuxième sémiotique ».

12 Par exemple, la fin du *Goût de la cerise* (Abbas Kiarostami) présente le film comme un espace qui permettrait de transiter de l'univers fictionnel vers celui de la production et du tournage, moyennant une conversion de de l'image de l'analogique vers le numérique.

13 De fait, il existe une impossibilité radicale du texte à se retourner lui-même et à s'extraire de sa propre condition endogène.

faire tient à la constitution syncrétique du médium. Ainsi, de 1989 à 1994, Jacques Fontanille a déplacé la perspective et proposé de « ne plus aborder la question de l'énonciation, même simulée, sous l'angle des instances (subjectives, notamment), mais sous celui des opérations de la simulation » (1994, p. 190). Mais ces traces sont plus simples à suivre, plus explicites ou du moins plus objectivables lorsqu'il s'agit d'énoncés linguistiques. Les théoriciens européens ne sont pas les seuls en défaut. Chez les anglo-saxons, tels David Bordwell, l'identification de telles opérations est présentée avec précaution comme un saut interprétatif que feraient les spectateurs[14]. Certes, ponctuellement il est possible de reconnaître et d'isoler des déictiques sonores ou visuels, qui puissent équivaloir à des démonstratifs et traduire le rapport de distance et d'ostension avec ces scènes que l'on énonce et qui fabriquent le film. Par exemple, dans *Crosswind* (2014), la scène de viol de la détenue par le responsable du camp procède par une désignation latérale, par glissements de coups d'œil vers d'autres pièces : ce que l'on voit se détache en partie de ce que l'on sait et de ce qu'on attend. Pourtant, il n'y aucune ambiguïté narrative : le viol a été programmé et il est bien en train de se dérouler mais l'on tarde exprès à nous y amener, passant très lentement par les pièces, longeant les murs, pour arriver sur les deux corps aux vêtements défaits[15]. Pour comprendre ce qui se passe, il faut convoquer non pas un énonciateur qui ne veut pas énoncer la scène mais plus en amont encore, un filmeur, analogon du locuteur, qui filme son refus de tourner la scène[16]. Mais il s'avère difficile d'établir objectivement que les énoncés visuels et sonores (autres que verbaux ou scripturaux) effectuent réellement des opérations de désignations énonciatives. Puisque l'inventaire de ces opérations est nécessairement insatisfaisant ou incomplet, certains sémioticiens ont cherché une voie alternative (Metz, 1991 ; Fontanille, 1994 ; Périneau-Lorenzo, 2016), parfois radicale (Paolucci, 2017).

14 Sur ce point, Metz (1991, p. 180 *et seq.*) s'oppose à Bordwell (1985) qui critique la tentative d'importer une théorie linguistique hors de son champ valide. Bordwell ([1989] 1991) indique notamment qu'il est assez simple pour le film d'assumer une fonction de désignation explicite, par le biais de la langue ou d'images stéréotypées, précisant que le spectateur a besoin d'être prévenu quant à l'interprétation et aux inférences qu'il doit fournir.

15 Pour se convaincre que la manière de tourner une scène engage directement l'énonciation parfois indépendamment de la finalité narrative, il suffit de comparer cette scène de viol avec celle d'*Irréversible* (Gaspar Noé).

16 Selon Alain Rabatel, cette distinction entre locuteur et énonciateur est capitale pour rendre compte de « la diversité des positions énonciatives » (2017, p. 277), donc des trompe-l'œil déictiques dans la mesure où le locuteur est « à l'origine de l'actualisation des énoncés de l'énonciateur, qui adopte telle ou telle position énonciative » (*ibid.*, p. 276).

ÉNONCIATION IMPERSONNELLE, ÉVÉNEMENT, DEIXIS SPECTATORIELLE

RÉFUTER LA DEIXIS POUR AFFIRMER UNE ÉNONCIATION IMPERSONNELLE OU ÉVÉNEMENTIELLE ?

Dès 1991, Jean-Claude Coquet a compris que dupliquer la démarche linguistique serait une impasse pour la sémiotique discursive puisque

> [...] ce ne sont pas les déictiques de la langue naturelle, les embrayeurs manifestés, qu'elle doit viser, même pour discerner, comme le fait Benveniste, l'instance linguistique, formelle, les pronoms « je » et « tu », de l'instance du discours, mais bien davantage, à partir des marques formelles, des *centres* de discursivité, les instances énonçantes, situés au niveau plus abstrait des actants. Le discours est conçu de ce fait comme une organisation transphrastique rapportée à une ou plusieurs instances énonçantes. (1991, p. 201)

La perspective souligne la pluralité des instances qui construisent la référence en l'absence d'une centralité organisatrice de niveau supérieur et rompt surtout avec toute personnalisation énonciative. De même, au nom du rejet de la perspective anthropomorphe, retrouve-t-on dans l'ouvrage capital de Metz (1991, p. 20), l'abandon de la deixis, bien trop liée aux catégories personnelles. Pour autant, cet abandon réaffirme la pleine valeur d'une énonciation revisitée :

> Qu'est-ce que l'énonciation au fond ? Ce n'est pas forcément, ni toujours, « JE-ICI-MAINTENANT », c'est, de façon plus générale, la capacité qu'ont beaucoup d'énoncés à se plisser par endroits, à apparaître ici ou là comme en relief, à se desquamer d'une fine pellicule d'eux-mêmes qui porte gravées quelques indications d'une autre nature (ou d'un autre niveau), concernant la production et non le produit [...]. L'énonciation est l'acte sémiologique par lequel certaines parties d'un texte nous parlent de ce texte comme d'un acte. (*ibid.*)

Comme il manquera à pouvoir rapporter ce retournement du texte filmique à une situation déictique globale, Metz fait le lien avec le mécanisme de la réflexivité. Il justifie ainsi le recours au niveau métadiscursif : « L'énonciation filmique est toujours une énonciation sur le film. Métadiscursive plus que déictique, elle ne nous renseigne pas sur quelque hors texte, mais sur un texte qui porte en lui-même son foyer et sa visée » (*ibid.*, p. 30). Pourtant, la série *Calls* (2017 –) vient le démentir. Dans l'E10, au moment du générique, une voix-je anonyme s'adresse à nous et présente le document que nous allons écouter comme un « Audio Souvenirs » daté de 1999 et découvert en France 1500 ans plus tard … Le document contient une série d'enregistrements relatant des expériences de réveils consécutifs à des morts provoquées. À l'issue de l'écoute, une discussion s'engage entre la voix et des journalistes sur le statut du document sonore et sur sa valeur puisque les dix premiers enregistrements – qui forment donc aussi les dix épisodes de la saison 1 de *Calls* – conservés au « Rose Institute for the Past World » sont présentés comme une entreprise de préservation et le projet scientifique de connaissance d'une société par ses traces sonores. Mais cet encadrement à visée documentarisante appartient à la mise en scène et s'il rajoute une strate fictionnelle, il n'ouvre pas plus de piste métadiscursive que ce prénom, Rose, qui est aussi celui d'un personnage récurrent (S1 E03, E07 et S2 E3, E4 et E10) dont on suit l'histoire familiale.

Si le refus de Metz est en définitive radical, c'est parce qu'il est simple : « Tout texte a deux origines, dont aucune n'est fictive : empiriquement, l'auteur qui l'a fabriqué, et symboliquement, l'énonciation qui le profère (= qui le *porte*) » (*ibid.*, p. 191). Avec le terme « symboliquement », l'intérêt de l'analyste se déplace vers les couches sémiotiques et la manière dont elles sont articulées au texte. D'ailleurs, au déni d'un sujet personnel responsable de l'énonciation, Metz ajoute l'hyperbolisation de « paysages de l'énonciation », tous réflexifs à divers titres. Il en dresse la topographie à travers un « répertoire de figures énonciatives », telles que les « voix d'adresse » à l'image et hors de l'image, la « mise en avant du dispositif », « la voix-Je », les « images subjectives », « le régime objectif orienté », « les images et sons "neutres" » (*ibid.*, p. 181). Ces procédés « plus nettement discursifs que d'autres figures » ne sont pas propres à certains genres ou types de production parce qu'ils visent avant tout à « doubler » et à « redoubler » (*ibid.*, p. 65) le film à l'instar de configurations logiques. Si nous prenons l'exemple de *Crosswind* (2014), le procédé même de figement généralisé qui traverse tout le film et qui organise sa production si particulière « parle » effectivement de ce film comme d'un acte. Ce n'est pas un style propre à Helde ni une manière de « colorer » la matière de son sujet. Le procédé est une réflexion sur le mouvement des images cinématographiques et il s'inscrit à ce titre dans la figure consistant à montrer le dispositif. Mais si l'identification du procédé est satisfaisante intellectuellement, concevoir comme le fait Metz l'énonciation filmique comme source et cible en même temps a pour effet d'enclore sur elle-même une force poétique qu'elle ne lui permet pas réellement d'exercer. Car avant d'être une réflexion sur le mouvement, c'est une forme de représentation trouvée pour traduire littéralement et symboliquement le fait que, pour cette femme, « le temps s'est arrêté en Sibérie[17] ».

De son côté, Paolucci propose de rompre franchement avec Benveniste en raison de l'impasse où se sont trouvés les théoriciens d'identifier pour l'audiovisuel un appareil formel calqué sur le langage verbal. Pour « désimpliquer » (2017, p. 58) l'énonciation et lui rendre sa libre pertinence, Paolucci indique qu'il faut la penser émancipée « (i) de cette *personnologie* de dérivation linguistique, (ii) de la théorie de la schizie créatrice du débrayage, et […] (iii) de sa structure simulacrale » (*ibid.*, p. 61). À la place, il détermine une énonciation qui « est l'ensemble des manœuvres (un "faire") qui produisent un énoncé contenant des prothèses dont le jeu à l'intérieur de l'énoncé permet de manifester l'acte qui les a produites » (*ibid.*, p. 66). Ces prothèses viennent donc remplacer et surtout incarner un appareil formel introuvable et inadéquat puisque l'on s'efforçait d'y concilier une deixis indicielle et une deixis anaphorique aux dépens des niveaux diégétiques. D'ailleurs, même Metz n'est pas à l'abri de glisser de l'une à l'autre, notamment sur les figures de l'adresse ou de la voix-Je, lorsqu'il conclut à une « composante clairement déictique […] établie par la langue, non par le film, bien que celui-ci englobe celle-là » (1991, p. 150). Pour autant, et c'est là à notre avis l'apport majeur de Paolucci (2017, p. 61), « l'énonciation est un acte d'envoi, de médiation, et de délégation à des points perceptifs/cognitifs/narratifs qui sont difficilement attribuables à des sujets pleins, à un *je* et à un *tu*, mais qui sont en revanche des prothèses *pour* ces mêmes sujets ». L'appareil audiovisuel est donc disponible pour une deixis indicielle énoncée et dans laquelle le sujet retrouve une place. À ce sujet est attribuée une forte latitude d'investissement du texte puisqu'il trouve dans l'énoncé « des éléments qui, sans faire partie de l'énonciation, se substituent à cette dernière, en

17 Halberstadt Michèle, 2015, *Entretien avec Martti Helde*, coffret DVD/Blue-Ray, ARP Sélection, p. 8.

la prolongeant [...] et garantissant de nouvelles fonctions (je peux voir des choses que je ne voyais pas avant, je peux en savoir plus, etc.) » (*ibid.*, p. 65). Cette conception d'un appareil formel permettant aux spectateurs d'explorer, d'expérimenter le film par des « stimuli de substitutions » lui confère un caractère de « performativité » (*ibid.*, p. 66) là où jusqu'à présent régnaient illusions et simulacres de deixis. Or cette énonciation diffère de ce qui a été précédemment envisagé : elle est « l'ensemble des manœuvres (un faire) produisant un énoncé à l'intérieur duquel il y a des prothèses dont le jeu à l'intérieur de l'énoncé permet de manifester l'acte qui les a produites » (*ibid.*). Tout en saluant l'introduction d'une factitivité, c'est là que notre perspective se sépare premièrement de celle de Paolucci : en aucun cas ces prothèses perceptives, cognitives ou narratives ne sont capables de manifester effectivement et complètement quelque chose dont elles sont le substitut. Ainsi, à moins de se placer dans un pur jeu de signes, la prothèse auditive ne manifeste pas l'ouïr, elle en signale la potentialité et en permet la fonction. Dans cette révision de l'énonciation, il est remarquable de constater que la deixis indicielle revient en force puisque désormais « un corps, un sujet, une instance, quelque chose qui est je-ici-maintenant a des possibilités propres qu'un énoncé peut magnifier, augmenter ou diminuer » (*ibid.*). Mais notre seconde critique porte sur la simplification des effets des prothèses, ici conçues comme des gradients, indépendamment de tout contenu. Ainsi, dans *Calls* (2017 –, S2 E1) où une femme aveugle, Julie, va se rendre compte qu'un intrus vit aussi avec elle à son insu, l'intérêt n'est pas la focalisation spectatorielle, c'est-à-dire le fait que nous entendions avant elle qu'une personne est là, mais les inférences dont sommes capables grâce à ce gain informationnel. En outre, et c'est notre dernière réserve, une telle conception nous paraît symptomatique d'une question que la sémiotique persiste encore trop timidement à investir, celle des spectateurs et de leurs activités, pas nécessairement mimétiquement calquées sur les guidages audiovisuels des prothèses.

RENDRE LA DEIXIS À L'ÉNONCÉ SPECTATORIEL ET LAISSER PRISE AUX SPECTATEURS

Nous proposons de prolonger les propositions de Paolucci pour ce qui est de donner à l'énonciation audiovisuelle un appareil formel conforme à la spécificité de ses médiations. Mais l'événement du point de vue duquel nous proposons de nous placer n'est plus un postulat, cet audiovisuel qui existe à travers des « “stimuli de substitution” que le texte fournit au hors-texte, quelque chose que le texte nous fait » (*ibid.*). Il s'agit de penser l'avènement du film ou de la série à travers ses spectateurs, depuis ce que les spectateurs en font perceptivement, cognitivement, narrativement et aussi pathémiquement. Nous parlons dès lors d'une deixis spectatorielle dont « l'effectuation [est] nécessaire par et pour le spectateur » (Périneau-Lorenzo, 2016, p. 980). Dans ces conditions, l'énonciation – donc la deixis – n'est plus « ni l'activité globale ni même les traces de son passage mais véritablement une prise de la situation filmique, c'est-à-dire un cadre d'existence et d'actions offerts aux spectateurs » (*ibid.* p. 979). Ajoutons, pour répondre spécialement à Paolucci, que les spectateurs peuvent – ou non – décider de s'instrumenter – complètement ou non – dans le sens que les prothèses leur suggèrent. C'est donc un renversement et non pas une résolution qui est ici suggéré puisque la réception et l'interprétation audiovisuelle ne sont pas, au sens strict, une énonciation. Mais elles ne sont pas non plus une réponse mécaniste à des « stimuli de substitution ».

Au point d'origine de notre réflexion, se trouve Metz qui relève dans l'énonciation « sa structure feuilletée et son aptitude à se démultiplier, à se *déléguer* à l'infini » (1991, p. 184). Au pied de la lettre, nous nous sommes demandés jusqu'où étendre la délégation. C'est Metz encore qui a indirectement livré la réponse en indiquant d'un côté que « la deixis et l'adresse sont deux choses plus différentes qu'on ne dit » (*ibid.*, p. 64) et de l'autre que dans le cas de l'image subjective, « elle ne se réfléchit pas elle-même, c'est la source et le spectateur qu'elle réfléchit » (*ibid.*, p. 133). De manière récurrente, Metz pointe vers celui qu'il nomme « le spectateur » et c'est compréhensible vu que dans la logique de Metz, la caméra, à la fois source et cible, installe le spectateur en cible. Mais quand il évoque la figure énonciative des « images neutres » (*ibid.*, p. 169-172), il devient évident que ce spectateur est lui-même à la source des marques énonciatives ou du moins de leur identification comme telles, donc de leur libre jeu.

Par conséquent, plutôt que de vouloir rabattre les dimensions énonciatives les unes sur les autres, au risque des illusions en trompe-l'œil et des métaphores, ce sont les emboîtements situationnels et les déploiements déictiques qu'il faut décrire. Il nous faut établir que voir un film ou une série, ce n'est pas seulement entrer dans un texte filmique équipé de prothèses mais c'est évoluer dans le contexte dynamique plus large d'une représentation spectaculaire, appuyée sur un texte qui active un langage et mobilise un ensemble de répertoires, soutenu par une pratique sociale et artistique réglée. Même sans remonter aussi loin, il convient de rappeler la condition non seulement multimodale des productions audiovisuelles mais également temporelle. Dès lors, suivant la perspective pragmatique de Richard Janney,

> [...] les contextes impliquant du mouvement [...] ne sont pas des modèles ou des images statiques enveloppant les renvois que fait la caméra à des événements dramatiques mais des environnements évolutifs au sein desquels la caméra et ses objets sont intégrés, se modifiant pour des raisons différentes et établissant des rapports d'espace et de perspective sans cesse mouvants. (2012, p. 90, nous traduisons)[18]

Par conséquent, au lieu de considérer, comme le fait C. Metz, qu'il existe une fausse deixis ou « deixis importée » (1991, p. 136) et une vraie, une « faible » (*ibid.*, p. 57) et une forte, équivalent d'une « deuxième personne optique (*ibid.*, p. 67), il convient de ne pas circonscrire *a priori* son exercice possible en nous demandant quels niveaux de réalité sont engagés au juste quand nous parlons de productions audiovisuelles ». Or, dans une perspective englobante, ce sont justement ces niveaux qu'a représentés Janney, avec, au centre, l'intersection possible des différentes deixis :

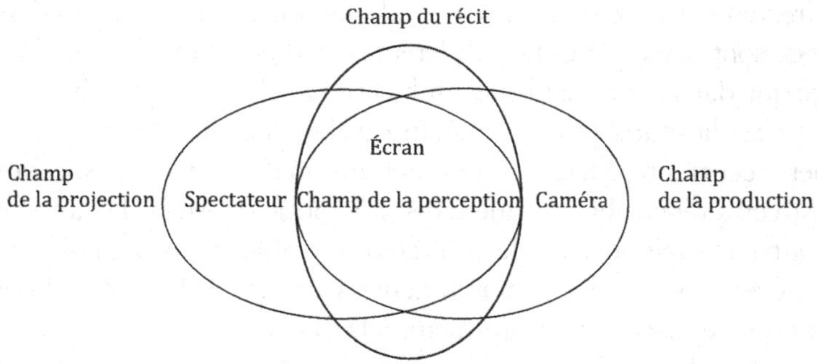

FIG. 1 – « Champs contextuels et deixis de la caméra » (Janney, 2012, p. 105, nous traduisons)[19].

18 « *[...] cinematic contexts [...] are not static templates or frames surrounding the camera's references to dramatic events but evolving environments in which the camera and its objects are embedded, moved about for different reasons, and put into constantly shifting spatial and perspectival relations* ».

19 Dans la version originale, il faut lire, du haut vers le bas et de gauche à droite, les légendes suivantes : « *Story Field* », « *Viewing Field* », « *Viewer* », « *Screen* », « *Perceptual*

Ce que Janney appelle «*perceptual field*» ou littéralement « champ perceptif» et qui se traduit à l'écran est directement corrélé avec ce que la caméra met en œuvre comme moyens de représentation, en lien avec le champ de production, mais également avec le champ narratif et le champ spectatoriel. Chacun de ces champs a sa logique propre : il contient ses coordonnées déictiques et les moyens de les manifester. Ainsi, le champ de production est conçu comme « le contexte dans lequel le cinéaste détermine au plan déictique la conduite générale de la caméra ou les stratégies de tournage pour ce qui concerne le contenu du film[20] » (Janney, 2012, p. 105). Pour *Crosswind* (2014), par exemple, le cinéaste construit sa mise en scène, son tournage puis son montage autour d'un procédé nommé « technique Alexander[21] » qui ne consiste pas à demander aux acteurs de se figer en une pose mais à « s'immobilise[r] en se projetant dans le mouvement qu'on s'apprête à faire ensuite ». Seule la caméra évolue et modifie les échelles, donnant ainsi l'impression que le montage est direct, à même ses mouvements. Pourtant, à la faveur des caches naturalisés que sont les murs ou les corps eux-mêmes, nous passons d'un lieu à un autre, d'une période à une autre. Pour la scène de la déportation, l'effet de glissement temporel est saisissant de fluidité : Erna, Heldur et leur fillette s'enlacent mais l'instant d'après, l'enroulement des bras se défait, la mère et la fille sont dans le train et le mari empêché de les rejoindre par un soldat.

Pour le champ perceptif, celui qui, en personne, ici et maintenant, est au foyer du film ou de la série qui le vise est bien le spectateur et lui seul. Metz se trompe lorsqu'il nous explique à propos de la voix d'adresse à l'image que « le spectateur [...] se trouve obligé, s'il joue le jeu, de hausser d'un cran sa conscience d'être un spectateur-auditeur, puisqu'aussi bien *on le lui dit* » et que c'est « pour une part le méta-langage, la pliure du film sur lui-même, qui crée une impression de

---

Field», «*Camera*», «*Production Field*» et le titre du graphique, «*Contextual fields and camera deixis*».

20 Inventée par un acteur australien à la fin du XIXe, cette technique « consiste à réapprendre à coordonner nos articulations, à contrôler notre colonne vertébrale afin que notre voix et notre corps soient en harmonie », Halberstadt Michèle, 2015, *Entretien avec Martti Helde*, coffret DVD/Blue-Ray, ARP Sélection, p. 14.

21 Inventée par un acteur australien à la fin du XIXe, cette technique « consiste à réapprendre à coordonner nos articulations, à contrôler notre colonne vertébrale afin que notre voix et notre corps soient en harmonie », Halberstadt Michèle, 2015, *Entretien avec Martti Helde*, coffret DVD/Blue-Ray, ARP Sélection, p. 14.

deixis » (1991, p. 52). Ce n'est pas imputable à un effort de conscience ni à la pliure du film, c'est le champ perceptif qui est au présent de la diffusion, deixis spectatorielle indépendante du contenu proposé. Mon Je-ici-maintenant de spectateur ne voit pas les films et les séries au passé mais bien au présent, en coïncidence totale, homochrone (Marion, 1997)[22] avec eux et leur déroulement. Ainsi, comme le rappelle Jacques Boillat (2009, p. 221) en référence à Souriau (1951, p. 233), la temporalité des spectateurs est d'abord fabriquée par la durée effective du film ou de l'épisode, ce qui l'oppose au temps diégétique. Si nous reprenons la déportation de *Crosswind* (2014), les spectateurs appuient leur perception sur la représentation et, sensibles ou non à ce qui se joue de drame narratif, concluent logiquement à une fulgurance d'adieux, dont les différentes stations d'actions sont traitées dans un mouvement continu. À ce moment-là s'active une deixis spectatorielle, c'est-à-dire un ancrage du Je-ici-maintenant de spectateur qui s'empare de son rôle et prend ses marques dans les différents champs.

En somme, nous reprenons à Paolucci son idée d'événement mais non pas pour faire découler l'événement du texte. À notre sens, le texte audiovisuel donne lieu dans la pratique culturelle à une représentation expérimentée et située et nous souscrivons plutôt à la forme événementielle de Jan Peters que cite Janney : « Une œuvre d'art filmique est un événement expressif dans lequel chaque expression particulière tire son sens de sa place au sein du système tout entier (Peters, 1981, p. 64–65) » (2012, p. 90, nous traduisons)[23].

L'impression troublante que Metz traduit face aux films par un « parce que ça parle, il faut bien que quelqu'un me parle » (1968, p. 29) et qui s'appuie – encore ! – sur un modèle verbo-centrique, gagne à être recontextualisée et affinée au regard de la multimodalité des textes audiovisuels. Jérôme Jacquin souligne à quel point les travaux sur la multimodalité obligent « à reconsidérer la forme, la valeur et le fonctionnement des unités linguistiques, qui sont dès lors envisagées comme des ressources, parmi d'autres, pour la communication

22 « [...] un média *homochrone* se caractérise par le fait qu'il incorpore le temps de la réception dans l'énonciation de ses messages [...] conçus pour être consommés dans une durée intrinsèquement programmée » (Marion, 1997, p. 79).

23 « *A filmic work of art is [an expressive event] in which every partial expression derives its meaning from its place within the whole system (Peters, 1981, p. 64–65)* ».

et l'interaction sociale » (2017, p. 6). En cela, il s'inscrit parfaitement dans la perspective de Gunther Kress selon qui « une approche socio-sémiotique multimodale suppose que tous les *modes de représentation* sont, par principe, d'égale importance dans la representation et la communication, de même que tous les modes disposent de *potentiels de signification*, quoique différemment selon les différents *modes* » (2010, p. 104, nous traduisons)[24]. Dans *Suture* (1993), par exemple, l'image joue sémiotiquement contre la ressemblance iconique et à l'inverse du cours narratif. Le film débute avec cette affirmation que « si confus que soit tout autre aspect de son existence… on sait toujours qui on est ». La suite des événements nous amène à construire une inférence contraire à la logique et à la dénotation de l'image : à la faveur d'un accident de voiture qui l'a défiguré, cet homme noir face à nous (anciennement Clay) a pour tout le monde pris la place de son demi-frère blanc, Vincent. Pour tous, sauf pour lui (d'où la persistance iconique), il est Vincent. Mais au moment de dire ce nouveau nom, c'est une voix subjective qui prendra le relais sonore, tandis que l'image nous montre un homme lèvres serrées, qui ne peut pas décréter ce Je.

Dans cette égalisation de principe des modes sémiotiques, l'idée n'est pas de mettre en concurrence les significations qu'ils peuvent porter mais de se rendre compte que l'audiovisuel engage une *semiosis* multimodale tout comme les constructions de ses références. Corrélativement, si nous avons insisté sur la proposition de Janney, c'est parce qu'il souligne la mobilité des échanges déictiques entre les champs en même temps que leur étroite détermination.

24 « *a multimodal social-semiotic approach assumes that all modes of representation are, in principle, of equal significance in representation and communication, as all modes have potentials for meaning, though differently with different modes* ».

POUR FINIR
Un pas vers les nuages[25]

La question de l'appareil formel de l'énonciation n'est pas résolue mais, on l'aura compris, tel n'était pas le propos de ce chapitre. En revanche, il est de contribuer à une conception multimodale et sémio-pragmatique de l'audiovisuel, installant les spectateurs au centre du champ perceptif. Même si ces spectateurs ne laissent pas de traces sur les films et séries qu'ils regardent, ce sont bien leurs activités inférentielles qui font jouer ensemble les différentes deixis, ce qui invite à considérer la deixis spectatorielle comme l'actualisation des autres deixis. Certes, les problèmes qui se posent dans les textes se trouvent pluralisés et décuplés dans le contexte audiovisuel, en raison des co-existences, superpositions ou compétitions de focales référentielles de natures hétérogènes et surtout de modes sémiotiques[26] différents. Il faut donc avant tout analyser les zones de frottement entre une deixis anaphorique, à l'œuvre dans le champ du récit fictif, une deixis indicielle issue du champ de la production (celle dont le filmeur est le repère) et une deixis indexicale qui opère dans le contexte d'un visionnement au présent, toutes les trois collaborant ou interférant pour organiser le champ de la perception, qui est à la fois le creuset de ces potentialités et le centre d'aiguillage qui distribue et répercute les actualisations sensibles, interprétatives et axiologiques à la mesure de la réceptivité des différents spectateurs. Mais ce qui est une difficulté théorique est une chance pour les analystes et une joie pour les spectateurs : nous pouvons (re)voir *Usual suspects* (1995) pour le tour de magie de sa focale visuelle et narrative, *Crosswind* (2014) pour la manière de faire coaguler le temps avec un mouvement singulier.

Sylvie PÉRINEAU-LORENZO
Université de Limoges

25 Ce titre est un tribut à Metz.

26 Janney (2012, p. 110) parle même de différentes deixis (linguistique, visuelle ou même sonore), selon les modes sémiotiques.

QUATRIÈME PARTIE

LES DÉICTIQUES À L'ÉPREUVE DES PRATIQUES

DU BON USAGE DES DÉICTIQUES EN PSYCHOTHÉRAPIE

Défense et illustration du débrayage énoncif

Depuis les travaux décisifs d'Émile Benveniste, et sa découverte de la grande opposition *discours vs récit* qui lança la linguistique de l'énonciation (1966, 1970), chacun sait que les déictiques constituent une classe de morphèmes d'une haute spécificité qui signent l'avènement, la manifestation du sujet de l'énonciation et son inscription dans l'espace et le temps.

Tout en s'efforçant de le réintégrer dans l'héritage saussurien, Greimas fait mine de reprendre le point de vue benvénistien mais en développant, on y reviendra, les opérations de débrayage et d'embrayage[1] et donc en maintenant que le jeu global de l'énonciation est un théâtre d'illusions : la chair du sujet de l'énonciation, son corps enraciné dans le sol du présent restent extérieurs à la théorie sémiotique, inintégrables. Il fallait certes faire un choix entre Hjelmslev et Merleau-Ponty.

LES DÉICTIQUES ET LA PSYCHIATRIE

La question de l'énonciation et de l'appareil des déictiques s'est invitée, de manière plutôt inattendue, dans la réflexion, partagée avec le psychiatre Jean-Pierre Klein[2], sur les conditions favorisant et induisant le changement humain, quand celui-ci s'impose comme nécessaire, le

1 Voir les entrées « Énonciation », « Débrayage » et « Embrayage » dans Greimas et Courtés (1979).

2 Nous avons été intégré, pendant plus d'une décennie, comme psychosémioticien dans le service de Psychiatrie Infanto-juvénile, à l'hôpital de Blois, que dirigeait le Dr Jean-Pierre Klein.

sujet patient souffrant et faisant souffrir son entourage d'insupportables symptômes.

S'agissant d'une forme particulière de psychothérapie, celle orientée vers l'Art-thérapie, la création étant promue comme moyen thérapeutique, s'imposait l'analyse des discours rencontrés, que l'on ait affaire aux discours spontanés des acteurs de l'entreprise thérapeutique ou des discours de création, verbaux et non-verbaux, à proposer aux patients afin qu'ils puissent œuvrer à leur guérison[3].

Du côté des discours spontanés, on disposait de tous les entretiens de diagnostic et de bilan avec les patients et leurs familles (de fait, le service de psychiatrie infanto-juvénile accueillait des mineurs, enfants et adolescents), les échanges précédant et suivant les séances de thérapie. S'y rencontrait, on le devine, la forme familière et dominante, dans la terminologie de Greimas, du débrayage énonciatif, chacun des acteurs projetant dans ses énoncés le simulacre triangulaire *je/ici/maintenant*, définissant la catégorie du *discours* benvénistien. Mais ce débrayage énonciatif qui installe dans le discours les actants de l'énonciation est postérieur logiquement à un débrayage énoncif qui installe, lui, les actants de l'énoncé. Il était, pour Greimas, primordial de poser l'acte de langage comme « schizie créatrice » (Greimas et Courtés, 1979, p. 79) : l'instance réelle, syncrétique, sémiotiquement inintégrable, de l'énonciation, je-ici-maintenant, projette un non-je, un non-ici et un non-maintenant. La double conséquence de l'opération de débrayage est de créer, par présupposition, le sujet, le temps et le lieu de l'énonciation mais aussi un il, un ailleurs et un alors.

Le débrayage énonciatif suit donc le débrayage énoncif en installant dans le discours un je, un ici et un maintenant qui ne sont que les simulacres discursifs de l'énonciateur présupposé par les opérations de débrayage.

On constate donc que cet énonciateur présupposé, dans son existence corporelle, spatio-temporelle, est expulsé, réduit à n'être que la source de débrayages au sein de l'énoncé. Ce qui sera vivement contesté, on le sait, par Jean-Claude Coquet et sa théorie des instances (2007), à l'écoute de la leçon de la phénoménologie : le langage énoncé ne contient pas seulement, démontre-t-il, des traces fantomatiques, illusoires du sujet

3 Il est effectivement exclu de laisser le patient choisir sa médiation de création, le choix de celle-ci dépendant d'une analyse précise et rigoureuse de son économie psychique, laquelle recèle des obstacles redoutables.

de l'énonciation, mais des marques bien réelles, ce qu'il dénomme les prédicats somatiques. Le logos, selon lui, n'est point seulement *logos*, il est poreux aux manifestations de la *phusis*.

DE L'ÉNONCIATION EN PSYCHOTHÉRAPIE

Si nous revenons à l'exercice de la psychothérapie, nous confirmons que l'usage spontané du langage hors séances est bien marqué par l'usage du débrayage énonciatif, les acteurs, patients, famille et soignants s'investissant en des énoncés en « je », des dialogues, sans oublier les éventuels récits, fragments narratifs ou spontanés ou en réponse aux questions des soignants où il est donc question des symptômes, des souffrances endurées par le patient et ses proches, du quotidien, de l'histoire familiale, des générations antérieures, etc.

Or on sait que, malgré leur diversité, les pratiques de psychothérapie font en général usage du seul débrayage énonciatif, et du côté du thérapeute et du côté du patient encouragé à cette mobilisation dans le dialogue de la séance.

LA THÉORIE DE L'ELLIPSE

La théorie du changement en psychothérapie élaborée avec Jean-Pierre Klein conteste l'usage exclusif du débrayage énonciatif et théorise un nécessaire déplacement de l'énonciation du patient vers un débrayage énoncif.

Cette théorie, dénommée par ses auteurs « Psychiatrie de l'ellipse » (Darrault-Harris et Klein, [1993] 2010), place donc dans les foyers de la figure géométrique deux sources d'énonciation bien différentes : dans le premier foyer F1, dit de la *diction*, toutes les formes du *débrayage énonciatif*, dans le second foyer F2, dit de la *fiction*, la libération du *débrayage énoncif.*

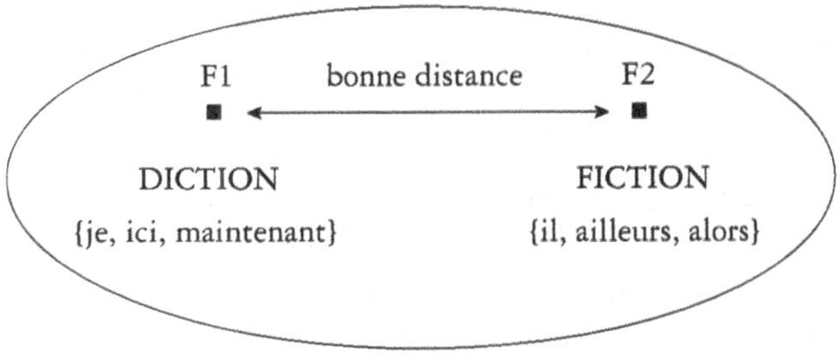

Mais comment donc obtenir un tel déplacement ? Et qu'en attendre ?

La réponse à la seconde question est induite par le constat que mainte psychothérapie où s'installe, du côté du patient, la répétitivité de l'expression des difficultés et des souffrances n'a souvent aucune vertu résolutive. Tout comme ces interventions psychologiques systématiques aujourd'hui pour les personnes traumatisées où l'on se limite à l'expression, toujours en débrayage énonciatif, d'un ressenti douloureux, certes analgésique, mais non curatif.

L'obtention d'un tel déplacement nécessite, on s'en doute, un solide cadre de réception du patient, d'intervention, d'élaboration d'un projet, de contrôle de l'efficacité de la démarche thérapeutique entreprise.

Proposer un acte de création sous-tendu par le débrayage énoncif suppose donc que le patient soit capable d'inventer, de mettre en scène, dans des formes diverses de création, des actants, des lieux et des temps radicalement disjoints de son univers familier.

Sans entrer excessivement dans le détail, ce qui est ici impossible, il est impératif de proposer au patient, pour que le déplacement de l'énonciation ait lieu, une médiation de création qui soit conforme à son économie psychique, en tenant compte des obstacles à sa progression en psychothérapie. Ces deux écueils, que nous avons dénommés Charybde et Scylla, sont respectivement constitués par la zone des symptômes, de la souffrance du sujet et, au contraire, par celui, redoutable, constitué par les zones d'aisance, de talent du sujet. La voie libre pour une navigation heureuse se situe donc à bonne distance de ces deux écueils. De plus, ces deux écueils sont semblables à des icebergs : ils sont mobiles et se déplacent au cours de la posychothérapie. Une vigilance permanente de l'art-thérapeute est donc bien nécessaire.

LES ATTRACTIONS DE CHARYBDE ET SCYLLA

Car un récit fictif, pourtant formellement en débrayage énoncif, mais trop proche du foyer de diction, source de souffrances, perd sa vertu thérapeutique tout comme un récit fictif trop éloigné, rejeté à l'extérieur de l'ellipse, perdra sa force de changement.

Le premier cas peut s'illustrer du récit produit en séance par un enfant dont les parents acceptaient très mal le handicap de gravité limitée (infirmité motrice cérébrale) : *Ce sont des parents qui ont du mal à avoir un enfant. Enfin l'enfant naît mais il est tout noir. Les parents se demandent ce qu'ils vont en faire et la mère propose de l'amener au zoo. Il y est bien accueilli par les autres animaux et les visiteurs. Quel dommage ! Si on avait soulevé un peu la peau noire, on aurait vu dessous un bel enfant tout rose.*

Le récit colle de très, de bien trop près à l'histoire réelle de l'enfant, au rejet qu'il subit. Il réactive la souffrance et l'émotion de sa thérapeute est grande en l'écoutant, signe de la trop grande proximité avec le foyer de la diction. Et cela en dépit de sa facture énonciative formelle.

Le second cas est illustré par Béatrice, cas analysé en détail dans un chapitre de *La Psychiatrie de l'ellipse* ([1993] 2010, p. 125-175). Au début de sa thérapie, Béatrice arrive avec des faits divers lus dans les journaux, relatant des violences atroces, et bien réelles, subies par des enfants. Elle aime lire ces histoires, de manière quasi addictive : attirance de Scylla. Le cadre formel de l'énonciation, là encore, est respecté : ce sont bien des récits en débrayage énoncif mais sans lien aucun avec son « je/ici/maintenant » souffrant. Il faudra l'amener progressivement à inventer ses propres récits à bonne distance et du foyer de diction et de celui de fiction, ce qui la conduira vers la guérison.

Où l'on saisit que le débrayage énoncif formel ne suffit pas. Qu'il faut réaliser la bonne distance « je-il », « ici-ailleurs » et « maintenant-alors », laquelle maintient un lien subtil et dynamique.

De plus, l'obtention de cette bonne distance présuppose que ce qui relie les deux foyers de l'énonciation, la diction et la fiction, ne doive pas parvenir à la conscience du patient, mais rester dans la pénombre, échapper donc à un éventuel contrôle. Car le patient pourrait, dans ce cas de figure, manipuler la distance entre les foyers de l'ellipse. Et le thérapeute doit bien se garder d'une intervention, ou, plus techniquement, d'une *interprétation* révélant l'existence, restée inconsciente, de ce lien. L'ellipse, alors, disparaîtrait, la fiction se rabattant sur la diction.

DU LIEN ENTRE F1 ET F2

Mais c'est une importante découverte qui nous a permis de saisir la nature dynamique du lien rattachant le débrayage énoncif au débrayage énonciatif chez un même patient. Cette découverte a pu mettre au jour l'existence syncrétique de récits débrayés dissimulés au sein des symptômes manifestés par le sujet.

Partons donc, succincte illustration, des symptômes de ce garçon de 9 ans en grand danger d'être exclu de son école : il refuse, malgré l'existence dissimulée d'une réelle compétence, de lire et d'écrire en classe et, dans la cour, il se livre à des attouchements sur les filles et des actes d'exhibition.

Une analyse de ces symptômes spatialement clivés fait apparaître une isotopie scopique qui en assure la cohérence : refus de lire (de découvrir) et d'écrire (de se montrer) en classe et, au contraire, pulsions de découverte et d'exhibition interdites dans la cour de récréation.

Le projet thérapeutique pour cet enfant se devait de proposer une situation de création annulant la dimension scopique. Ce qui fut fait grâce à la proposition de marionnettes à gaine dans l'espace fermé du castelet : ni vu ni voyant.

Et la première saynète imaginée par l'enfant permit de déployer un récit en débrayage énoncif qui désyncrétisait le contenu des symptômes : des enfants pleurent car ils n'ont pas d'argent pour aller *voir* le spectacle du clown et le clown se lamente de n'avoir pas de spectateurs, de ne pouvoir *être vu.*

Du *je* du patient ont jailli des *ils* : un actant-duel (les enfants) et un actant individué (le clown), un *ailleurs* et un *alors* débrayés. L'isotopie scopique (voir / être vu) est maintenue, assurant la cohérence du récit et les relations entre les actants. Notons, et ce détail n'est pas anodin, que l'enfant changeait sa voix pour faire parler les personnages de sa saynète : débrayage vocal, si l'on peut dire.

Il va de soi que beaucoup d'inventions similaires ont été nécessaires pour que l'enfant parvienne à abandonner ses symptômes, son comportement si gênant, qu'il soit maintenu dans son école et sa classe, acceptant enfin les actes de lecture et d'écriture devenus, heureusement, des actes neutres.

POUR CONCLURE
Ouverture vers l'embrayage

Présentant le déplacement d'énonciation qui fonde la théorie du changement humain avancée par la Théorie de l'ellipse, nous avons remarqué que l'apparition, dans le discours du patient, du débrayage énoncif formel ne suffisait pas à garantir que l'on se trouvait bien dans l'espace énonciatif du foyer de fiction, à bonne distance du foyer de diction. Il est donc nécessaire que les déictiques permettant ce type de débrayage, à commencer par le fameux « il », soient en quelque sorte *chargés* des déictiques qui leur ont donné naissance, que le « il » contienne le « je » originaire, grâce à une opération subtile de rémanence mémorielle, et que les « ailleurs » et « alors » bénéficient d'une même charge transmise par les « ici » et « maintenant ».

L'exercice prolongé de ce type de psychothérapie fondé sur l'Art-thérapie nous a permis d'être sensible à la dimension passionnelle accompagnant et sous-tendant le débrayage énoncif des créations du patient. Cette dimension passionnelle quelquefois intense et fort diversifiée est pour nous la trace de cette rémanence si corporelle du sujet de l'énonciation. Et nous avons pu analyser un cas où l'absence de dimension passionnelle alertait sur l'inefficience du débrayage énoncif dépourvu, donc, de traces d'embrayage non point formel, mais substantiel[4].

Il est vrai que l'Art-thérapie propose à chaque patient un acte de création qui, quelle que soit la médiation retenue, est bien un *art vivant* (de l'invention orale et écrite à la pratique du mime ou du théâtre) où la totalité du sujet est engagée, dans ses dimensions corporelle, affective, émotionnelle, imaginaire et cognitive, conditions d'un retour au sujet, d'un embrayage réussi.

Ivan DARRAULT-HARRIS
Université de Limoges

4 *Cf.* Le cas d'Arnaud dans Darrault-Harris et Klein (1997).

LES GESTES DANSÉS ONT-ILS UNE « VOCATION » DÉICTIQUE ?

L'exemple de l'esquisse et du marquage dans le tango argentin

La présente étude s'inscrit dans un projet plus vaste (De Luca, 2016, 2017a, 2017b) d'interrogation et de compréhension de la sémiose produite par et à travers le geste dansé – dont notamment les formes et figures gestuelles du tango argentin –, celui-ci étant conçu comme indissociable aussi bien des pratiques (le bal, l'apprentissage) qui le font émerger que des autres régimes sémiotiques (Fontanille, 2008) concourant au sens global de la *forme* sémiotique du tango. En particulier, il s'agira de comprendre si, et dans quelle mesure, certains gestes dansés peuvent recouvrir une fonction *déictique* telle qu'on la repère à la fois dans le langage verbal et dans la gestualité co-verbale.

Essayer de répondre à cette question s'avère une tâche ardue car cela signifie tout d'abord remettre en perspective les connaissances acquises par les (peu de) recherches sémiotiques en danse et, inversement, poser des jalons pour une approche renouvelée de la sémiose de la danse[1].

Deuxièmement, et plus profondément, le repérage d'éventuelles analogies concrètes – c'est-à-dire une *capacité* déictique – entre le langage et un type spécifique de gestualité, engendre d'autres questionnements de nature générale sur les relations entre geste, langage et pratique. Ces questionnements se situent à la fois en amont et en aval de toute investigation ou analyse : en amont car ils déterminent la possibilité même de faire l'hypothèse de la présence d'éléments valant comme déictiques, en aval car ils se répercutent non seulement sur la manière

1 L'on préfère parler de « sémiose de la danse » plutôt que de « sémiotique de la danse » car d'une part, nous estimons que ce phénomène ne peut être disjoint d'autres « situations » sémiotiques (*cf.* Fontanille, 2008) ou domaines du sens et que, d'autre part, suivant les formulations de René Thom, la danse semble elle-même exemplifier le fonctionnement général de la sémiose en tant que telle (*cf.* De Luca, 2019).

dont on constitue ses propres observables, mais également sur celle dont on conçoit la fonction sémiotique des gestes globalement entendus.

En effet, se demander s'il y a des déictiques dans des danses sociales – tel le tango – improvisées et à la fois culturellement transmises et incorporées par différents supports et pratiques, implique de s'interroger : i) sur une narrativité présumée en l'absence d'une dramaturgie et d'une chorégraphie préalables, tout comme en l'absence d'une codification plus ou moins « rigide » d'éléments minimaux du mouvement dansé, ii) sur la manière de signifier du geste dansant à la fois lorsqu'il est saisi dans son cours d'action et dans ses rabattements en termes de valeurs instituées sur d'autres niveaux de la signification, iii) sur la nature épistémologique (et sémiotique) même de cette opération, à savoir sur l'hypothèse, entre autres, d'une traduction intersémiotique qui serait à l'œuvre entre le langage et le geste dansé et, par conséquent, iv) sur la façon même dont on conçoit le langage et la gestualité, et la gestualité (dansante) comme langage.

Il est évidemment impossible de détailler ici les implications de chacune de ces questions, c'est pourquoi nous préférons nous concentrer sur des aspects ponctuels à même de laisser transparaître l'orientation théorique et épistémologique globale de notre approche. Pour ce faire, on soulignera en premier lieu les apports des recherches autour de la gestualité co-verbale, tout en signalant les points de démarcation du geste dansant. En deuxième lieu, nous expliciterons l'hypothèse d'une « vocation » déictique – notamment spatiale – de certains gestes dansés du tango à partir d'une dynamique biface d'*esquisse* et de *marquage* qui intervient à la fois dans l'apprentissage et dans le bal. En troisième lieu, grâce à un bref détour par la théorie bühlerienne du langage, ainsi que par des formulations récentes en sémiotique cognitive, nous dégagerons une proposition plus générale sur la sémiose de la danse qui procède de cette vocation déictique et conduit à la notion plus englobante de *motif* (d'action).

LE CARACTÈRE MOUVANT DE LA DEIXIS DANS LES *GESTURE STUDIES* ET EN LINGUISTIQUE INTERACTIONNELLE

Par-delà leurs différentes appellations – *shifters*, *embrayeurs*, *indicateurs*, etc.[2] – les déictiques, à savoir les éléments linguistiques responsables de l'installation d'un cadre de référence (espace, temps, personne) d'un énoncé pour un locuteur, ont été abordés en linguistique et sémiotique à l'aune des problématiques liées à l'énonciation, dont par exemple : les formes d'inscription de la subjectivité, la fabrication de simulacres rendant compte du phénomène de la narrativité des textes et de la signification, la prise de position sensible et perceptive du sujet parlant vis-à-vis de son acte de parole, l'articulation entre débrayage et embrayage, ou encore l'expression de modalités stylistiques singulières[3]. À ce sujet, Marion Colas-Blaise (2010) a remarqué l'existence d'un « paradoxe » propre de la deixis entre sa conception sémiotique à proprement parler et ses conceptualisations linguistiques[4] ; la sémioticienne a également évoqué une interprétation de l'énonciation – et donc, indirectement, de la deixis – comme *geste* à partir de ce qui peut être donné à voir et de ce qui réflexivement montre un mode de la « prise » du monde de la part d'un sujet. Ce type de conception aura ensuite conduit à une redéfinition de l'énonciation en termes proprement *pratiques*

2 *Cf.* à ce sujet, entre autres, Kleiber (1970), LeBlanc (1991).

3 *Cf.* Colas-Blaise (2010). Pour une vue panoramique sur les développements actuels de ces problématiques, *cf.* Colas-Blaise, Perrin, Tore (éd.) (2016).

4 Suivant Colas-Blaise, le « paradoxe » – terme qu'elle tire des réflexions de Denis Bertrand – consisterait, du point de vue de la sémiotique greimassienne classique, en une sorte de « postérité » de la *deixis* lorsqu'elle est associée au moment de l'embrayage, ce dernier étant second par rapport au débrayage. Cette secondité « narrative » se heurte donc « à une prise directe du sujet d'énonciation sur le monde » (Colas-Blaise, 2010, p. 45) qui caractérise la *deixis* en tant que telle. Par conséquent, le paradoxe semble concerner plus un modèle particulier de l'acte de l'énonciation, et le statut de la subjectivité, qu'une interrogation globale sur l'émergence de la sémiose. Par rapport aux problématiques abordées ici, l'évocation du modèle tensif, tout comme le développement de l'association entre les notions de geste, énonciation et pratique, opérés par la sémioticienne, permettent finalement de contourner le paradoxe initial ; aussi ce même croisement conceptuel a permis au fil du temps d'élargir, voire de dépasser, la conception greimassienne « standard » de l'énonciation.

> [...] en raison du mouvement qui la caractérise. À l'intérieur même des limites de la textualité, en effet, même les catégories déictiques sont par nature instables. C'est tout particulièrement le cas pour leurs expressions temporelles : en chaque point de la chaîne syntagmatique, un référentiel peut être présupposé pour l'interprétation des relations temporelles, mais d'un point à l'autre, et à tout moment, le référentiel peut changer, et doit même changer pour que le discours suive son cours. (Fontanille, 2014, en ligne)

Dès lors que l'on adopte une conception « étendue » de l'énonciation, et d'autant plus lorsqu'il est question d'un geste autre que celui linguistique, l'inscription de la subjectivité va de pair avec l'instauration d'un système de *référence* global et *en acte* qui non seulement accompagne, mais aussi opère une véritable médiation ou *analyse*[5] à la fois du comportement linguistique et des actions ayant lieu dans une pratique donnée. La question de la référence s'avère en effet le domaine d'investigation desdits *Gesture Studies* et, plus généralement, de la linguistique et de la pragmatique interactionnelles, ces disciplines se focalisant sur le continuum de la gestualité co-verbale qui va de la *gesticulation*[6] aux langues signées.

Avant de parcourir quelques-unes des formulations avancées dans ce domaine d'étude, des remarques s'imposent afin de comprendre quels peuvent être leurs apports vis-à-vis de notre propre investigation. En effet, bien que dans ces disciplines on postule – et on constate – la présence de *socles communs* (*common grounds*) de type culturel, personnel, intersubjectif qui rendent la gesticulation un phénomène déjà réflexif (et par là même non banalement spontané), le travail d'incorporation de la gestualité dansante – même lorsqu'elle est improvisée – semble être davantage praxéologiquement encadré et consciemment motivé par des investissements en termes de valeurs découlant d'autres formes de médiation sémiotique (textualité, culture, imaginaire, etc.). Néanmoins, il est tout aussi vrai – comme l'on verra dans le cas du tango – que, dans certaines danses, le façonnement historique, socio-culturel et somatique d'un certain type de corps dansant, d'un côté, ne prévoit pas forcément un système de référence établi et, de l'autre côté, se heurte aux aléas de l'effectuation concrète de la danse, en s'y adaptant dans des formes qui peuvent s'avérer extrêmement innovatrices. En outre, la distinction fondamentale entre ces deux types de gestualité consiste précisément en la présence/absence du

5 *Cf.* Streeck (2008) ; nous y reviendrons dans la suite de cette section.

6 *Cf.* notamment Kendon (1980) et McNeill (1992). Pour une revue sur les différentes conceptions de la gestualité co-verbale *cf.*, entre autres, Campisi (2018).

langage verbal. Que l'on se concentre sur le modelage cognitif et sensorimoteur opérant sur le parler ou, inversement, sur le *blending* conceptuel opéré par l'appropriation langagière, toujours est-il que la segmentation du flux conversationnel permet de repérer plus facilement des régularités, des répétitions, ainsi que des variations gestuelles qui ne relèvent pas de l'idiosyncrasie de l'inter-actant, dont on peut inférer la portée à partir des éléments contextuels (aussi bien concrets que fictionnels), et qui demeurent orientées vers des objectifs communicatifs – ou, à tout le moins, c'est l'un des traits qui est mis en avant dans ces études. C'est grâce à la prise en compte conjointe des propriétés langagières du parler et de la gesticulation que de nombreux chercheurs[7] ont pu à la fois mettre en œuvre plusieurs méthodes d'identification et de classification des gestes, et établir des répertoires, voire des « grammaires » gestuelles à proprement parler, toujours locales et provisoires. En revanche, une telle entreprise ne s'avère que très partiellement viable en danse[8].

Compte tenu de ces constats, il est fécond d'explorer la manière dont les déictiques sont conçus et traités dans ces recherches afin d'opérer le renversement que nous poursuivons, des propriétés linguistiques des gestes co-verbaux à des propriétés langagières des gestes dansés. Cette opération est rendue possible par plusieurs facteurs, dont :

1. la définition même de geste déictique,
2. la conception spécifique de la relation entre gestes déictiques et spatialité,
3. le changement de « statut » – et par conséquent, de mode de signification – qu'une certaine interprétation des déictiques permet.

À l'égard du premier point, les chercheurs s'accordent sur une définition de geste déictique – ou geste de pointage – fidèle à son étymologie grecque (*δείκνυμι* signifiant montrer), à savoir tout geste par lequel un objet, une position ou une direction peuvent se rendre saillants dans l'espace à partir d'une projection allant de la partie du corps impliquée dans l'indication vers l'entour spatial du sujet. En d'autres termes, un

7 *Cf.* notamment pour ce qui nous concerne ici Lapaire (2011, 2013, 2014), Müller *et al.* (2013, 2014), Mondada (2005, 2013), Streeck (2008). Les chercheurs appartenant à ce domaine étant très nombreux, il est impossible de les évoquer tous. La revue *Gesture*, active depuis presque vingt ans, regroupe la plupart des travaux afférents aux *Gesture Studies*.

8 Nous y reviendrons dans la section suivante.

geste déictique est « une partie du corps qui projette un vecteur, à savoir un segment orienté, doté d'une direction et d'un vers, que l'on utilise principalement afin d'attirer l'attention d'autrui sur quelque chose[9] » (Campisi, 2018, p. 37-38). Même si cette définition peut de prime abord paraître relativement simple, elle s'applique à un vaste éventail de possibilités expressives réalisant la référence. Par exemple, bien que la main et les doigts représentent les parties du corps le plus aptes au pointage, il n'est pas rare de repérer des gestes de pointage effectués avec les lèvres, des oscillations du visage, le regard, etc.

À partir de cette définition de geste déictique, on pourrait penser que l'on pointe normalement en fonction de son propre positionnement dans l'espace et en relation avec ce qui nous entoure ; autrement dit, le pointage suivrait canoniquement l'*origo* bühlerien, c'est-à-dire le système je-ici-maintenant basé sur une projection cartésienne de la position d'un sujet. En réalité, le spectre d'action est bien plus large, aussi bien du point de vue spatial que temporel, en ceci que, par exemple, les gestes déictiques spatiaux peuvent avoir une fonction temporelle, ou bien certains pointeurs peuvent exprimer la modalité[10], réaliser une référence débrayée ou, encore, déplacer *l'origo* même dans la scène interactionnelle.

Cela nous conduit au deuxième point, par rapport auquel il a été souligné à plusieurs reprises le caractère processuel aussi bien de l'espace que des gestes déictiques spatiaux. Comme le remarque Lorenza Mondada, dans de nombreuses activités, l'espace est pour ainsi dire thématisé deux fois, en tant qu'objet de discours et en tant que cadre de référence ; dès lors, les manières de s'y référer sont négociées pendant le cours d'action, si bien que le geste déictique ne se pose pas comme simple ostension d'une référence déjà constituée, mais il apparaît plutôt comme un acte de construction d'un référent partagé et signifiant. La linguiste affirme précisément que

> [...] l'espace apparaît comme une *ressource* mobilisée dans les cours d'actions situés et réflexivement configurée par la manière même dont elle est mobilisée,

9 Nous traduisons, version originale en italien : « *[...] una parte del corpo che proietta un vettore, cioè un segmento orientato e dotato di una direzione e di un verso, che usiamo principalmente allo scopo di attirare l'attenzione di qualcuno su qualcosa* ».

10 Les différentes déclinaisons gestuelles d'un même acte de pointage – par exemple celles d'une main pointant vers une fenêtre fermée – peuvent valoir aussi bien pour une permission (modalité du pouvoir) que pour une injonction (modalité du devoir), ou une invitation ou un souhait (modalité du vouloir), lorsque le geste accompagne un énoncé à la forme interrogative ou même lorsque la requête est formulée de manière indirecte.

> linguistiquement et gestuellement. La cognition spatiale est alors incorporée dans l'action et spécifiquement ajustée à ses contingences, loin d'être composée de schémas ou de représentations abstraites des plans a priori pour l'organisation de cette action. (Mondada, 2005, p. 77-78)

L'espace ainsi conçu, il en va de même pour les déictiques qui, dès lors, ne dépendent plus du contexte, mais concourent à son établissement. Et, puisqu'il est question d'attention, il en découle que les éléments à rendre pertinents pour l'accomplissement d'une tâche devront être négociés et pourront changer en fonction des agents. Partant, tout en gardant l'incontournable présence du corps gesticulant, une conception trop égocentrée de l'*origo* peut être remplacée par une plus *sociocentrée*, du moment que « les points de repère sont activement constitués comme mutuellement identifiables par les participants [...]. De cette manière l'*origo* devient un ensemble de repères non pas donnés a priori mais accomplis dans l'action » (Mondada, 2005, p. 80).

Une exemplification emblématique de l'entremêlement de la palette gestuelle – notamment spatiale –, de la pertinentisation de l'espace et de la variété de la référence, est donnée par une étude menée pendant une séance d'apprentissage d'une danse. L'attention est ici portée à la fois sur les déictiques accompagnant les explications verbales – qui à leur tour configurent les gestes dansés à incorporer –, sur l'avènement de ces mêmes énoncés, et, en mineure partie, sur la coprésence dans le corps de l'enseignant de gestes déictiques et de gestes dansés. On peut notamment constater que, par rapport au déictique (gestuel et linguistique) « ici » (*here*), il

> [...] concerne les deux problématiques, à savoir le rôle du sujet parlant en ceci qu'il est en état de danse par opposition aux spectateurs, tout comme le (r) établissement de l'attention commune des participants. En outre, il utilise la nature spatio-temporelle du mouvement et aide à le décomposer à des fins pédagogiques[11]. (Keevallik, 2013, p. 350)

Dans ce sens, le déictique peut être employé aussi bien avec une valeur spatiale qu'avec une valeur temporelle. Concernant l'emploi spatial, deux cas de figures sont possibles, l'un où la référence est réalisée

11 Nous traduisons, version originale en anglais « *[...] deals with both issues, the role of a speaker as the one currently within the dance in contrast with the onlookers, as well as (re-)establishing the common attention focus of the participants. In addition, it makes use of the spatiotemporal nature of movement and helps to decompose it for instructional purposes* ».

par la configuration corporelle même à apprendre – et dont le déictique linguistique est le marqueur –, l'autre où la référence est doublement exprimée (par un pointeur gestuel et par le déictique linguistique) vis-à-vis de la correction sur place de la posture et de la position des jambes. De plus, l'objectif de correction posturale des apprentis montre également un léger déplacement sémantique du déictique gestuel, qui ne fait pas qu'indiquer une position, mais également une manière de se tenir. Ainsi, dans l'espace de la danse (ici, la situation d'apprentissage), « la cible de la référence n'est pas objectivement disponible avant que la position concernée ne soit performée. Elle est construite dans le cadre de l'activité pédagogique comme un placement du corps dans l'espace tridimensionnel et conventionnel de la danse de couple[12] » (Keevallik, 2013, p. 354). Par rapport à l'emploi temporel, le déictique (linguistique et/ou gestuel) semble en revanche changer progressivement de statut vis-à-vis de l'acte même de référence. L'enjeu est fort différent : il s'agit de pointer une certaine coordination avec la mesure musicale, ou bien de rendre pertinente un certain enchaînement de *figures* (au moins dans des danses non improvisées). Dans ce cas, le déictique ne décompose pas le mouvement dans le sens de la composition articulatoire du geste dansé, mais dans celui de son développement concret. Ainsi, il « peut être utilisé de manière abstraite pour faire référence à toute une série de configurations corporelles en constante transformation dans le temps conventionnel de la danse, qui en même temps s'efface constamment dans l'histoire[13] » (*ibid.*, p. 364).

La capacité d'abstraction des gestes déictiques, tout comme leur caractère processuel vis-à-vis de la cartographie d'un espace pratique, nous conduisent au troisième point évoqué plus haut, à savoir l'exemplification qu'ils permettent de la transition d'un mode de signification à l'autre. Cet aspect ne concerne pas que la fonction des gestes déictiques à l'égard des objectifs pragmatiques et communicationnels, mais plus profondément la relation entre ceux-ci et un objet ou un élément (présent ou absent dans la scène) pris comme référence. Selon

12 Nous traduisons, version originale en anglais : « *[...] the target of the reference is not objectively available before the relevant position is performed. It is constructed within the teaching activity as a body placement in the three-dimensional and conventionalised couple's dance space* ».

13 Nous traduisons, version originale en anglais : « *[...] can be used in an abstract way for referring to an entire stretch of constantly transforming bodily configurations in the conventional dance time, which is at the same time constantly fading into history* ».

Jürgen Streeck, « le geste qui dépeint n'importe quel type d'objet ou de processus, offre une *interprétation* ou une *analyse* du signifié, une organisation "active". Il ne reflète pas, mais analyse l'objet. Le geste *n'est pas* comme son référent, mais montre plutôt *ce à quoi ressemble le référent*[14] » (2008, p. 286, italiques dans le texte). Ainsi conçus, les gestes déictiques, souvent relégués au rang d'*index*, se voient attribuer des propriétés figuratives, allant de la diagrammaticité à la figuralité, qui peuvent à leur tour déclencher des effets rhétoriques (de la métonymie à la métaphore). à l'instar des gestes dansés, « les parties du corps en mouvement … sont engagées dans un mouvement qui est reconnu en tant que "créateur" un objet dans l'air … Le "gesticulateur" [gesturer] sculpte ou esquisse [...] la forme de quelque chose[15] » (Kendon, 2004, p. 160). Dès lors, l'attention se dédouble réflexivement : elle est portée non seulement sur la référence mais notamment sur la *forme* qu'elle peut prendre. Streeck, en s'inspirant des théories sur l'art et en particulier des formulations de Nelson Goodman, soutient clairement que la gesticulation peut constituer une forme de la « fabrication d'objets virtuels » (2008, p. 291) se détachant progressivement des mouvements, par exemple ceux des mains. Parmi les différents modes de *figuration* de la référence, soulignons tout particulièrement le *dessin* (*drawing*) et le *marquage* (*marking*), qui recoupent presqu'à la lettre les deux modalités que l'on a évoquées plus haut. Le *dessin* consiste en le traçage de lignes composant des configurations qui indiquent une trajectoire, un parcours, etc., et semble travailler – en termes tensifs – en étendue, tandis que le *marquage*, restituant les qualités volumétriques (surface, épaisseur, volume, poids) d'un objet, semble travailler en intensité. Le repérage de ces différentes modalités conduit le linguiste à parler d'un véritable langage pictural des gestes, ce qui se rapproche du couple conceptuel *forme / figure gestuelle* que l'on a formulé ailleurs[16]. Cependant,

14 Nous traduisons, version originale en anglais : « *[...] the gesture that depicts an object or process of any kind offers a construal or analysis of the signified, an "active" organization. It does not mirror, but analyzes the object. The gesture* is *not like its referent, but rather shows* what the referent is like ».

15 Nous traduisons, version originale en anglais : « *[...] the gesturing body parts... engage in a movement that is recognized as "creating" an object in the air... The gesturer sculpts or sketches [...] the shape of something* ».

16 Nous nous permettons de renvoyer à De Luca (2016). Rappelons brièvement que l'on entend par *forme gestuelle* une configuration globale du corps dansant qui dépend non seulement, comme dans toute forme de mouvement, des contraintes biomécaniques et

cette proposition ne semble pas être pleinement développée, l'objectif primaire de ces recherches étant la compréhension des modes d'action des gestes plutôt que leur signification.

DES GESTES À « VOCATION » DÉICTIQUE DANS LE TANGO ARGENTIN : *ESQUISSE* ET *MARQUAGE*

Comme nous le disions plus haut, dans des travaux précédents nous avons détaillé les aspects concernant la configuration somatique et pratique du corps dansant du tango argentin, ainsi que l'articulation du niveau pratique de la danse (la *milonga*, à savoir le bal, et l'apprentissage) avec d'autres niveaux expressifs de sa signification. Aussi, nous avons tout particulièrement montré d'un côté, l'impasse engendrée par les premières études sémiotiques sur la gestualité et sur la gestualité dansante[17] concernant la segmentation du flux gestuel, le repérage d'une double articulation des gestes dansés similaire à

posturales du corps, mais également d'un travail imaginaire, culturel, technique (dans l'acception maussienne du terme) et historique qui aboutit à la constitution d'un corps dansant « typique » d'une certaine danse. En d'autres termes, ce travail « invisible » permet d'identifier des qualités stylistiques émergeantes qui *font la différence* entre une danse et une autre, et ce même lorsque deux danses partagent les mêmes *figures* (dans l'acception courante du terme). Dans ce cadre, on entend par *figure gestuelle* le « résultat », ou mieux, la réalisation pratique et interactionnelle des possibilités ouvertes par les *formes gestuelles*. La *forme* et la *figure gestuelles* sont indissociables l'une de l'autre à l'intérieur d'une même danse. Bien qu'elle ne soit pas forcément clairement identifiable du point de vue figuratif, la *figure gestuelle* possède une tendance à la stabilisation à d'autres niveaux de la production du sens (par exemple iconographique-textuel), si bien qu'elle participe à la transmission mémorielle de la danse en question. Cependant – et cela vaut notamment dans le cas de danses improvisées, tel le tango – la *figure gestuelle* ne se réduit ni à sa bidimensionnalisation géométrique (lorsqu'elle est transcrite comme une séquence de pas ou des trajectoires dans l'espace), ni à sa diagrammatisation (lorsqu'elle est exprimée linguistiquement par des lexèmes à forte charge figurative, tels que *ocho* – huit – ou *mordida/sandwich* – litt. « morsure »/sandwich), ni non plus à la syntagmatisation des mouvements qui sont susceptibles de la composer (mouvements des jambes ou d'autres parties du corps). Autrement dit, même si la *figure gestuelle* permet de profiler chaque interaction dansante (le style d'un couple, les différentes manières de s'approprier les lignes musicales, mais aussi le manières dont on peut résoudre dans l'interaction un moment d'instabilité corporelle), elle ouvre à son tour à une généricité thématique qui s'avère la clé de la persistance – malgré la variation – dans le temps d'une danse spécifique.

17 *Cf.* Greimas (1968), Kaeppler (2001).

la double articulation des signes linguistiques, la désémantisation des unités gestuelles de la danse, la possibilité pour certaines danses d'identifier des unités minimales de sens. De l'autre côté, à l'intérieur d'une perspective holistique visant à étudier conjointement la construction de la valeur et du sens du phénomène tango à plusieurs échelles, nous avons soutenu la nécessité d'imbriquer un modèle du déploiement syntagmatique de ces strates de signification avec un modèle transversal des phases de son émergence et de sa stabilisation, différenciées en fonction de l'échelle choisie.

Cela nous a conduit à privilégier une approche de la constitution de l'actant-corps tablée sur une reformulation de l'idée même de geste dansé : les gestes dansants sont plus considérés et analysés en tant que *pas* ou *figures* préconstitués et ordonnancés séquentiellement, mais en tant que *formes* et *figures gestuelles*. Cette reformulation est légitimée par l'examen des principes posturaux du tango tels qu'ils ont été transmis de différentes manières, et par celui du déroulement de la pratique du bal, caractérisé par l'improvisation. Mentionnons quelques-unes de ces *formes gestuelles* : le *corte* (litt. coupure, par ext. pause), la *quebrada* (litt. brisure de l'axe d'équilibre), l'*impulso suspendido* (impulsion suspendue, retenue), l'*abrazo* (embrassade, étreinte). Comme tout geste, les formes et les figures gestuelles s'avèrent à la fois visibles et vécues et « invisibles », se résorbant dans le flux de l'interaction pratique, et laissant pourtant des traces qui rétroagissent avec les contraintes et les aléas de la pratique du bal. De surcroît, les formes gestuelles du tango telles que nous les concevons, ne constituent pas uniquement des schèmes posturaux et moteurs, mais elles permettent de réitérer et de renouveler les valeurs et les significations du tango, individuellement et collectivement, à travers une dynamique d'anticipation et de reprise à l'œuvre pendant le bal. À partir d'elles, il est en effet possible de dégager des *motifs gestuels* qui influencent la teneur de chaque interaction dansante, et qui peuvent être thématisés à d'autres niveaux[18]. Dans cette perspective, les figures gestuelles, correspondant à des séquences-type d'enchaînements de mouvements, pourraient être conçues également comme le véritable « produit » d'une énonciation en acte, un geste – entendu à la fois comme action et acte – qui se situe à la limite entre débrayage et réembrayage et qui ne cesse de rabattre l'un sur l'autre.

18 Par exemple, figurativement, dans le cas des manuels de danse, ou linguistiquement, comme isotopies des *letras* (paroles) des chansons du tango.

Dans ce cadre, l'identification de gestes valant comme déictiques est rendue possible précisément par la relation entre forme et figure gestuelle, ainsi que par la dynamique générale de la *marcación* (marque, *marquage*) que nous avons lue comme un dispositif énonciatif. Celle-ci demeure une notion vague, tantôt génériquement assimilée à l'*intention*, tantôt ancrée effectivement dans des zones déterminées des corps des danseurs. Elle peut être réalisée par l'orientation du torse du *leader* vis-à-vis de celui du *follower*, par la main droite du leader qui s'appuie sur le dos du follower, par la main gauche du leader qui serre la main droite du follower, mais également par l'appui réciproque d'une partie du front et de la joue (lorsque la taille le permet), voire même par une projection du poids et de l'orientation du corps en l'absence de contact entre les torses des partenaires. Plus généralement, comme le rappellent les danseurs Gloria et Rodolfo Dinzel, il s'agit d'une « perturbation du centre d'équilibre du partenaire, la proposition de stimulations pour qu'il réagisse sans perdre l'axe d'équilibre individuel et du couple. Les ordres sont des tensions sur l'axe et [...] doivent être communiqués au fur et à mesure, jusqu'à provoquer le mouvement » (1999, p. 35, 69).

Il faut également remarquer que les parties du corps susmentionnées intervenant dans le dispositif de la *marcación* n'ont pas qu'un rôle d'indicateurs, par exemple, de la direction de marche à suivre : ils signalent plus globalement la forme globale et le volume qui sont conjointement créés dans l'espace interne du couple (la *bulle*), ainsi que l'état des frontières externes de cet espace en relation avec la présence en mouvement d'autres couples dansants dans l'espace partagé du bal. C'est pour cette raison que, en comparaison avec les déictiques co-verbaux, ils ne pourraient pas être considérés comme des gestes déictiques à proprement parler. En effet, par la *marcación*, c'est tout d'abord une *tonalité* corporelle, affective et expressive qui transforme les partenaires en un *actant duel*. Une pression plus accentuée du torse à l'intérieur de l'*abrazo*, ou de la main du *leader* à sa frontière extérieure, ou, en revanche, un relâchement de la tension des bras qui a l'effet d'un frôlement ou d'une sorte de « caresse » sur l'épaule ou le dos de l'un des partenaires : tous ces micro-événements gestuels qui ne peuvent pas être exclus de la *marcación* affichent la charge émotionnelle et stylistique du couplage interprétatif entre moment[19] musical et *figures gestuelles* réalisées. L'entremêlement de

19 On parle très génériquement ici de « moment » puisqu'il s'agit soit de mouvements et de gestes très rapides et éphémères, soit d'une incorporation de la musique qui demeure

ces qualités coprésentes dans la *marcación*, ainsi que l'absence du langage verbal, complémentaire à la gestualité qui l'accompagne, nous conduisent à appréhender préliminairement la déicticité comme une qualité émergeante de gestes qui recouvrent plusieurs fonctions à la fois. De plus, comme le rappelle la théoricienne du mouvement Marielle Cadopi on assiste en danse à une démultiplication des référentiels :

> [...] il existerait trois types de référentiels, « corporel », « environnemental » et « relatif au partenaire », c'est-à-dire le référentiel dans lequel les mouvements des danseurs sont utilisés l'un par rapport à l'autre. De ce fait, on peut supposer que la présence d'un second sujet, se déplaçant dans l'environnement du premier, est de nature à modifier les caractéristiques de sa propre trajectoire. (2005, p. 35)

Dans le tango, ces trois types de référentiels semblent notamment s'enchevêtrer ; ce même enchevêtrement renforce l'interprétation de la *marcación* en tant que dispositif énonciatif général contribuant à la gestion du cours d'action pratique des danseurs du point de vue corporel. Rappelons brièvement que plusieurs formes de directionnalité sont impliquées à la fois dans la constitution de chacun des corps dansants et dans celle de l'*actant duel* (le couple), à savoir non seulement le plan sagittal (avant-arrière), mais aussi les plans frontal (distribution du poids entre le haut et le bas) et transversal (translations latérales), avec leurs différentes combinaisons possibles (mouvements rectilignes et/ou courbes, changement ou interruption de la forme de la trajectoire, etc.).

Il en découle que la *marcación* peut changer réflexivement d'adressataire, ce qui rend l'éventuel geste déictique non seulement autodirigé, mais davantage internalisé.

En revanche, d'autres parties du corps qui n'interviennent pas directement dans la *marcación*, peuvent se voir attribuer une valeur déictique, notamment spatiale[20]. Un exemple est celui des pieds des deux partenaires. Pendant l'apprentissage, il est au début déconseillé de se concentrer sur les pieds en raison de l'imbrication, propre au tango, du

---

assez libre. Pourvu que le changement de poids entre une jambe et l'autre soit effectué sur les temps forts de la musique (1 et 3 dans une mesure de 4/4), plusieurs options interprétatives sont possibles : suivre le rythme du morceau, marquer chaque accent, ou bien suivre la ligne mélodique d'un seul instrument, ou encore parcourir plusieurs lignes mélodiques instrumentales à la fois ou, finalement, suivre les variations de la voix dans le cas de tangos chantés.

20 À l'instar de l'exemple discuté dans la section précédente.

pas, de la figure et de l'enlacement : tout en se serrant dans les bras, chaque pas effectué par le follower *entre* littéralement dans l'espace de l'autre, et les figures sont exécutées dans la circonférence globale du couple. En d'autres termes, regarder les pieds pour suivre une direction serait délétère car, ce faisant, on perdrait la « tenue » de la partie haute des corps et de l'*abrazo*, et par là même, on risquerait de se déséquilibrer soi-même comme de déséquilibrer le partenaire. Néanmoins, au fil du temps, on apprend précisément à percevoir plus finement aussi bien la position de la plante et de la pointe des pieds que celle des jambes. Pour le leader, cela veut dire apprendre à calibrer l'ouverture et le positionnement des jambes en fonction à la fois de son propre corps et de celui du partenaire, tout comme celui des pieds par rapport à la position des pieds de l'autre[21]. Pour le follower, qui n'a pas d'accès visuel direct à ces informations, cela voudra dire aiguiser la réactivité d'autres parties du corps. Un premier exemple concerne le devant et les côtés des jambes, qui peuvent frôler la jambe du leader et s'y ajuster, ou bien rectifier son propre mouvement ; un deuxième exemple concerne les genoux, ceux-ci pouvant s'activer en fonction de l'indication de pas rétrécis et orientés « vers le haut », ou bien de pas étendus et s'étendant vers le bas[22]. De même, il peut revenir au follower de rectifier une indication incertaine du leader, ou de stabiliser davantage le couple en cas de déséquilibre ou d'opacité de la *marcación*, à travers un pointage de ses propres pieds par l'arrière, ou par des micromouvements des hanches qui redressent la physionomie globale – perçue et imaginée – du couple.

C'est à partir de ces quelques exemples que nous préférons postuler l'existence de gestes à « vocation » déictique plutôt que de déictiques à proprement parler, notamment si on garde la référence aux déictiques co-verbaux. En effet, d'un côté, comme on l'a décrit, le *marquage* ou *marcación* peut englober des marques référentielles, sans pour autant se réduire ou s'identifier à celles-ci ; de l'autre côté, la face que nous avons qualifié d'*esquisse*, renforce cette même vocation en l'« externalisant »

21 Même un déplacement léger de l'orientation des jambes du leader pendant la marche vers le côté peut « indiquer » l'*esquisse* d'un pas latéral ou d'un changement de poids sur le côté au lieu de la poursuite d'une marche en ligne droite.

22 L'ampleur d'un pas dépend de son point d'origine, plus celui-ci se rapproche du haut du torse, plus les jambes seront en tension musculaire, empêchant la flexion ; inversement, plus le point d'origine se situe vers le bassin, plus on aura tendance à plier les genoux, ce qui impliquera pour le follower marchant en arrière, un mouvement de distension des jambes plus grand.

et en la « visibilisant » davantage. De même que la forme et la figure gestuelle sont l'un le revers de l'autre, de même il en va pour l'*esquisse* et le *marquage* : il ne s'agit pas de processus distincts, mais plutôt de deux focalisations complémentaires sur une même dynamique.

Dans le sillage des suggestions de Streeck, on peut considérer les trajets, les physionomies – géométrisantes ou plastiques – qui se dessinent au cours de la danse, comme autant d'« indicateurs » plus ou moins visibles et reconnaissables dont la valeur s'avère foncièrement polysémique pour les danseurs. Cela vaudrait en principe aussi bien pour des figures « marquées » que pour d'autres gestes relativement plus autonomes, comme les *adornos*[23].

Ces esquisses – plutôt que dessins, en raison de leur caractère éphémère –peuvent tantôt anticiper le mouvement suivant, tantôt fournir un retour sur la composition des forces en jeu (et par conséquent servir d'autoréférence), tantôt donner à voir la manière singulière dont un passage musical déterminé est interprété par les danseurs. Ainsi, encore une fois, les qualités déictiques des gestes (espace, modalité, temporalité, celle-ci sous la forme de rythme) se superposent et s'enchaînent grâce à l'extraction de propriétés non exclusivement indexicales, mais notamment iconiques/figurales, proprioceptives, sensibles voire affectives. De même, la physionomie et la qualité des *esquisses*[24] peuvent – aussi bien de l'intérieur que de l'extérieur du couple – faire l'objet d'une évaluation à la fois esthétique et pratique qui rétroagit sur les motivations et les dispositions sous-jacentes à la conduite du bal de chaque danseur. Autrement dit, précisément parce que plusieurs types de gestes peuvent avoir une charge ou une « vocation » déictique transversale s'étalant sur un spectre encore plus étendu que celui

23 Il s'agit d'embellissements (mouvements divers des pieds et, partiellement, des jambes) qui peuvent être effectués aussi bien par le leader que par le follower par-delà toute proposition gestuelle en cours. Les *adornos* s'incrustent entre une figure et l'autre, dans la pause d'un mouvement ou lors d'une difficulté pratique de poursuite de la danse (stagnation de la circulation, évitement de heurtements ou d'autres dangers potentiels, mise en relief de certains passages musicaux). De ce fait, les *adornos* focalisent l'attention à la fois sur des éléments « concrets » (ex. la présence d'un autre couple qui oblige à ralentir son propre rythme de danse ou l'ampleur de ses propres mouvements) que sur d'autres plus « abstraits » (une prise d'initiative créative dans l'improvisation vis-à-vis de l'interprétation musicale, ou tout simplement une proposition plus ou moins inédite par rapport à la tonalité dominante de la relation corporelle entre les partenaires).

24 Rappelons à ce sujet que, dans la pratique du bal, plusieurs régimes de visibilité sont à l'œuvre, si bien que, aussi éphémères soient-elles, ces figures sont dès le début soumises à une normativité inhérente à la pratique.

de la gestualité co-verbale, ils permettent de faire ressortir une qualité déictique diffuse et davantage générale que celle qui résulte des recherches en linguistique interactionnelle. Du point de vue d'une interrogation théorique plus globale, prendre au sérieux cet aspect signifierait pousser l'intuition de Streeck jusqu'aux extrêmes conséquences.

DEIXIS ET SÉMIOSE
Quelques nouvelles pistes de réflexion

Le prolongement de l'hypothèse du linguiste allemand d'un langage pictural des gestes déictiques se traduit, sémiotiquement parlant, en un questionnement général sur la relation entre deixis et sémiose. À son tour, ce même questionnement nous permet de rassembler les éléments commentés plus haut autour d'une proposition plus vaste sur l'approche sémiotique des danses sociales et, en quelque sorte, de la danse globalement conçue.

Cette piste de réflexion est soutenue – nous semble-t-il – par le croisement entre la théorie bühlerienne du langage, évoquée plus haut, et les formulations autour de la deixis récemment avancées en sémiotique cognitive par Per Aage Brandt.

Bien que l'on ne puisse s'attarder sur tous ses détails, certains aspects de la théorie bühlerienne du langage retiennent notre attention. En premier lieu, comme on l'a vu, en dépit de sa structure simple, l'*origo*, en pouvant se détacher d'une référence égocentrée, s'avère mobile et dynamique : il peut se déplacer d'un sujet à un autre, ainsi que se multiplier. Comme le souligne la linguiste Ellen Fricke,

> [...] si l'on suppose qu'un origo n'est pas nécessairement fixé par rapport au locuteur, mais qu'il peut être transféré à d'autres acteurs et objets, alors l'attribution d'un origo n'est pas simplement le résultat de l'acquisition du rôle de locuteur lors de la prise du tour de parole. Lorsque des origos sont attribués, on peut présumer qu'il y a un agent intentionnel qui effectue l'attribution et l'instanciation des origos[25]. (2014, p. 1813)

25 Nous traduisons, version originale en anglais : « *[...] if we assume that an origo is not necessarily fixed to the speaker but can be transferred to other people and objects, then origo allocation is not simply a*

En deuxième lieu, le caractère mobile de l'*origo* est attribuable, d'un côté, à une conception dynamique et « morphologisante » du langage et, de l'autre côté, à une conception double de la nature du signe, deux aspects qui, bien que distincts, sont intimement imbriqués entre eux.

Le linguiste André Rousseau insiste d'abord sur le caractère relationnel et processuel des trois instances de l'interaction et du discours (je, tu, il/elle) qui sont traditionnellement associées aux trois fonctions du langage, à savoir *Ausdruck, Appel* et *Darstellung*. La mise en relief de ce caractère permet notamment de montrer l'intersubjectivité fondatrice de l'*origo*, ainsi que la nature *seconde* de l'objectivité en tant que dérivée de l'intersubjectivité. Il en découle une vision « épaisse » de la notion de représentation en tant qu'activité du signe, conçue « au double sens du mot français "représenter", c'est-à-dire à la fois "vertreten" (lat. stare pro) et "darstellen"[26]. La constitution et la reconnaissance d'un tel "système de signes" ressortissent naturellement à l'accord intersubjectif qui crée et valide la convention" » (Rousseau, 2000, en ligne). À cette triangulation d'instances, responsable du caractère dynamique du langage et de la représentation, le linguiste (*ibid.*) remarque un autre aspect qui légitime selon nous une lecture « morphologisante » de l'activité représentationnelle en tant qu'établissement de la fonction sémiotique, à savoir l'opération de « pertinence sélective » (*abstraktive Relevanz*) sur le plan du signifiant et la relation avec le « champ environnant » (*Umfeld*) du côté du signifié, le modèle du signe étant celui saussurien. De ce fait, la signification émerge comme relation entre un « champ monstratif » et un « champ symbolique », relation qui, dans la triangulation de l'interaction langagière, garde le double statut représentationnel évoqué ci-dessus. Dès lors, la référence semble elle-même émerger à la fois comme *renvoi* et comme *forme* en fonction des pertinences activées dans l'échange et dans l'activité expressifs. C'est ainsi que le modèle de l'*origo* s'avère complexifié par les trois modalités réalisant la *deixis*, que Bühler appelle i) la *demostratio ad oculos*, « qui correspond à une deixis directe, c'est-à-dire ostensive » (Rousseau, 2000, en ligne), ii) l'anaphore et la cataphore, iii) la *Deixis am Phantasma* (« deixis imaginative »), qui non seulement permet de donner à voir un absent, mais qui « s'exerce donc essentiellement sur des représentations intérieures » (*ibid.*).

result of acquiring the speaker's role during turn-taking. When origos are allocated, it can be presumed that there is an intentionally driven agent who carries out origo allocation and instantiation ».

26 Litt. manifester, présenter, figurer, montrer.

Or, il nous semble pouvoir repérer dans une récente proposition de Per Aage Brandt un écho des formulations bühleriennes, notamment à l'égard de l'ancrage déictique de la signification à proprement parler, de l'imbrication entre référence et iconicité des signes, ainsi que vis-à-vis de la pertinentisation perceptive et cognitive que les déictiques réalisent dans les interactions. Bien que Brandt affirme que le signe déictique ne peut être réduit ni au modèle saussurien ni à celui peircien, il fait tout de même appel à la distinction entre signifiant et signifié. En particulier, il articule le passage – à la fois référentiel et énonciationnel – entre ce qui vaut respectivement comme indicateur et comme désigné, et ce qui, en ayant fait l'objet d'une pertinentisation, devient signe – de n'importe quel type – pour celui qui est concerné. Comme il le précise,

> [...] la deixis comprend structurellement à la fois l'énonciation – l'intention communicative et la subjectivité –, et la référence – en tant qu'ancrage au contenu du monde extérieur. En effet, je souhaite montrer que la référence et l'énonciation doivent être modélisées comme un tout structurel, comme un noyau énonciatif et référentiel, qui doit également inclure une implication ou un socle commun qui rend la référence significative, c'est-à-dire possible [...]. La deixis explique ainsi la relation essentielle entre le sens signifié et son référent, la *réalité* dont le sens signifié est son *à-propos [ab*out]. Sans cet "à-propos" [aboutness], la signification serait vide de sens[27]. (Brandt, 2016, p. 3, p. 6, italiques dans le texte)

Dans cette perspective, et dans le sillage bühlerien, selon le sémioticien, « la fonction signe est véritablement une fonction déictique de l'énonciation qui pose le signe – sa/sé – comme une instance d'intersubjectivité de communication, sans laquelle il n'y aurait pas de connexion entre les deux "plans du signe"[28] » (Brandt, 2017, p. 16). Aussi, cette même fonction non seulement émerge, mais se *montre* dans le champ de forces et d'instances que l'interaction installe. C'est dans ce sens, à savoir dans

27 Nous traduisons, version originale en anglais : « *[...] deixis structurally includes both enunciation – communicative intent and subjectivity – and reference – anchoring in the content-external world. In fact, I intend to show that reference and enunciation must be modeled as a structural whole, as a core referential enunciation, which also has to include the common concern or ground that makes reference meaningful, that is, possible [...]. Deixis thus explains the essential relation between signified meaning and its referent, the* reale *that the signified meaning is* about. *Without this "aboutness," meaning would be meaningless* ».

28 Nous traduisons, version originale en anglais : « *[...] the sign function is really a deictic function of enunciation that posits the sign – sa/sé – as an instance of communicating intersubjectivity, without which there would be no connection between the two "planes' of the sign"* ».

l'activation conjointe d'un *valoir pour* et d'un pouvoir configurationnel qui excède – comme le soulignait déjà Bühler – la simple indexation, que les déictiques exemplifient la généralité de la sémiose.

Finalement, il ne nous reste qu'à préciser comment ce nouvel éclairage sur les déictiques en général peut concourir à une reformulation de l'approche sémiotique de la danse. À la suite d'une actualisation des réflexions de René Thom sur la danse, et tout particulièrement sur le pouvoir *sémiurgique* de la danse, et à partir des éléments examinés ici, nous croyons pouvoir enrichir notre hypothèse de départ, brièvement rappelée plus haut, de la manière suivante.

Dans le tango, tout comme dans d'autres danses qui, bien qu'improvisées, requièrent un apprentissage préalable des formes gestuelles pouvant inclure une organisation des référentiels – corporels, environnementaux, relatifs au partenaire –, le repérage de gestes déictiques peut se faire à condition de poser une « vocation » déictique de gestes normalement impliqués dans des dispositifs énonciatifs plus complexes. En revanche, dès lors que l'on postule une déicticité diffuse et plus « fondamentale », on peut non seulement s'affranchir peut-être de la réserve posée auparavant, mais surtout réévaluer la relation entre *formes* et *figures gestuelles*.

En effet, comme on l'a évoqué ailleurs, le couple conceptuel thomien de *saillance* et *prégnance*[29] permet de concevoir le passage de la forme à la figure gestuelle comme doté de sens à plusieurs niveaux. Dans ce type de champ, qui est constitué en interaction – à la fois somatique et pratique, et par là même contraint pas différents types de normativité –, on a vu comment des éléments rattachables aussi bien aux formes qu'aux figures gestuelles peuvent opérer comme gestes

29 Les notions de *saillance* et de *prégance* permettent à Thom (1990) d'appréhender la danse en tant que *forme* dans une perspective générale d'interrogation sur l'émergence du sens. En particulier, la *saillance* ou *forme saillante*, est selon Thom une configuration perceptive – une *priméité* dans l'acception peircienne du terme – qui installe une discontinuité dans le paysage perceptif-sensoriel d'un proto-actant. Une discrimination ultérieure effectuée sur les saillances – qui constitue par là même le moment d'émergence de la signification – est représentée par l'investissement en termes de valeurs qui transforme celles-ci en *prégnances*. Le mathématicien rattache essentiellement les prégnances à des valences biologiques fondamentales, relatives par exemple à la prédation ou à la reproduction. En particulier, les prégnances ont la capacité de modifier le comportement à la fois moteur et affectif du sujet. Lorsque l'on constate la présence de prégnances chez l'Homme liées au langage, l'investissement devient, selon Thom, purement symbolique : les prégnances se détacheraient ainsi des fonctions strictement biologiques. Dans ce sens, puisqu'elles peuvent affecter l'expérience personnelle de l'individu, les *formes vécues* ou l'*interaction* lorsqu'elles sont socialement codifiées, les prégnances installent *ipso facto* un régime de signification à part entière.

déictiques. En d'autres termes, cela reviendrait à soutenir que, dans le champ de l'interaction dansante, les déictiques fonctionneraient comme des « attracteurs » s'appuyant précisément sur l'une ou l'autre face de la *forme-signe* de la danse. Dès lors, si l'on prend en compte la dynamique de transposition des formes sémantiques (Cadiot et Visetti, 2001) que l'on voit opérer entre un niveau de signification et un autre (textes, objets, pratiques, etc., *cf.* Fontanille, 2008), et si l'on considère les gestes déictiques de la danse comme des « attracteurs », alors on peut estimer qu'un rabattement entre ce qui vaut comme expression et ce qui vaut comme contenu soit à l'œuvre entre formes et figures gestuelles. La non prévisibilité de ce qui fera office de geste déictique déclencherait en somme des *motifs* – et tout d'abord des motifs d'action – qui, par les processus de répétition pratique et rituelle, de transmission culturelle et de remédiation sémiotique sur différents supports, pourront se profiler et être davantage thématisés sur d'autres strates signifiantes. De plus, le profilage et la thématisation, à savoir les phases de stabilisation, de reprise et de réémergence des formes sémiotiques, dépendraient par conséquent de l'extraction iconique, diagrammatique, figurale que les gestes déictiques auront opéré tantôt sur les formes gestuelles, tantôt sur les figures gestuelles. Bien évidemment, cela aurait comme effet une duplication de la référence, mais en même temps serait conforme à un principe sémiotique peircien, inséré et adapté à un modèle mixte, à la fois post-greimassien, morphologique et phénoménologique.

CONCLUSION

Pour conclure, on souhaite esquisser les visées et les horizons d'application à venir de l'approche développée dans cette contribution.

Tout d'abord, les hypothèses générales que l'on a formulées peuvent – nous semble-t-il – contribuer au développement de l'étude de la sémiose de la danse dans sa globalité, et, inversement, de l'étude de la sémiose générale à partir de la danse. Ce double objectif est légitimé d'un côté par un certain éparpillement que l'on constate, même actuellement, par rapport aux recherches sémiotiques sur la danse et, de l'autre côté, par une partie du projet sémiotique thomien qui, comme nous l'évoquions plus haut, voyait la danse comme une véritable *sémiurgie*, processus d'émergence et de « réalisation » du sens à travers les va-et-vient interactionnels des saillances et des prégnances.

En deuxième lieu, la mise à l'épreuve des déictiques par rapport à une forme de pratique foncièrement gestuelle peut, ou du moins souhaite, relancer et renouer les liens entre sémiotique et formes de la gestualité, qui semblent s'être arrêtés à la publication du célèbre numéro de 1968 de la revue *Langages*. Par ailleurs, ce vœu a été clairement formulé par Paolo Fabbri dans un texte récent (2019) où il plaide pour un retour de la proxémique dans le champ de la réflexion sémiotique. Fabbri affirme en effet que « par sa dimension non ontologique et interactionnelle, la proxémique ne se limite pas aux implications sensorielles, aux interactions face-à-face dans des micro-situations, aux éloignements entre des bulles d'interactions[30] » (2019, en ligne) ; en revanche, selon le sémioticien, elle peut s'étendre à n'importe quel comportement humain dans l'interaction sociale. De ce fait, ce plaidoyer pour la proxémique peut être facilement généralisé aux déictiques et à la gestualité, qu'elle soit dansante ou non.

En troisième lieu, et en revenant plus spécifiquement à la danse, il nous semble que ces remarques peuvent constituer un ensemble suffisamment cohérent pour qu'il soit mis à l'épreuve aussi sur des corpus autres que le tango argentin. Plus spécifiquement, l'hypothèse d'une déicticité diffuse pourrait contribuer, d'une part, à peaufiner l'étude des valences dramaturgiques et narratives de nombreuses danses folkloriques non improvisées et, d'autre part, à repérer des éléments narratifs émergeants dans des performances chorégraphiques ouvertement non-narratives (au sens de l'affichage et du déroulement d'une histoire). La déicticité diffuse deviendrait dans ce dernier cas un outil de saisie rythmique, syntagmatique et aspectuel, d'un flux qui, même silencieusement, ne cesse de réorienter constamment l'effort du danseur et l'attention du spectateur.

Valeria De Luca
Université de Limoges

30 Nous traduisons, version originale en italien : « *[...] per la sua dimensione non ontologica e interattiva, la prossemica non si limita ai coinvolgimenti sensoriali, incontri faccia a faccia in microambienti, distanze di fuga tra bolle interattive* ».

« LÀ C'EST ICI HEIN »

La deixis entre interactions *in vivo* et médiations tierces de la ville

Dans la perspective du dialogue épistémologique occasionné par cet ouvrage, il nous semble opportun de construire une passerelle entre l'étude d'un cas concret et la théorisation sur la *deixis* comme notion féconde en sciences du langage, pour penser les tensions qui agissent sur et dans le fait de prendre position et d'attribuer des positions en interaction. Théorisée par Karl Bühler ([1934] 1965) dans une approche égocentrée de l'activité discursive, la notion d'*origo déictique* exprime les articulations réalisées entre *je, ici et maintenant* en discours par l'instance locutrice. Plus récemment retravaillée dans la perspective de la linguistique interactionnelle, elle peut être appréhendée à travers le passage « d'une conception référentielle à une conception praxéologique de la spatialité » à partir de la proposition de Lorenza Mondada (2005). À l'oral comme à l'écrit, les agents de l'énonciation gèrent leurs rôles et ancrent leur discours dans un espace-temps par la mise en relation d'un *je/tu* avec un *il*[1], d'un *ici* avec un *là*, un *là-bas* et un *ailleurs*, d'un *maintenant* avec un *avant* et un *après*. À ces ruptures personnelle, locale et temporelle, on peut ajouter une rupture modale, proposée par François Rastier (2001) dans le cadre d'une sémiotique des cultures, qui oppose le *certain* et le *probable* au *possible* et à l'*irréel*, de manière à mettre en relief les modes de construction et de projection des actions dans un référentiel de valeurs. En nous appuyant sur des travaux qui ont montré les apports d'une conception dynamique et séquentielle des pratiques langagières, dans le champ des sciences du langage (Halliday, 1978 ; Mondada, 2005 ; Auer et Pfänder, 2011 ; Stukenbrock, 2015) et de l'anthropologie linguistique (Goodwin et Goodwin, 1992 ; Duranti,

1 Sur la relation entre la première, la deuxième et la troisième personne sur le plan de l'énonciation et sur le plan de l'énoncé, on peut notamment orienter les lecteurs et lectrices vers la proposition de Georges Kleiber (2016).

1997), nous montrons la pertinence d'une approche écologique[2] de la deixis pour l'étude des processus de spatialisation, de temporalisation et d'actorialisation impliqués (i) dans la gestion du sens en interaction (chercher une position appropriée dans la situation alors qu'elle est en train de se déployer) et (ii) dans la scénarisation de l'action (prendre et mettre en position dans le cours de la mise en discours d'une expérience).

Dans une approche ethnométhodologique notamment représentée par Harold Garfinkel (1967), qui s'intéresse au caractère socialement partagé de la signification, notre étude de cas se déploie à partir d'un extrait du corpus réalisé dans le cadre de notre recherche doctorale : les enregistrements audiovisuels de deux balades urbaines guidées sur le thème de l'*Esprit skate* (Thiburce, 2018). D'une durée de deux heures, ces balades ont été conçues et menées par deux photographes et vidéastes de la pratique du skateboard au printemps 2016, à la sollicitation des musées Gadagne (musée d'Histoire de la Ville de Lyon). Lors de ces balades à pied, des photographies imprimées et plastifiées sont mobilisées afin de mettre en visibilité les potentialités de la pratique des sites urbains avec skateboard qu'ils parcourent sans skateboard. On montrera la fécondité de pister les tensions en jeu dans la mise en correspondance de l'espace du parcours de la ville (par le corps) et de l'espace représenté par une médiation tierce de la ville (par la photographie). L'attestation audiovisuelle d'une expérience urbaine affirmera son caractère heuristique pour l'enquête des diverses *ressources* linguistiques et sémiotiques (Halliday, 1978 ; Basso Fossali, 2017a ; Thiburce et Ursi, 2018) mises en œuvre par des participants qui font émerger et qui stabilisent un « espace interactionnel » (Mondada, 2005), un espace de leurs interactions en interaction.

---

2 Dans une approche située et incarnée de la gestion du sens, le terme « écologique » est à appréhender ici en tant que perspective qui s'attache à observer et à caractériser les relations sensibles et symboliques des agents et l'environnement de leurs (inter)actions, dans le sillage des travaux philosophiques de Charles Sanders Pierce et de John Dewey et des enquêtes anthropologiques, entre autres, de Charles Goodwin et de Tim Ingold articulée par le sociologue Louis Quéré (2016). Avec les mots d'Anthony Pecqueux, nous dirions : « L'incarnation du social dans des corps humains peut être conçue comme le véhicule, pluriel et plastique, des présences publiques à autrui ; comme l'incorporation durable de dispositions à agir, etc. Elle n'en reste pas moins étonnamment tronquée de sa qualité sensible, *locus* des transactions entre les corps socialisés et agissants et les environnements. Explorer la dimension sensible du social à travers une enquête écologique sur les modalités perceptives en tant qu'elles portent l'agir, ses rémanences comme ses modes d'interaction avec l'environnement, apparaît alors comme une voie d'approfondissement de la connaissance du social ; également comme une façon de poser sous un jour nouveau certaines questions sur la conflictualité et les différenciations sociales » (2012, p. 27).

La mobilisation d'une image *de* la ville *dans* la ville, « de la matérialité diaphane du média à son investissement comme environnement » (Basso Fossali, 2016a), interroge la recherche sur les transformations et les compénétrations de diverses médiations sémiotiques. Dans un dialogue entre sémiotique des pratiques et analyse des interactions, on se focalise sur la négociation d'une deixis spatiale, temporelle et actorielle selon une approche écologique de la gestion du sens. On étudie notamment les phases de (dé)stabilisation d'une scène pratique (Fontanille, 2008) au regard de la notion de *geste* telle qu'elle a été travaillée par Pierluigi Basso Fossali où le *res gestae*, « hors technique », n'est pas à appréhender dans une dimension seulement corporelle : le geste engage les acteurs d'une scène dans la gestion des écarts entre « une rétroduction énonciative (genèse de l'acte) et une prospection des conséquences (efficacité de l'acte) » (2017a, p. 4). Notre proposition est de caractériser la transformation d'un *origo déictique* sur le plan micro-interactionnel, en considérant la *multimodalité* langagière comme passage entre le caractère fondamentalement *polysensoriel* de l'expérience (multiplicité des sens impliqués au niveau sensorimoteur de la sémiose) et le caractère fortement *polysémiotique* de l'espace (multiplicité des langages à travers lesquels un lieu émerge). On souligne en quoi la recherche sémiotique sur les emboîtements énonciatifs en jeu dans une scénarisation de l'action peut profiter d'une étude locale des articulations entre une scène pratiquée en public (milieu de l'interaction où cohabitent les participants à la balade urbaine et les autres habitants alentours) et une scène élaborée en discours (énonciation de l'espace à partir de sa photographie). En effet, dans la co-construction de l'espace à travers la parole en interaction, quelles sont les relations impliquées entre l'*ici et maintenant* de la pratique de groupe en balade urbaine avec le *là-bas* photographié (Barthes, 1980) ?

QUEL CORPUS POUR QUELS OBSERVABLES ?

Les recherches en sémiotique des interactions (Landowski, 2006) et en sémiotique des pratiques (Fontanille, 2008) ont modélisé les tensions qui agissent sur les dimensions sensibles, passionnelles et symboliques de l'expérience, à partir d'une réélaboration *a posteriori* d'une interaction vécue et d'une pratique observée. Si les avancées conceptuelles permises par ces travaux sont bien identifiables[3], des limites se posent à l'observation et à l'analyse des interactions menée seulement à partir de leurs traces (Mondada, 2010).

ÉTUDE EMPIRIQUE ET RECHERCHE SÉMIOTIQUE EXPÉRIMENTALE

En effet, travailler à partir des traces d'une activité pose des limites quant (i) à l'agencement progressif des parties en présence, (ii) à l'attention des participants à l'action en cours et (iii) aux tensions entre l'amont et l'aval d'une prise de parole dans la séquentialité de l'interaction. Pour tenter de dépasser ces limites, nous avons réalisé une étude empirique participant d'un couplage entre un plan conceptuel et un plan méthodologique qui rend observable le « potentiel de signification » (*meaning potential*) des systèmes sémiotiques (Halliday, 1978, p. 192)[4], adoptant ainsi une épistémologie située des pratiques socio-langagières.

Pour ce faire, on s'est appuyé sur un mode de constitution de données développé par le groupe ICOR de l'UMR 5191 ICAR pour sa force heuristique, tout en l'ajustant à nos questions de recherche. Nous avons conservé la première caméra qui opère habituellement un plan large sur le groupe en vue d'étudier les dynamiques interactionnelles des participants : elle est tenue par nous-même. Concernant la seconde caméra, nous en avons reconfiguré l'utilisation en la proposant aux participants avec la consigne la plus ouverte possible (cercle orange) : ils pouvaient filmer ce qu'ils voulaient, quand ils le voulaient, de la manière dont ils le voulaient, avec la possibilité de se la faire passer et de l'éteindre. Une vue multiscope de l'événement interactionnnel documenté est réalisé en post-traitement et les participants se trouvent anonymisés par des annotations spécifiques[5].

3 On pense notamment à la systématisation opérée par Eric Landowski (2006) vis-à-vis de la tension entre les régimes d'*ajustement* et de *programmation* qui structure les interactions sémiotiques. Celle-ci a été ensuite reformulée par Jacques Fontanille (2011) en termes d'*accommodations auto-adaptatives* et *hétéro-adaptatives*.

4 Chez le linguiste M.A.K. Halliday (1978), la conception du langage en tant que *ressource* trouve son fondement dans le fait que les pratiques linguistiques s'organisent en *systèmes* (auto- et hétéro-adaptatifs, à géométrie variable) et non en tant que *structures* (codées et rigides). Les systèmes sémiotiques sont moins à appréhender selon une rationalité définitivement codée qu'à travers les intrications entre système sémiotique et système social réalisées en acte. Cette conception a une retombée immédiate sur l'enquête des pratiques sociales en acte et sur l'étude des ressources sémiotiques en interaction.

5 Pour l'identification des participants, GU1 signifie GUide 1, VH1 Visiteur Homme 1, VF1 signifie Visiteur Femme 1, VE1 Visiteur Enfant 1 et DOC DOCtorant.

Cette seconde caméra, conçue en tant que *perception-énonciation instrumentée*, permet de travailler sur les passages entre le champ de la perception et le champ de l'énonciation en jeu dans le processus de sémiose de l'espace urbain (Thiburce, 2018a et 2018b). À travers des *(re)cadrages* des corps et des caméras, les champs de la perception et de l'énonciation se couplent au champ des pratiques sociales : l'attention que des individus portent à leurs propres activités socio-langagières donnent des indices pour observer les formes d'engagement en jeu dans une conduite d'action en public (Goffman, 1974 ; Pecqueux, 2012) et les écarts entre des normes pas forcément partagées[6].

LA DIALECTIQUE ENTRE PARCOURS ET PASSAGE ET SES APPORTS POUR LA *DEIXIS*

La balade urbaine, sur le plan conceptuel, dans la dialectique entre « parcours » et « passage » (Boudon, 2013 ; Basso Fossali, 2017b ; Thiburce, 2018b), permet de travailler sur trois plans des expériences urbaines : (i) sur le plan biographique, on observe les articulations réalisées entre l'activité de groupe en train d'être conduite, les pratiques déjà menées et celles projetées ; (ii) sur le plan spatio-temporel, on caractérise les opérations de conjonctions et de disjonctions opérées entre des lieux à travers l'émergence et la confrontation de points de vue dans l'espace et dans le temps ; (iii) sur le plan narratif, on dégage les tensions qui agissent sur la négociation de rôles sociaux attendus selon des normes socio-culturelles et sur la gestion collective des rôles joués par les acteurs de la ville (en coprésence ou non) à travers l'assomption, l'imputation et la projection de points de vue en discours (Rabatel, 2017).

Cette triple acception de la dialectique entre « parcours » et « passage » mérite d'être travaillée sur le plan de la *deixis* entre l'espace, le temps et les acteurs des pratiques mises en discours (hors balade urbaine) et l'espace, le temps et les acteurs de la pratique en cours (en balade urbaine).

L'anonymisation est une étape du traitement de données parmi les annotations et transcriptions dans les conventions mobilisées par le Groupe ICOR : http://www.icar.cnrs.fr/sites/corinte/conventions-de-transcription/.

6 Aussi, la stabilisation et la transformation des statuts de la caméra mérite d'être questionnées sur la crête des compétences et des valorisations qu'en font les acteurs sociaux dans le cours de son utilisation. Nous nous intéressons notamment à la caméra en tant qu'*outil de recherche* et en tant qu'*objet culturel* (Thiburce, 2018a).

LA DEIXIS
ENTRE ESPACE REPRÉSENTÉ, ESPACE DE REPRÉSENTATION ET ESPACE INTERACTIONNEL

Après avoir introduit les fondements de notre étude, nous analysons l'extrait d'une séquence de médiation[7] de la deuxième balade que nous avons suivie. Cette séquence s'est déroulée au deuxième point d'arrêt (dénommé « plan incliné ») du parcours retracé ci-dessous – départ du « Bowl » de la Guillotière et arrivée à la place Louis Pradel dénommée « HDV » (pour Hôtel de Ville) par les skateurs.

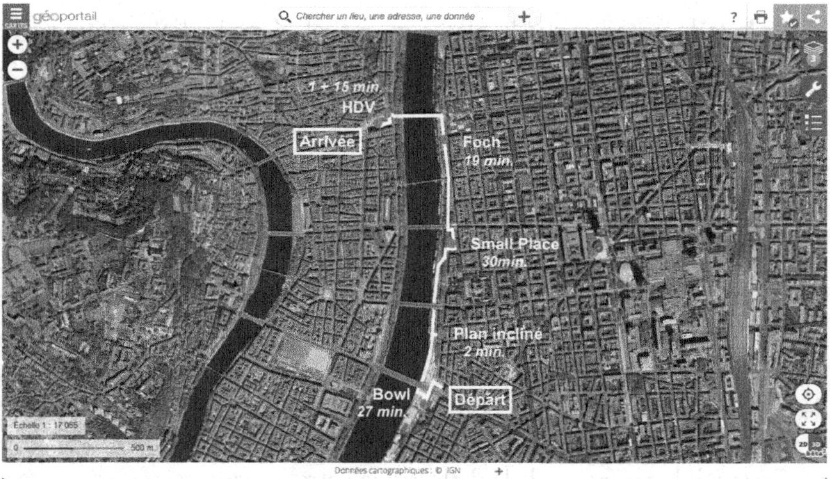

FIG. 1 – Parcours balade urbaine *Esprit skate* –
Lyon, le 19.06.2016 de 15h à 17h.

Pour cette séquence, on se focalise sur la mobilisation d'une photographie qui vise à illustrer les potentialités du lieu en question, dont nous proposons une transcription partielle ci-dessous[8]. Après avoir procédé, en

7 Elisa Ravazzolo (2012 : 94) distingue les *séquences de médiations*, qui sont les points d'arrêts d'une visite où des objets et des espaces sont thématisés, des *séquences de déplacement*, qui sont passages d'un point à un autre.

8 Au sein des transcription, le signe 1# permet de situer les images des phénomènes sémiotiques étudiés (regards, orientation des corps, gestes etc.). Suivie d'une lettre (#2a), cette

discours, à la reconstitution du détournement d'un banc par la pratique du skateboard, les guides élargissent le champ de ce « spot » que constitue le « plan incliné » en élaborant une archéologie de l'espace par la photographie[9].

EXTRAIT 1 – « LÀ C'EST ICI HEIN » –
MISE EN CORRESPONDANCE DES ESPACES

(00 :37 :34)

GU2 #1((pointe le plan incliné))

GU1 et l- [là/ j'ai une photo]

GU2 [et : vous avez : ouais\]

GU1 de loïc là/ qui : :\ #2a alors là/ #2b on regardait ce spot\ #2c <apparemment #3a c'est l`seul #3b spot > ((balaye l'espace du regard et du bras)) mais #3c voilà quand i` y a des : #4a skateurs
très [très #4b forts et : h.]

GU2 [i` y en a quelques uns qu` arrivent] à partir du haut :/#4c et i`s rentrent [dans l` plan incliné :\]

VH2 [ah ouais :/]

GU2 donc j` vous laisse imaginer la vitesse #5 à laquelle i`s arrivent en bas\

GU1 donc là c'est #6 particulier :\

GU2 [h. :((se rapproche de GU1, VF1 et VH2))]

GU1 [et i` y en a très peu qui :\qui sont capables de faire ce genre de choses/]

VH1 ((se rapproche de GU1, GU2, VF1 et VH2))

GU2 <c` qu'on appelle un roll in\ #7a donc i` r :oule/ et i` : :\ #7b s` lai/sse tomber #7c [dans l` plan incliné\]> ((mime le saut))

GU1 [<.tsk #8a là/ c'est ici hein\] #8b c'est vraiment c'est vraiment là> ((pointe les marches))

GU2 [c'est par là] #8c

VH2 [h. :]

VF1 [ah ouais\]

GU2 [donc i` doit retomber par là là]

VH2 [c'est plutôt #9a là-bas/ hein\] #9b

GU1 (ou : euh : : ; ou :` euh : :)
[OUAIS/ ouais #9c c'est juste là là tout à fait\] #9d

VH2 [(parce que là i` y a la] poubelle verte

GU1 ouais c'est juste là ouais

GU1 ((regarde la photo)) ouais juste après la : boîte blanche là

---

annotation renvoie à différentes phases d'un geste identifiées par David McNeill (1992) (*preparation*, *stroke*, *hold*, *retraction*). Ces images seront mobilisées au fil de l'analyse.

9 En raison des contraintes éditoriales, nous n'avons pu intégrer toutes les captures d'écran de l'extrait au sein de notre chapitre. Nous proposons donc aux lecteurs de se diriger vers le lien suivant pour télécharger l'extrait étudié (https://medihal.archives-ouvertes.fr/hal-02483196) et avoir un aperçu complet des annotations visuelles réalisées sur ces captures décran (https://medihal.archives-ouvertes.fr/hal-03159196).

VH2 faut pas :\ faut pas tomber dans l` trou
GU2 donc ça pareil c'est shooté un jour d` beau temps :/ un diman :/che donc euh :\ pareil/ on en reviendra un peu plus tard vous expliquer comment un groupe euh\ s'autogère/ en fait mais i` y a des gars qui bloquent les vélos euh voilà on est tous conscients de : tu peux i` y- [enfin] voilà\
VF1 [hm]
(0.8)
GU2 i` y a des éclaireurs qui lui disent quand y aller quand pas y aller euh :\ même si tout ça ça s` voit pas mais on en reviendra un peu plus tard au spot d'après pour parler d` tout ça
(2.0)
GU2 voilà/
(00 :38 :33)

Pour fluidifier la lecture de cet extrait, nous en proposons une synthèse en dégageant les phases principales de l'interaction :

1. ligne 1 à ligne 5 : passage de la description du banc à la description d'un espace plus vaste (le plan incliné), notamment par le connecteur « mais » (l. 5);
2. ligne 6 à ligne 20 : focalisation sur le plan incliné et monstration d'une figure réalisée par un skateur à travers l'utilisation de la photographie;
3. ligne 21 à ligne 32 : négociation de la correspondance entre l'espace photographié et l'espace de la balade; réparation du discours de GU1 auto-initiée par VH2 (l. 26);
4. ligne 33 à ligne 40 : contextualisation de la photographie et explicitation des pratiques de prise de vue dans le domaine du skateboard;
5. ligne 40 à ligne 44 : préparation au passage vers le point d'arrêt suivant et clôture de la séquence.

Au fil de l'échange, l'attention des co-participants navigue entre deux foyers. D'un côté, ils sont tendus vers l'environnement immédiat en ajustant leurs points de vue dans/sur l'espace de la pratique. De l'autre, ils se focalisent sur une photographie représentant une figure de skate dénommée *rolling* réalisée au même endroit (img. 1, cercle blanc).

Sur le plan des ressources mobilisées dans la négociation de l'indexicalité[10] de la situation, il est intéressant d'étudier l'élaboration

10 Sur le plan terminologique, nous pourrions souligner que la notion de *déictique* recouvre les formes linguistiques de modalisation et d'orientation d'un acteur (deixis personnelle)

d'une énonciation complexe, multidimensionnelle et progressive (i) où la gestualité *indexicale* établit la relation entre celui qui perçoit (*indexant*) et ce qui doit être perçu (*indéxé*)[11] ; (ii) où la parole verbale orale est gravée par le paraverbal qui (dé)joue des voix énonciatives ; (iii) où le positionnement et l'orientation dans l'espace interactionnel participent de l'actorialisation et de la modalisation de la relation à l'entour.

COGÉRER L'ÉNONCIATION DE L'ESPACE PAR L'IMAGE, UN JEU DE CALQUES

Dans cette mise en discours de la pratique des skateurs, on observe une gestion complexe des ressources linguistiques, mimo-gestuelles et spatiales, notamment du point de vue de la différence entre un espace aux limites définies et un environnement dont les limites restent à instaurer. Le spot « banc » déjà décrit se trouve désigné par GU1 (l. 4 et 5) à travers la mobilisation de démonstratifs (*ce* spot ; *c'est le seul* spot) et par un geste de pointage de l'index, où la désignation mimo-gestuelle anticipe la désignation verbale (img. 2a, 2b, 2c).

Ensuite, à travers un geste de la main paume ouverte (img. 3a et 3b), ce banc se trouve réintégré dans un environnement plus large, en coprésence avec d'autres spots. L'introduction du nouvel objet de discours se produit de manière illustrée par GU1, qui tend l'image aux participants (l. 6, image 3c) et instaure un rapport de différences entre le banc et l'espace montré en image sur le plan de la performance des skateurs (« mais *voilà* quand i` y a des skateurs très très forts », l. 5-6).

Un tel mouvement demande aux visiteurs de sémiotiser eux-mêmes le nouvel objet de discours sur l'image. GU2 complète cette monstration

dans l'espace (deixis spatiale) et dans le temps (deixis temporelle). Quant à elle, celle d'*indexicalité* renvoie au processus d'ancrage sémiotique d'une action dans un contexte pragmatique et une situation d'interaction spécifiques. Sur ce point, nous pouvons orienter les lecteurs vers la très riche introduction de Jérôme Jacquin (2017) au volume 193 de la revue *Langue française* qui s'intéresse « à la deixis en français en tant qu'elle constitue sa part d'indexicalité lexicalisée, inscrite en langue » (Jacquin, 2017, p. 7), dont « les contributions font par ailleurs preuve de complémentarité aux niveaux de la (i) perspective adoptée, du (ii) type de deixis considérée et des (iii) contextes analysés » (*ibid.*,, p. 12).

11 Nous reprenons la proposition faite par Jean-Marie Klinkenberg quant aux formes de l'indexicalité en sémiotique, où l'index mobilise trois éléments : (i) le signe indexical proprement dit (/doigt pointé/, /étiquette/…) ou indexant, (ii) la portion d'espace désignée, ce secteur devenant ainsi l'objet de l'indexation, et pouvant dès lors être dit indexé, et (iii) la relation que le premier institue avec le second (« désigner », « donner tel statut », etc.), ou indexation (2016, p. 55).

effectuée par GU1 en décrivant la figure dans l'espace lui-même, de manière multimodale (img. 4a, 4b, 4c, cercle blanc).

Pendant ce temps, les participants sont plongés dans une observation de l'espace sensiblement variées : VF1 saisit l'image qui lui est tendue (img. 4a, 4b, 4c, cercle orange) ; VF2 et VH2 se rapprochent de l'image ; VH1, qui manipule la caméra, se trouve proche de GU2 et est donc éloigné de l'image, orientant alors son regard vers le plan incliné (img. 4c, flèche noire).

GU1 reprend la parole en recourant de nouveau à la monstration de la pratique du spot par l'image (l. 13, « *là* c'est particulier ») et GU2 se rapproche de lui en mettant en mouvement le saut du skateur fixé sur l'instantané photographique (l. 18-19, img. 7a, 7b, flèche orange).

Ce saut alors apparenté à d'autres figures par GU1 se trouve lexicalisé par GU2 qui recourt au vocabulaire skateboardistique : « c'est ce qu'on appelle un *rolling* » (l. 18). Après s'être concentré sur l'image elle-même, GU1 opère une description de l'espace photographié en initiant une ouverture vers l'espace où ils se trouvent : en disant « là c'est ici hein » (l. 20), le « là » de la photo (img. 8a) et l'« ici » en train d'être parcouru par les corps (img. 8b) s'ancrent l'un à l'autre. En nous appuyant sur l'étude des *zones anthropiques* réalisée par François Rastier (2001), nous pouvons reformuler cette observation selon une dialectique entre l'*espace identitaire* de l'image à recomposer (« là ») et l'*espace identitaire* de la balade urbaine à négocier collectivement (« ici »), où les modalisations des acteurs de la scène photographiée se couplent aux modalisations des participants à la pratique en cours.

En disant « c'est plutôt là-bas hein », VH2 auto-initie un *repair* (Sacks, Schegloff & Jefferson, 1974) du discours des guides en mettant en correspondance l'espace photographié avec une autre portion de l'espace de la balade (l. 26, img. 9a et 9b, flèche blanche). Toujours à partir de l'étude des zones anthropiques de Rastier (2001), on pourrait se demander si cet énoncé « c'est plutôt là-bas » de VH2 n'introduirait pas une rupture entre l'*espace identitaire* stabilisé ou en recherche de stabilisation (« ici/là ») et un *espace proximal* (« là-bas ») dont les frontières et les emboîtements restent à agencer en interaction. On observe tout du moins que l'incursion de VH2 se trouve prise en compte par l'ensemble des interactants (img. 9c, flèches blanches), les guides réajustant leur discours (l. 28-31) : cet ajustement constitue une charnière dans la négociation du caractère approprié de la spatialisation de l'action sur lequel nous reviendrons plus bas. VH2 étaye alors son argument en signalant la présence d'une « poubelle verte » qui empêcherait les skateurs de retomber à l'endroit jusqu'alors indiqué par les guides (img. 9d).

Aussi, l'accomplissement praxéologique de la lecture de l'image est très intéressant du point de vue de la mise en correspondance des espaces : VF1 lève l'image à la hauteur de ses yeux (img. 9d) et, ce faisant, réalise un geste qui relève à la fois d'une *ergonomie* de la pratique d'observation (lever l'image éviterait l'inconfort du va-et-vient des regards baissé et levé) et d'une *écologie* sémiotique (lever l'image participerait de l'accomplissement d'une suture entre la figurativité de l'espace représenté en image et celle de l'espace parcouru par le corps).

LA GESTION DES PHASES TEMPORELLES DANS LA SÉQUENTIALITÉ DE L'INTERACTION

Cette médiation d'une expérience de la ville déjà vécue par les skateurs est étroitement liée à la séquentialité de l'interaction, sur les plans macro- et micro-discursifs.

Sur le plan macro-discursif de la balade urbaine, l'image sert de point de passage entre le moment de la pratique photographiée (« ça c'est shooté un jour de beau temps un dimanche », l. 33) et le moment en train d'être vécu (*ce dimanche 19 juin 2016*). Aussi, l'énonciation de l'espace à laquelle les guides viennent de procéder est réintégrée aux autres séquences de médiation, se trouvant réassumée en tant qu'étape du programme discursif global (« on en reviendra un peu plus tard vous expliquer » et « on en reviendra un peu plus tard au spot d'après pour parler de tout ça », l. 34 et 41-42). Sur le plan micro-discursif, la progression de l'interaction met en scène la progression d'une performance des skateurs de niveau en niveau : le feuilletage de l'espace interactionnel retrace le feuilletage du spot ; l'espace de l'interaction s'étend et s'intensifie à mesure que le niveau des skateurs s'amplifie ; le caractère organique de la transformation d'un espace habité par la pratique du skateboard se trouve « remédié » (Bolter & Grusin, 1999) dans la pratique de la balade urbaine elle-même[12].

---

12 Dans une perspective communicationnelle, la *remédiation* est définie par Jay David Bolter et Richard Grusin (1999) en tant que processus par lequel une médiation contient en elle-même des traces d'autres médiations qu'elle cherche à percevoir, à interpréter et à définir – « définir » étant entendu dans une acception sémantique (sens/signification) et dans une acception matiériste (haute/basse définition). Entre une « grammaticalisation infra-médiatrice » (qui institue l'expérience) et des « dynamiques trans-médiatrices » (qui tissent des relations interactantielles), la *remédiation* opère une « rentrée » du *technique*

LA GESTION DES POSITIONNEMENTS ACTORIELS, UNE PRÉSENCE SUR PLUSIEURS TERRAINS

Cet extrait est également intéressant du point de vue de la gestion du rôle des guides, du jeu de regard qui opère un monitorage de leur prise de parole (img. 5 et 6, flèches noires) aux formes de pronominalisations par lesquelles ils s'incluent ou s'excluent l'un l'autre en tant qu'instance locutrice (par exemple, GU2 dit « *je* vous laisse imaginer », et non pas « *on* vous laisse imaginer »).

Si GU1 énonce que la photographie qu'il tient dans ses mains a été prise par GU2 (« j'ai une photo d` loïc là », l. 2 et 4), ce dernier ne se positionne pas explicitement comme protagoniste de la scène commentée. En disant « donc *ça* pareil *c'est* shooté un jour d'beau temps » (l. 33), sa position d'auteur de la photo et de participant à la scène se trouve mise en arrière-plan et c'est la scène décrite toute entière qui tient la place d'acteur principal de l'énoncé. Ce passage participe de la montée en abstraction des modes de présence aux espaces publics. L'occurrence particulière d'une situation d'interaction tient lieu de type de contexte pragmatique et la situation se trouve rééprouvée en discours : en disant « on est tous conscients de tu peux y aller » (l. 36), GU2 réénonce la scène de réalisation de la figure de skateboard à partir du moment présent où il l'a vécu.

L'incursion de VH2 dans la description du spot par les guides (l. 26) pose question quant à la gestion des rôles pragmatiques du contexte "balade urbaine" en rapport aux savoirs et aux positions attendues par et pour chacun des membres du groupe : finalement, qui guide qui ?

(grammaticalisé) sur le *sensible* (en cours d'instauration) et vice versa (Basso Fossali, 2016a).

RÉFLEXIONS SUR L'ÉNONCIATION
DE LA VILLE PAR L'IMAGE
De l'*espace énoncé* à l'*environnement*

L'observation événementielle du milieu urbain prend ainsi le dessus sur une narrativisation rodée : par le recours à la photographie, un jeu de calques s'instaure entre un *ici-maintenant* de la *prise sur l'entour* et un *ici-là-bas* de la *prise de vue*. Ils cherchent à stabiliser et à (re)conquérir une pratique passée ; ils cherchent à faire *correspondre* deux espaces en cours d'instauration, l'un par rapport à l'autre. Le *punctum* jailli d'une performance collaborative se décolle de la bande celluloïd formée par le *studium* (Barthes, 1980, p. 48-49)[13], d'un point de vue sur l'espace dont on pourrait présupposer qu'il serait déjà "fixé" pour les guides qui ont programmé l'itinéraire : eux-mêmes opèrent un ajustement de leur regard sur l'entour par la photographie et doivent négocier un regard polyfocalisé.

La prise sur une trace mémorielle de la figure de skateboard est ainsi catalysée par la mobilisation d'une médiation tierce. La photographie tient lieu d'*interprétant de la scène* et à pour motivation de favoriser l'articulation entre ce à quoi tentent de donner accès les guides à leurs interlocuteurs (un *Esprit skate*), et ce à quoi peuvent accéder les co-participants par une sémiose située et situante de la ville. En termes sémiotiques, cette médiation visuelle opère une *figurativisation* de la matérialité environnementale qui leur est proposée par la compénétration d'une forme et d'une substance. Néanmoins, cette figurativisation élaborée par les guides est contrastée par le point de vue actif de l'un des participants, le caractère inapproprié du calque se trouvant réajusté (l. 26). Du point de vue de la pratique de médiation, le rapport à l'objet image peut être systématisé à partir des

13 Roland Barthes, dans sa *Chambre claire*, a mis en lumière la dialectique entre un versant social et un versant intime de l'expérience photographique, par l'élaboration des notions de *studium* et *punctum*. Le *studium* consiste en une relation aux photographies « soit [reçues] comme des témoignages politiques, soit [goûtées] comme de bons tableaux historiques car c'est culturellement (cette connotation est présente dans le *studium*) que je participe aux figures, aux mines, aux gestes, aux décors, aux actions ». Le *punctum*, « c'est ce hasard qui, [dans une photographie], me point (mais aussi me meurtrit, me poigne) » (1980, p. 48-49).

« quatre espaces pertinents pour une théorie de l'initiative énonciative » qui se dégagent de la proposition de Pierluigi Basso Fossali :

> (a) l'espace *énoncé*, c'est-à-dire le produit discursif de la projection (débrayage) opéré par l'énonciation ;
> (b) l'espace *énonciatif*, en tant qu'espace intensif de l'énonciation que les plis discursifs (métadiscours) cherchent à renégocier localement (activité épilinguistique), selon une autonomie autoréflexive ;
> (c) l'espace d'*implémentation* (ou énonciationnel)[14], en tant qu'espace extensif où la pratique sémiotique s'enracine (scène énonciative), en trouvant des contraintes et des cadres globaux de pertinence ;
> (d) l'*environnement*, en tant qu'espace qui englobe les emboîtements ultimes des scénarisations énonciatives agencées. (2016a, p. 126)

L'espace de la figure de skate convoqué en image voit son statut se transformer dans l'interaction, de l'*espace énoncé*, préparé et rodé, à l'*environnement*, sur lequel les prises perceptives et énonciatives de chacun restent à élaborer collectivement. Dans la balade urbaine, un ancrage territorial (Thiburce, 2019) se déploie (i) en saisissant les limites d'un faire collectif dans un espace social dont les frontières sont à négocier (*savoir/pouvoir/devoir faire*) et (ii) en performant des pratiques langagières dont on doit dépasser les contraintes (prendre la parole sans pouvoir définitivement statuer sur le caractère approprié de l'interprétation de son énoncé). En s'intéressant à l'élaboration de l'indexicalité de la situation à partir d'une attestation de l'interaction, on peut faire émerger "sur pièces" que l'implémentation d'une énonciation *sur* la ville *dans* la ville est étroitement liée au fait de *prendre prise* et de *donner prise* sur l'environnement de l'expérience.

L'ÉLABORATION DE LA DEIXIS ET LA PRISE SUR L'ENVIRONNEMENT

Chez Eric Landowski (2009), cette *prise* s'exprime par une articulation entre le versant de la *sensibilité* et celui de l'*intelligibilité* de l'expérience. *Prendre prise* et *donner prise*, c'est gérer le passage entre ce que l'on perçoit de l'environnement (sensibilité) et le rôle que l'on a à (faire) jouer dans la scène que l'on énonce/interprète (intelligibilité).

14 Pour Pierluigi Basso Fossali, « l'utilisation d'un néologisme comme l'adjectif *énonciationnel* pourrait être justifiée par le fait qu'il y a toujours des emboîtements d'énonciations dont l'espace d'implémentation tend à faire partie » (2016b, p. 397-398).

Pour notre extrait, l'ancrage de l'action dans une scène pratique est mené par la gestion de la prise que l'on va chercher à donner (ou non) à un acteur et celle que l'on va prendre soi-même, entre les prises déjà élaborées et introjectées dans le cours de sa vie et celle que l'on va élaborer par un geste local et créatif, potentiellement débordant. Par exemple, dans quelle mesure le discours préparé par les guides cherche-t-il à prendre prise sur la médiation à venir tout en laissant une ouverture au champ des possibles et à la créativité ? Pour les guides, dans quelle mesure la pratique conduite relève-t-elle d'un scénario d'usage ou d'une pratique créative qui redéfinit le cadre de la pratique de la visite guidée ? Pour les participants, à quel point la prise sur l'espace en train de s'instaurer dans le cours de la pratique de la balade urbaine est-elle en continuité avec celle donnée par les guides ? La prise sur l'espace urbain élaborée en discours par les guides selon un *Esprit skate* est-elle en continuité avec leurs pratiques quotidiennes ou en redéfinit-elle l'ancrage et le référentiel ? Est-elle en continuité avec l'ancrage du sens préparé en amont par la communication des musées Gadagne ?

La gestion de cette prise demande ainsi de travailler sur le déplacement des référentiels de valorisations et l'ancrage du sens des pratiques sociales dans la transformation même d'un récit de la ville à travers une *socialisation de l'expérience* (mise en partage en interaction) et une *expérience de socialisation* (expérience collective des espaces publics urbains).

LA DEIXIS ET LE *FOOTING* : LA GESTION COLLECTIVE DES GLISSEMENTS DU TERRAIN DE L'INTERACTION

Du point de vue de l'ancrage du sens en situation, le principe du *footing*[15] développé par Erving Goffman (1974, 1981) caractérise l'élaboration du sens où observer l'émergence d'un positionnement (*positioning*) des acteurs sur la scène pratique. Entre perception, énonciation et modalisation, le *footing* participe (i) de la co-élaboration de points de repère dans le temps et l'espace de la pratique comme (ii) de la cogestion de référentiels épistémiques et symboliques : que l'on adopte une conception encyclopédique de la signification ou une approche écologique de l'expérience

15 Le *footing* est défini par Erving Goffman (1981, p. 128) comme « the alignment we and others present adopt, as expressed in the way we manage the production or reception of an utterance ».

sémiosique, la co-construction de la situation va au-delà de la seule distribution des rôles, du *casting*.

Sur les versants sensible et intelligible de l'expérience, la gestion de la prise sur la situation en situation participe de l'élaboration d'une identité actorielle aux niveaux phénoménologique (percevoir), épistémique (savoir), éthique (agir) et affectif (ressentir). Pour une sémiotique où la dimension écologique des pratiques culturelles occupe une place centrale, il paraît crucial de partir du postulat que les usages ne sont pas déjà-là en tant que tels. Dans une perspective de recherche sur la complexité du langage et les emboîtements énonciatifs, on peut distinguer plusieurs plans où les pratiques sémiotiques émergent comme :

- des *usages* auxquels (se) référer et (s'en) tenir (*normes globales*) et des *usages* qui opèrent (par) une familiarisation d'une scène pratique (*coutumes locales*) ;
- des *praxis* qui fédèrent une communauté (*protocoles globaux*) et des *praxis* qui s'ajustent aux contraintes du terrain (*procédures locales*) ;
- et des *ruses* qui ont déjà fait leurs preuves et à remettre à l'épreuve (le « beau geste » chez Greimas (1993)) et des *ruses* à déployer au-delà des cadres, qu'importe le contrecoup ou le prix à payer (*res gestae* chez Basso Fossali (2017a)).

L'émergence de l'*origo déictique* de l'énonciation est alors consubstantielle à la transformation du « cadre de participation » de l'interaction (*participation framework*) (Goffman, 1981, p. 141 *et sq.*) : s'il y a un *framework* et non pas un *frame* tout court, c'est justement parce que les perspectives de chacun « travaillent » ou « agissent » de manière oblique sur les cadres de participation à la vie sociale dans le cours du récit expérimenté en parcours. En considérant la correction opérée par VH2 à la description de l'image par les guides et son acceptation par ces derniers, la négociation collective de la deixis est à appréhender à partir des glissements de terrain de l'interaction gérés de manière transversale aux plans *phénoménologique* (quand dépasser les limites de sa propre perception ? et de celle d'un autre ?), *énonciatif* (quand s'en remettre à une description, une narration et une argumentation élaborées par un tiers ?) et *social* (à quel point jouer plusieurs rôles et quand changer de position sans contrevenir aux normes en vigueur ?)

CONCLUSIONS SUR LES APPORTS DE LA SÉMIOTIQUE À UNE APPROCHE MULTIMODALE DE LA DEIXIS

Dans notre chapitre, nous avons étudié sur pièces la bilatéralité qui est en jeu entre un ancrage de l'énonciation dans un espace social par des acteurs et un ancrage des acteurs dans un espace social par l'énonciation. En nous focalisant sur les tensions à l'œuvre entre la projection de l'espace de manière incarnée et la projection d'un espace par une médiation tierce de la ville (photo), nous avons cherché à rendre compte de la place charnière que tient la multimodalité langagière entre le caractère polysémiotique de l'espace et le caractère polysensoriel des expériences urbaines. Dès lors, sur le plan épistémologique, l'analyse conversationnelle d'inspiration ethnométhodologique et la sémiotique des pratiques peuvent s'enrichir mutuellement pour travailler sur les deixis personnelle, spatiale et temporelle à partir des modalisations opérées par les conduites agents sociaux et sur les conduites agents sociaux. Un tel dialogue disciplinaire autour de la deixis nous semble d'autant plus pertinent lorsqu'on passe d'une étude de la cogestion de l'espace dans le cadre d'une médiation culturelle avec les publics à celle de la négociation de projets urbains par les aménageurs et les habitants (hors balade urbaine). Dans ce passage, les articulations entre l'indexicalité verbale (par la signalisation institutionnelle et les discours qui enveloppent les projets, notamment) et l'indexicalité non-verbale (à travers l'architecture et le design du mobilier urbain, par exemple) sont plus ténues et le travail d'analyse devient plus ardu, notamment lorsqu'on s'intéresse à l'enchevêtrement de rhétoriques verbales, visuelles et architecturales qui participent de détournements et de camouflages : pour les aménageurs, comment indiquer à des usagers des lieux à skater et des lieux à ne pas skater ? ; pour les habitants, comment percevoir et interpréter le design de l'espace dans ses pratiques ordinaire en débusquant les pièges, sans tomber dans la paranoïa, et en découvrant de nouvelles pratiques sans porter atteinte à autrui ? Dans une telle approche que l'on pourrait qualifier d'"appliquée", l'étude des liens entre la perception et l'énonciation à travers l'interprétation d'un positionnement actoriel dans l'espace et dans le temps demande de rendre compte (i) de l'émergence de faisceaux d'indices polysémiotiques qui éclairent les passages et conversions entre l'expérience directe d'un milieu urbain et la socialisation de cette expérience en interaction, (ii) des modalisations réciproques entre institutions et habitants dans la programmation et la ruse d'un parcours et (iii) des enjeux sociaux et symboliques qui lient bon gré mal gré les acteurs d'une société.

Julien THIBURCE
CNRS, LabEx ASLAN

BIBLIOGRAPHIE

Albouy Pierre, 1976, *Mythographies*, Paris, Corti.

Alpers Svetlana, 1990, *L'Art de dépeindre. La peinture hollandaise au XVIIe siècle*, Paris, Gallimard.

Alvarez Garcia Luciano, 1986, *Poétique du direct télévisuel*, Louvain, Ciaco.

Amselek Paul (éd.), 1986, *Théorie des actes de langage, éthique et droit*, Paris, Presses Universitaires de France.

Appadurai Arjun, 2005, *Après le colonialisme. Les conséquences culturelles de la globalisation*, Paris, Payot.

Arnauld Antoine, Nicole Pierre, [1662] 1992, *La Logique ou l'art de penser*, Paris, Gallimard.

Arnheim Rudolf, 1989, « Prospectives pour la télévision », *Interciné*, nº 2, p. 195-205.

Audiberti Jacques, [1948] 2014, *Quoat-Quoat*, Paris, Gallimard.

Auer Peter, Pfänder Stephan (éd.), 2011, *Constructions. Emerging and emergent*, Berlin/Boston, De Gruyter.

Auroux Sylvain (éd.), 1990, *Les Notions philosophiques*, t. 1, *Enclyclopédie philosophique universelle*, Paris, Presses Universitaires de France.

Austin John, [1962] 1991, *Quand dire, c'est faire*, Paris, Le Seuil.

Badir Sémir, Dondero Maria Giulia, Provenzano François (éd.), 2019, *Les Discours syncrétiques. Poésie visuelle, bande dessinée, graffitis*, Liège, Presses Universitaires de Liège.

Balian Serge, 2014, *La Définition dans la loi. Essai de linguistique juridique*, Paris, La maison du dictionnaire.

Bally Charles, [1932] 1965, *Linguistique générale et linguistique française*, Berne, Francke.

Barberis Jeanne-Marie, 1987, « Deixis spatiale et interaction verbale : un emploi de *là* », *Cahiers de praxématique*, nº 9, p. 23-48.

Barraud Boris, 2016, *La Recherche juridique*, Paris, L'Harmattan.

Barthes Roland, 1964a, *Essais critiques*, Paris, Le Seuil.

Barthes Roland, 1964b, « Rhétorique de l'image », *Communications*, nº 4, p. 40-51.

Barthes Roland, 1968, « L'effet de réel », *Communications*, nº 11, p. 84-89.

Barthes Roland, 1980, *La Chambre claire. Note sur la photographie*, Paris, Gallimard / Le Seuil.

Basso Fossali Pierluigi, 2016a, « Le poids éthéré de la médiatisation. De la matérialité diaphane du média à son investissement comme environnement », *Actes du Congrès 2015 de l'Association Française de Sémiotique « Sens et médiation. Substances, supports, pratiques : matérialités médiatiques »*, Juillet 2015, Luxembourg, disponible sur : http://afsemio.fr/publications/actes_congres/sens-et-mediation-actes-du-congres-de-lafs-2015/ (consulté le 5 janvier 2020), p. 186-208.

Basso Fossali Pierluigi, 2016b, « Les espaces de l'énonciation sous la sollicitation de leurs vides », *L'Énonciation aujourd'hui. Un concept clé des sciences du langage*, Colas-Blaise Marion, Perrin Laurent, Tore Gian Maria (éd.), Limoges, Lambert-Lucas, p. 395-420.

Basso Fossali Pierluigi, 2017a, « Le geste et sa niche : gestion du sens "hors technique" », *Texto !*, vol. 22, n° 2, disponible sur : http://www.revue-texto.net/index.php?id=3880 (consulté le 5 janvier 2020).

Basso Fossali Pierluigi, 2017b, « La dialectique entre parcours et passage : la configuration engageante du sens », *La Notion de lieu. À partir des travaux de Pierre Boudon*, Peccarini Patrizio (éd.), Montréal, Potential Architecture Book, p. 51-68.

Bazin André, 1985, *Qu'est-ce que le cinéma*, Paris, Le Cerf.

Beaumarchais, [1775] 1985, *Le Barbier de Séville*, Paris, Livre de Poche.

Becquart Joseph, 1928, *Les Mots à sens multiples en droit civil français. Contribution au perfectionnement du vocabulaire juridique*, Paris, Presses Universitaires de France.

Beguin-Verbrugge Annette, 2006, *Images en texte, images du texte. Dispositifs graphiques et communication écrite*, Villeneuve d'Ascq, Presses Universitaires du Septentrion.

Bellucci Franck, 1998, *Victor Hugo*, Paris, Ellipses.

Benhamou Anne-Françoise, 2001, « Le lieu de la scène : quelques hypothèses sur l'œuvre de Koltès dans son rapport au plateau de théâtre », *Koltès. La question du Lieu*, Petitjean André (éd.), Metz, Cresef, p. 45-62.

Benjamin Walter, 2012, *Petite histoire de la photographie*, Paris, Allia.

Benveniste Émile, 1966, *Problèmes de linguistique générale*, t. 1, Paris, Gallimard.

Benveniste Émile, 1970, « L'appareil formel de l'énonciation », *Langages*, n° 17, p. 12-18.

Benveniste Émile, 1974, *Problèmes de linguistique générale*, t. 2, Paris, Gallimard.

Bergson Henri, [1896] 1993, *Matière et mémoire*, Paris, Presses Universitaires de France.

Bertrand Denis, 1985, *L'Espace et le sens. Germinal d'Émile Zola*, Paris/Amsterdam, Hadès/Benjamins.

Bertrand Denis, 2000, *Précis de sémiotique littéraire*, Paris, Nathan.

Bertrand Denis, 2005, « Deixis et opérations énonciatives », *De l'énoncé à l'énonciation et vice-versa. Regards multidisciplinaires sur la deixis*, Monticelli Daniele, Pajusalu Renate, Treikelder Anu (éd.), *Studia Romanica Tartuensia*, t. 4, Tartu, Tartu University Press, p. 171-185.

Bertrand Denis, 2006, « Émotion et temporalité de l'instant », *Régimes sémiotiques de la temporalité. La flèche brisée du temps*, Bertrand Denis, Fontanille Jacques (éd.), Paris, Presses Universitaires de France, p. 397-424.

Bertrand Denis, 2012, « Énonciation, schizie et paradoxes de présence. À propos du syndrome de l'X fragile », *Une sémiotique du sujet. Actes de colloque en hommage à Ivan Darrault-Harris*, Tsala Effa Didier (éd.), Limoges, Lambert-Lucas, p. 19-28.

Bierwisch Manfred, 1967, « Some Semantic Universals of German Adjectivals », *Foundations of Language*, n° 3, p. 1-36.

Biglari Amir, 2010, « Le pronom et l'actant », *Actes Sémiotiques*, n° 113, disponible sur : https://www.unilim.fr/actes-semiotiques/2000 (consulté le 13 janvier 2020).

Biglari Amir, 2011a, *Sémiotique et pragmatique des passions dans* Les Contemplations *de Victor Hugo*, thèse de doctorat, Limoges, Université de Limoges.

Biglari Amir, 2011b, « L'espace et l'identité : le rôle de Rome dans *La Modification* de Michel Butor », *Regards croisés sur l'identité et l'altérité*, Bellarbre Julien *et al.* (éd.), Limoges, Presses Universitaires de Limoges, p. 115-134.

Biglari Amir, 2016, « Les effets pragmatiques des figures : le cas des *Contemplations* de Victor Hugo », *Figures en discours*, Biglari Amir, Salvan Geneviève (éd.), Bruxelles, Academia, p. 291-311.

Biglari Amir, 2018, « La présupposition et la manipulation discursive dans *Les Contemplations* de Victor Hugo », *La Présupposition entre théorisation et mise en discours*, Biglari Amir, Bonhomme Marc (éd.), Paris, Classiques Garnier, p. 289-308.

Biglari Amir, 2019, « La plasticité énonciative et ses effets sur le lecteur dans *Les Contemplations* de Victor Hugo », *Scènes d'énonciation de la poésie lyrique. Approches critiques, repères historiques, perspectives culturelles*, Biglari Amir, Watteyne Nathalie (éd.), Paris, Classiques Garnier, p. 139-152.

Blanche-Benveniste Claire, Chervel André, 1966, « Recherches sur le syntagme substantif », *Cahiers de lexicologie*, vol. 9, n° 2, p. 3-37.

Boillat Alain, 2009, « La "diégèse" dans son acception filmologique. Origine, postérité et productivité d'un concept », *Cinémas : revue d'études cinématographiques*, vol. 19, n° 2-3, p. 217-245.

Bolter Jay David, Grusin Richard, 1999, *Remediation. Understanding New Media*, Cambridge-London, The MIT Press.

Bonhomme Marc, 2012, « Polyphonie et ethos dans l'interrogation rhétorique : le cas des Fables de La Fontaine », *Les Figures à l'épreuve du discours. Dialogisme et polyphonie*, Calas Frédéric *et al.*, (éd.), Paris, Presses de l'Université Paris-Sorbonne, p. 39-52.

Bordron Jean-François, 1995, « Signification et subjectivité », *Langages*, n° 119, p. 63-78.

Bordron Jean-François, 2011, *L'Iconicité et ses images. Études sémiotiques*, Paris, Presses Universitaires de France.

Bordron Jean-François, 2016, *Le Discours spéculatif*, Limoges, Lambert-Lucas.

Bordwell David, [1989] 1991, *Making Meaning. Inference and Rhetoric in the Interpretation of Cinema*, Cambridge (Mass.), Harvard University Press.

Borillo Andrée, 1992, « Quelques marqueurs de la deixis spatiale », *La Deixis*, Morel Mary-Annick, Danon-Boileau Laurent (éd.), Paris, Presses Universitaires de France, p. 246-255.

Boudon Pierre, 2013, *L'Architecture des lieux. Sémantique de l'édification et du territoire*, Montréal, Infolio.

Bougnoux Daniel, 1992, *La Communication par la bande. Introduction aux sciences de l'information et de la communication*, Paris, La Découverte.

Bourdieu Pierre (éd.), 1965, *Un art moyen. Essai sur les usages sociaux de la photographie*, Paris, Minuit.

Brandt Line, 2013, *The Communicative Mind. A Linguistic Exploration of Conceptual Integration and Meaning Construction*, Cambridge, Cambridge Scholars.

Brandt Per Aage, 1973, *L'Analyse phrastique. Introduction à la grammatique*, Bruxelles/Paris, AIMAV.

Brandt Per Aage, 2004, *Spaces, Domains, and Meaning. Essays in Cognitive Semiotics*, Berne, Peter Lang.

Brandt Per Aage, 2014, « Entretien », *Entretiens sémiotiques*, Biglari Amir (éd.), Limoges, Lambert-Lucas, p. 111-127.

Brandt Per Aage, 2016, « Deixis – a semiotic mystery : Enunciation and reference », *Cognitive Semiotics*, vol. 9, n° 1, p. 1-10.

Brandt Per Aage, 2017, « From Mirrors to Deixis – Subjectivity, Biplanarity, and the Sign », *Umberto Eco in His Own Words*, Thellefsen Torkild, Sørensen Bent (éd.), Berlin/Boston, De Gruyter, p. 11-18.

Brandt Per Aage, 2018, « Sémiotique et sciences cognitives », *La Sémiotique en interface*, Biglari Amir (éd.), Paris, Kimé, p. 627-646.

Brisart Robert, 2011, « Husserl et l'affaire des démonstratifs. À propos de la référence en régime noématique », *Revue philosophique de Louvain*, vol. 109, n° 2, p. 245-269.

Bühler Karl, [1934] 1982, *Sprachtheorie. Die Darstellungsfunktion der Sprache*, Stuttgart / New York, Fischer.

Bühler Karl, [1934] 2009, *Théorie du langage. La fonction représentationnelle*, Marseille, Agone.

Butor Michel, [1957] 1970, *La Modification*, Paris, Minuit.
Butor Michel, [1957] 1994, *La Modification*, Paris, Minuit.
Butor Michel, 1993, *Improvisations sur Michel Butor. L'écriture en transformation*, Paris, La Différence.
Cadiot Pierre, Visetti Yves-Marie, 2001, *Pour une théorie des formes sémantiques. Motifs, profils, thèmes*, Paris, Presses Universitaires de France.
Cadopi Marielle, 2005, « La motricité du danseur : approche cognitive », *Bulletin de psychologie*, n° 475, p. 29-37.
Campisi Emanuela, 2018, *Che cos'è la gestualità*, Rome, Carocci.
Casetti Francesco, 1999, *Les Théories du cinéma depuis 1945*, Paris, Nathan.
Chabrol Claude, 2002, « Photographies, lectures et significations. Du côté du Centre Pompidou », *Revue internationale de psychosociologie*, vol. 8, n° 18, p. 159-169.
Charaudeau Patrick, 1983, *Langage et discours. Éléments de sémiolinguistique*, Paris, Hachette.
Chastel André, 2001, *Le Geste dans l'art*, Paris, Liana Levi.
Chateau Dominique, Jost François, [1979] 1983, *Nouveau cinéma, nouvelle sémiologie*, Paris, Minuit.
Chateau Dominique, 1990, « Horlogisme », *MEI*, n° 1, p. 31-46.
Chateau Dominique, 2011, *La Subjectivité au cinéma. Représentations filmiques du subjectif*, Rennes, Presses Universitaires de Rennes.
Chateau Dominique, Lefebvre Martin, 2013, « Christian Metz et la phénoménologie », *Mille huit cent quatre-vingt-quinze*, n° 70, p. 82-119.
Chion Michel, 1990, *L'Audio-Vision*, Paris, Nathan Université.
Christin Anne-Marie, [1995] 2001, *L'Image écrite ou la déraison graphique*, Paris, Flammarion.
Chua Hannah Faye, Boland Julie E., Nisbett Richard E., 2005, « Cultural variation in eye movements during scene perception », *Proceedings of the National Academy of Sciences*, n° 102, p. 12629-12633.
Clarck Herbert H., 1973, « Space, Time, Semantics and the Child », *Cognitive Development and the Acquisition of Language*, Moore Timothy E. (éd.), New York, New York Academic Press, p. 27-63.
Colas-Blaise Marion, 1998, « Ponctuation et dynamique discursive », *À qui appartient la ponctuation ?*, Defays Jean-Marc, Rosier Laurence, Tilkin Françoise (éd.), Paris/Bruxelles, Duculot, p. 69-85.
Colas-Blaise Marion, 2001, « Sémiotique du corps et discursivité », *Études Romanes*, n° 17, p. 115-131.
Colas-Blaise Marion, 2010, « L'énonciation à la croisée des approches. Comment faire dialoguer la linguistique et la sémiotique ? », *Signata*, n° 1, p. 39-89.
Colas-Blaise Marion, 2012, « Forme de vie et formes de vie. Vers une sémiotique

des cultures », *Actes Sémiotiques*, n° 115, disponible sur : URL : https://www.unilim.fr/actes-semiotiques/2631 (consulté le 3 février 2020).

Colas-Blaise Marion, 2019, « Comment penser le "proto-embrayage" ? L'épreuve du texte littéraire », *Sens à l'horizon ! Hommage à Denis Bertrand*, Estay Stange Verónica, Hachette Pauline, Horrein Raphaël (éd.), Limoges, Lambert-Lucas, p. 227-253.

Colas-Blaise Marion, Perrin Laurent, Tore Gian Maria (éd.), 2016, *L'Énonciation aujourd'hui. Un concept clé des sciences du langage*, Limoges, Lambert-Lucas.

Colin Michel, 1985, *Langue, film, discours*, Paris, Klincksieck.

Coquet Jean-Claude, [1984] 1989, *Le Discours et son sujet*, Paris, Méridiens Klincksieck.

Coquet Jean-Claude, 1991, « Temps ou aspect ? Le problème du devenir », *Le Discours aspectualisé*, Fontanille Jacques (éd.), Limoges, Presses Universitaires de Limoges, p. 195-212.

Coquet Jean-Claude, 1997, *La Quête du sens. Le langage en question*, Paris, Presses Universitaires de France.

Coquet Jean-Claude, 2007, *Phusis et logos. Une phénoménologie du langage*, Saint-Denis, Presses Universitaires de Vincennes.

Corneille Pierre, [1637] 1966, *Le Cid*, *Œuvres complètes*, Paris, Le Seuil.

Corneille Pierre, [1664] 1966, *Le Menteur*, *Œuvres complètes*, Paris, Le Seuil.

Darrault-Harris Ivan, Klein Jean-Pierre, [1993] 2010, *Pour une psychiatrie de l'ellipse. Les aventures du sujet en création*, Limoges, Presses Universitaires de Limoges.

Darrault-Harris Ivan, Klein Jean-Pierre, 1997, « Plein de signification, vide de sens », *Art et Thérapie*, n° 60-61, p. 135-139.

Davidson Donald, 1984, « First Person Authority », *Dialectica*, vol. 38, n° 2-3, p. 101-111.

Dayan Daniel, 1983, *Western Graffiti. Jeux d'images et programmation du spectateur dans la Chevauchée fantastique de John Ford*, Paris, Clancier-Guénaud.

Dayan Daniel, 1998, « Le double corps du spectateur », *Penser la télévision*, Bourdon Jérôme, Jost François (éd.), Paris, INA/Nathan, p. 233-246.

De Luca Valeria, 2016, *Les Univers sémiotiques de la danse. Formes et parcours du sens dans le tango argentin*, thèse de doctorat, Limoges, Université de Limoges, disponible sur : https://tel.archives-ouvertes.fr/tel-01466263/document (consulté le 2 mars 2020).

De Luca Valeria, 2017a, « Gesture as a device for converging of sensory and semiotic modes and levels. The case of Argentinian Tango », *Punctum*, vol. 3, n° 1, p. 57-75, disponible sur : http://punctum.gr/ (consulté le 2 mars 2020).

De Luca Valeria, 2017b, « Danse et sémiotique : après le structuralisme », *ESSE*, n° spécial, Actes *du Colloque AJCS 2016*, disponible sur : https://www.revistas.usp.br/esse/article/view/140734/135667 (consulté le 2 mars 2020).

De Luca Valeria, 2019, « L'avenir de la structure sous le prisme de la forme (dansante) », *Actes du Congrès AFS 2017, Greimas aujourd'hui : l'avenir de la structure*, disponible sur : http://afsemio.fr/wp-content/uploads/AFS_Actes.2017.pdf (consulté le 2 mars 2020).

Deleuze Gilles, 1983, *Cinéma 1, L'image-mouvement*, Paris, Minuit.

Deleuze Gilles, 1985, *Cinéma 2, L'image-temps*, Paris, Minuit.

Déom Laurent, Tilleuil Jean-Louis, Vanbraband Catherine, 2005, « Éléments bibliographiques pour l'étude de la relation texte-image », *Théories et lectures de la relation image-texte*, Tilleuil Jean-Louis (éd.), Cortil-Wodon, E.M.E., p. 363-424.

Descartes René, 1967, *Œuvres Philosophiques*, t. 2, Paris, Garnier.

Détrie Catherine, 1998, « Entre ipséité et altérité : statut énonciatif de "on" dans *Sylvie* », *L'Information Grammaticale*, n° 76, p. 29-33.

Détrie Catherine, Siblot Paul, Verine Bertrand (éd.), 2001, *Termes et concepts pour l'analyse du discours. Une approche praxématique*, Paris, Champion.

Didier Éric, 1990, *Langues et langages du droit*, Montréal, Wilson et Lafleur.

Didi-Huberman Georges, 1990, *Devant l'image*, Paris, Minuit.

Didi-Huberman Georges, 1992, *Ce que nous voyons, ce qui nous regarde*, Paris, Minuit.

Dinzel Gloria, Dinzel Rodolfo, 1999, *El tango : una danza. Esa ansiosa búsqueda de la libertad*, Buenos Aires, Corregidor.

Dostie Gaétane, 2007, « La réduplication pragmatique des marqueurs discursifs. De *là* à *là-bas* », *Langue française*, n° 154, p. 45-60.

Dubois Jean, 1969, « Énoncé et énonciation », *Langages*, vol. 13, p. 100-110.

Dubois Jean *et al.*, 1972, *Dictionnaire de linguistique*, Paris, Larousse.

Dubois Philippe, 1983, *L'Acte photographique*, Paris, Nathan-Labor.

Dubouchet Paul, 1990, *La Sémiotique juridique. Introduction à une science du droit*, Paris, Presses Universitaires de France.

Dubouchet Paul, 2007, *Pour une sémiotique du droit international. Essai sur le fondement du droit*, Paris, L'Harmattan.

Ducrot Oswald, 1972, *Dire et ne pas dire. Principes de sémantique linguistique*, Paris, Hermann.

Ducrot Oswald, 1983, « *Puisque*, essai de description polyphonique », *Revue romane*, n° spécial 24, p. 166-185.

Ducrot Oswald, 1995, « Référence », *Nouveau dictionnaire encyclopédique des sciences du langage* (ouvrage co-signé par Oswald Ducrot et Jean-Marie Schaeffer), Paris, Le Seuil, p. 360-372.

Duranti Alessandro, 1997, *Linguistic anthropology*, Cambridge, Cambridge University Press.

Eco Umberto, 1972, *La Structure absente*, Paris, Mercure de France.

Édeline Francis, 2013, « Morphologie des espaces mentaux », *Degrés*, n° 156-157, p. b1-b24.
Éluard Paul, [1952] 1968, « La poésie est contagieuse », *Les Sentiers et les routes de la poésie, Œuvres complètes*, t. 2, Paris, Gallimard, p. 527-551.
Estay Stange Verónica, 2011, « La musicalité dans les arts : une configuration transversale du sensible », *Littérature*, n° 163, p. 20-31.
Estay Stange Verónica, 2014, *Sens et musicalité. Les voix secrètes du symbolisme*, Paris, Classiques Garnier.
Estay Stange Verónica, 2018, *La Musique hors d'elle-même. Le paradigme musical et l'art contemporain*, Paris, Classiques Garnier.
Fabbri Paolo, 2019, « La prossemica a lungo corso », *E/C*, disponible sur : https://www.paolofabbri.it/la-prossemica-a-lungo-corso/ (consulté le 20 mars 2020).
Floch Jean-Marie, 1986, « Syncrétiques », *Sémiotique. Dictionnaire raisonné de la théorie du langage*, t. 2, Greimas Algirdas Julien, Courtés Joseph (éd.), Paris, Hachette, p. 217-219.
Fontanille Jacques, 1986, « Véridiction », *Sémiotique. Dictionnaire raisonné de la théorie du langage*, t. 2, Greimas Algirdas Julien, Courtés Joseph (éd.), Paris, Hachette, p. 253.
Fontanille Jacques, 1987, *Le Savoir partagé. Sémiotique et théorie de la connaissance chez Marcel Proust*, Paris/Amsterdam, Hadès-Benjamins.
Fontanille Jacques, 1989, *Les Espaces subjectifs*, Paris, Hachette.
Fontanille Jacques, 1994, « Des simulacres de l'énonciation à la praxis énonciative », *Semiotica*, vol. 99, n° 1-2, p. 185-197.
Fontanille Jacques, 1996, « Sémiotique littéraire et phénoménologie », *Sémiotique, phénoménologie, discours. Du corps présent au sujet énonçant*, Costantini Michel, Darrault-Harris Ivan (éd.), Paris, L'Harmattan, p. 171-182.
Fontanille Jacques, 1999, *Sémiotique et littérature. Essais de méthode*, Paris, Presses Universitaires de France.
Fontanille Jacques, [1998] 2003, *Sémiotique du discours*, Limoges, Presses Universitaires de Limoges.
Fontanille Jacques, 2005, « Pitié », *Dictionnaire des passions littéraires*, Rallo Ditche Élisabeth, Fontanille Jacques, Lombardo Patrizia (éd.), Paris, Belin, p. 240-265.
Fontanille Jacques, 2006, « Textes, objets, situations et formes de vie. Les niveaux de pertinence du plan de l'expression dans une sémiotique des cultures », *La Transversalité du sens. Parcours sémiotiques*, Alonso Juan, Bertrand Denis, Costantini Michel, Dambrine Sylvain (éd.), Saint-Denis, Presses Universitaires de Vincennes, p 213-240.
Fontanille Jacques, 2008, *Pratiques sémiotiques*, Paris, Presses Universitaires de France.
Fontanille Jacques, 2011, « L'analyse du cours d'action : des pratiques et des

corps », *Semen*, n° 32, p. 131-158, disponible sur : https://journals.openedition.org/semen/9396 (consulté le 29 janvier 2020).

Fontanille Jacques, 2011, *Corps et sens*, Paris, Presses Universitaires de France.

Fontanille Jacques, 2014, « Entretien », *Entretiens sémiotiques*, Biglari Amir (éd.), Limoges, Lambert-Lucas, p. 209-232.

Fontanille Jacques, 2014, « L'énonciation pratique : exploration, schématisation et transposition », Communication au Colloque « Common'14 », Liège, disponible sur : http://www.lucid.ulg.ac.be/conferences/common14/downloads/Expose%20Jacques%20Fontanille.pdf (consulté le 19 janvier 2020).

Fontanille Jacques, Zilberberg Claude, 1998, *Tension et signification*, Liège, Mardaga.

Fosse Jon, 2006, *Le Nom*, Paris, L'Arche.

Fricke Ellen, 2014, « Deixis, gesture, and embodiment from a linguistic pointofview », *Body Language Communication. An International Handbook on Multimodality in Human Interaction*, vol. 2, Müller Cornelia, Cienki Alan, Fricke Ellen, Ladewig Silva H., McNeill David, Bressem Jana (éd.), Berlin/Boston, Walter de Gruyter, p. 1803-1823.

Garelli Jacques, 1992, « Voir ceci et voir selon », *Merleau-Ponty, phénoménologie et expériences*, Richir Marc, Tassin Étienne (éd.), Grenoble, Jérôme Millon, p. 79-99.

Garfinkel Harold, 1967, *Studies on ethnomethodology*, Englewood Cliffs (NJ), Prentice-Hall.

Gaudreault André, Marion Philippe, 2014, *La Fin du cinéma. Un média en crise à l'ère du numérique*, Paris, Armand Colin.

Gauthier Guy, 1989, *Vingt Leçons sur l'image et le sens*, Paris, Edilig.

Gervais Françoise, 1988, *Précis d'analyse musicale*, Paris, Honoré Champion.

Gibson James T., 1989, *The ecological approach of visual perception*, London, Laurence Erlbaum.

Goffman Erving, 1974, *Frame analysis. An essay on the organization of Experience*, Boston, Northeastern University Press.

Goffman Erving, 1981, *Forms of talk*, Oxford, Blackwell.

Gogel Walter C., 1978, « Le principe de proximité dans la perception visuelle », *Pour la Science*, vol. 9, n° 1, p. 49-57.

Gombrich Ernst H., 1996, *L'Art et l'illusion*, Paris, Gallimard.

Goodwin Charles, Goodwin Marjorie Harness, 1992, « Assessments and the Construction of Context », *Rethinking Context. Language as an Interactive Phenomenon*, Duranti Alessandro, Goodwin Charles (éd.), Cambridge, Cambridge University Press, p. 147-189.

Greenberg Clement, 1995, *Perceptions and Judgments, 1939-1944, The Collected Essays and Criticism*, Chicago/London, The University of Chicago Press.

Greimas Algirdas Julien, 1968, « Conditions d'une sémiotique du monde naturel », *Langages*, n° 10, p. 3-35.

Greimas Algirdas Julien, 1976, *Sémiotique et sciences sociales*, Paris, Le Seuil.

Greimas Algirdas Julien, 1984, « Entretien avec Algirdas Julien Greimas », *Recherches sémiotiques, Semiotic Inquiry*, vol. 4, n° 1, Toronto, Association Canadienne de Sémiotique, p. 1-23.

Greimas Algirdas Julien, 1984, « Sémiotique figurative et sémiotique plastique », *Actes sémiotiques*, n° 60, p. 1-24.

Greimas Algirdas Julien, 1987, *De l'imperfection*, Périgueux, Fanlac.

Greimas Algirdas Julien, 1993, « Le beau geste », *RS/SI*, vol. 13, n° 1-2, p. 21-35.

Greimas Algirdas Julien, Courtés Joseph, 1979, *Sémiotique. Dictionnaire raisonné de la théorie du langage*, t. 1, Paris, Hachette.

Greimas Algirdas Julien, Fontanille Jacques, 1991, « Avant-propos », *Le Discours aspectualisé*, Fontanille Jacques (éd.), Limoges, Presses Universitaires de Limoges, p. 5-16.

Gridel Jean-Pierre, 1979, *Le Signe et le droit. Les bornes, les uniformes, la signalisation routière et autres*, Paris, LGDJ.

Gritti Jules, 1967, « La Télévision en regard du cinéma : vrai ou faux problème ? », *Communications*, n° 7, p. 27-39.

Grivois Henri, 1995, *Le Fou et le mouvement du monde*, Paris, Grasset.

Groupe µ, 1992, *Traité du signe visuel. Pour une rhétorique de l'image*, Paris, Le Seuil.

Groupe µ, 2015, *Principia semiotica. Aux sources du sens*, Bruxelles, Les Impressions nouvelles.

Groupe µ, à paraître, *L'Index. Un dispositif sémiotique puissant et méconnu.*

Guérin François, 1990, « Une grille d'analyse des musiques électro-acoustiques », *Canadian University Music Review / Revue de musique des universités canadiennes*, vol. 10, n° 1, p. 71-100.

Guillaume Gustave, [1929] 1970, *Temps et verbe*, Paris, Champion.

Guillot Céline, 2006, « Présentation. Le démonstratif en français », *Langue française*, n° 152, p. 3-8.

Halliday Michael A. K., 1978, *Language as social semiotic. The social interpretation of language and meaning*, London, Arnold.

Hamburger Käte, 1986, *Logique des genres littéraires*, Paris, Le Seuil.

Harris Roy, 1996, *Signs of writing*, Londres / New York, Routledge.

Hegel Georg Wilhelm Friedrich, [1807] 1946, *Phénoménologie de l'esprit*, Paris, Aubier.

Hegel Georg Wilhelm Friedrich, [1817] 1978, *Précis de l'encyclopédie des sciences philosophiques*, Paris, Vrin.

Herschberg Pierrot Anne, 2003, *Stylistique de la prose*, Paris, Belin.

Hugo Victor, [1837] 1964, *Les Voix intérieures*, *Œuvres poétiques*, t. 1, *Avant l'exil*

1802-1851, édition établie et annotée par Pierre Albouy, Paris, Gallimard, p. 915-1125.
Hugo Victor, [1840] 1964, *Les Rayons et les Ombres*, *Œuvres poétiques*, t. 1, *Avant l'exil 1802-1851*, édition établie et annotée par Pierre Albouy, Paris, Gallimard, p. 1015-1125.
Hugo Victor, [1838] 1985, *Ruy Blas*, *Théâtre II*, Paris, Robert Laffont.
Hugo Victor, [1856] 2008, *Les Contemplations*, présentation par Pierre Laforgue, Paris, Flammarion.
Husserl Edmund, [1913] 1950, *Idées directrices pour une phénoménologie*, Paris, Gallimard.
Ionesco Eugène, [1954] 1990, *Amédée* ou *Comment s'en débarrasser*, Paris, Gallimard.
Ionesco Eugène, [1962] 1990, *Délires à deux*, Paris, Gallimard.
Ionesco Eugène, [1972] 1990, *Tueur sans gages*, Paris, Gallimard.
Jacquin Jérôme, 2017, « La deixis en français dans une perspective multimodale », *Langue française*, vol. 1, n° 193, p. 5-20.
Jakobson Roman, 1957, *Selected Writings*, vol. 2, La Haye, Mouton.
Jakobson Roman, 1963, *Essais de linguistique générale*, Paris, Minuit.
Janney Richard, 2012, « Pragmatics and cinematic discourse », *Lodz Papers in Pragmatics*, vol. 8, n° 1, p. 85-113.
Joly André, 1987, *Essais de systématique énonciative*, Lille, Presses Universitaires de Lille.
Jost François, [1987] 1989, *L'Œil-caméra*, Lyon, Presses Universitaires de Lyon.
Jost François, 1992, *Un monde à notre image. Énonciation, cinéma, télévision*, Paris, Klincksieck.
Kaeppler Adrienne, 2001, « Dance and the Concept of Style », *Yearbook for Traditional Music*, n° 33, p. 49-63.
Kant Immanuel, [1790] 1995, *Critique de la faculté de juger*, Paris, Aubier.
Keevallik Leelo, 2013, « *Here* in time and space. Decomposing movement in dance instruction », *Interaction and Mobility. Language and the Body in Motion*, Haddington Pentti, Mondada Lorenza, Nevile Maurice (éd.), Berlin/Boston, De Gruyter, p. 345-370.
Kendon Adam, 2004, *Gesture. Visible action as utterance*, Cambridge, Cambridge University Press.
Kerbrat-Orecchioni Catherine, [1980] 2009, *L'Énonciation. De la subjectivité dans le langage*, Paris, Armand Colin.
Kirsh David, 2011, « How marking in dance constitutes thinking with the body », *Versus : Quaderni di Studi Semiotici*, n° 113-115, p. 179-210.
Kita Sotaro (éd.), 2013, *Pointing. Where Language, Culture, and Cognition Meet*, Mahwah, New Jersey / London, Lawrence Erlbaum Associates.

Kleiber Georges, 1983, « Les démonstratifs (dé)montrent-ils ? Sur le sens référentiel des adjectifs et pronoms démonstratifs », *Le Français moderne*, vol. 51, n° 2, p. 99-117.

Kleiber Georges, 1986, « Déictiques, embrayeurs, "token-réflexives", symboles indexicaux, etc. : comment les définir ? », *L'Information Grammaticale*, n° 30, p. 3-22.

Kleiber Georges, 1991, « Anaphore-deixis : où en sommes-nous ? », *L'Information Grammaticale*, n° 51, p. 3-18.

Kleiber Georges, 1993, « L'espace d'ICI : sur la pragma-sémantique des adverbes spatiaux. Le cas d'*Il fait chaud ici* », *Cahiers de linguistique française*, n° 14, p. 85-104.

Kleiber Georges, 1994, « Contexte, interprétation et mémoire : approche standard vs approche cognitive », *Langue française*, n° 103 p. 9-23.

Kleiber Georges, 1995, « D'*ici* à *là* et *vice versa* : pour les aborder autrement », *Le Gré des Langues*, n° 8, p. 8-27.

Kleiber Georges, 2003, « Adjectifs démonstratifs et point de vue », *Cahiers de praxématique*, n° 41, p. 33-54.

Kleiber Georges, 2016, « Énonciation et personne ou Quelques moments de la vie d'un couple », *L'Énonciation aujourd'hui. Un concept clé des sciences du langage*, Colas-Blaise Marion, Perrin Laurent, Tore Gian Maria (éd.), Limoges, Lambert-Lucas, p. 33-50.

Kleiber Georges, Vuillaume Marcel, 2018, « La deixis en perspective », *Scolia*, n° 32, p. 141-171.

Klinkenberg Jean-Marie, 1998, « L'originalité du sens rhétorique : le trope comme sens implicite », *Actes du XXIIe congrès international de linguistique romane*, vol. 8, *Les Effets du sens*, Tübingen, Max Niemeyer Verlag, p. 67-74.

Klinkenberg Jean-Marie, 2000, *Précis de sémiotique générale*, Paris, Le Seuil.

Klinkenberg Jean-Marie, 2008, « La relation texte-image. Essai de grammaire générale », *Bulletin de la Classe des Lettres, Académie royale de Belgique*, vol. 6, n° 19, p. 21-79.

Klinkenberg Jean-Marie, 2016, « Un instrument au service de l'énonciation : l'index (Applications au cas de la relation texte-image) », *L'Énonciation aujourd'hui. Un concept clé des sciences du langage*, Colas-Blaise Marion, Perrin Laurent, Tore Gian Maria (éd.), Limoges, Lambert-Lucas, p. 51-68.

Klinkenberg Jean-Marie, 2017, « Énonciation restreinte et énonciation généralisée », *Les Plis du visuel. Réflexivité et énonciation dans l'image*, Dondero Maria Giulia, Beyaert-Geslin Anne, Moutat Audrey (éd.), Limoges, Lambert-Lucas, p. 9-15.

Klinkenberg Jean-Marie, 2018, « Avant la langue : le temps et l'espace comme construction sémiotique », *Time and Space at Issue in Ancient Egypt*, Chantrain Gaëlle, Winand Jean (éd.), Hambourg, Widmaier Verlag, p. 29-46.

Koltès Bernard-Marie, [1978] 1988, *La Nuit juste avant les forêts*, Paris, Minuit.

Koltès Bernard-Marie, [1979] 1989, *Combat de nègre et de chiens*, Paris, Minuit.

Koltès Bernard-Marie, [1983] 1985, *Quai ouest*, Paris, Minuit.

Kress Gunther, 2010, *Multimodality. A social semiotic approach to contemporary communication*, London, Routledge.

Lagarce Jean-Luc, [1983] 2000, *Vagues souvenirs de l'année de la peste*, *Théâtre complet II*, Paris, Les Solitaires Intempestifs.

Lagarce Jean-Luc, [1984] 2000, *Retour à la citadelle*, *Théâtre complet II*, Paris, Les Solitaires Intempestifs.

Lagarce Jean-Luc, [1985] 2000, *Hollywood*, *Théâtre complet II*, Paris, Les Solitaires Intempestifs.

Lagarce Jean-Luc, 2000, *Les Orphelins*, *Théâtre complet II*, Paris, Les Solitaires Intempestifs.

Lakoff George, 1987, *Women, Fire, and Dangerous Things. What Categories Reveal about the Mind*, Chicago, Chicago University Press.

Landowski Éric, 1997, *Présences de l'autre*, Paris, Presses Universitaires de France.

Landowski Éric, 2004, *Passions sans nom*, Paris, Presses Universitaires de France.

Landowski Éric, 2006, « Les interactions risquées », *Nouveaux Actes Sémiotiques*, nº 101-103.

Landowski Éric, 2009, « Avoir prise, donner prise », *Nouveaux Actes Sémiotiques*, nº 112, disponible sur : http://epublications.unilim.fr/revues/as/2852 (consulté le 4 février 2020).

Landragin Frédéric, 2006, « Déixis », *Sémanticlopédie. Dictionnaire de sémantique*, Godard Danièle, Roussarie Laurent, Corblin Francis (éd.), GDR Sémantique & Modélisation, CNRS, disponible sur : http://www.semantique-gdr.net/dico (consulté le 14 février 2020).

Langacker Ronald W., 1982, « Space Grammar, Analysability, and the English Passive », *Language*, vol. 58, nº 1, p. 22-80.

Lapaire Jean-Rémi, 2011, « Corps dansant, espace grammatical dansé », *Les Rythmes du corps dans l'espace spectaculaire et textuel*, t. 2. *Arts ouverts*, Torti-Alcayaga Agathe, Simard Jean-Pierre (éd.), Paris, Le Manuscrit Recherche-Université, p. 25-42.

Lapaire Jean-Rémi, 2013, « De la gestualité co-verbale à la vidéo-danse : rejouer et créer pour observer et comprendre », *LAIRDIL*, nº 21, p. 101-117.

Lapaire Jean-Rémi, 2014, « Marqueurs grammaticaux et marqueurs kinésiques : vers une reconnaissance de la gestualité co-grammaticale », *Autour du verbe anglais. Construction, Lexique, Évidentialité*, Gérard-Gillet Geneviève (éd.), Paris, Presses Universitaires de la Sorbonne Nouvelle, p. 171-182.

Le Draoulec Anne, Borillo Andrée, 2013, « Quand *ici*, c'est *maintenant* », *Langue française*, nº 179, p. 69-87.

Le Draoulec Anne, 2013, « Des adverbes entre espace et temps. Le cas singulier de *ici*, *d'ici*, *jusqu'ici* », *Faits de langues*, nº 42, p. 87-107.

LeBlanc Julie, 1991, « La linguistique de l'énonciation et le concept de déictique », *Linguistica*, vol. 31, nº 1, p 31-40.

Lemoine Jean-René, 2007, *Face à la mer*, Paris, Les Solitaires Intempestifs.

Lerat Pierre, Sourioux Jean-Louis, 1975, *Le Langage du droit*, Paris, Presses Universitaires de France.

Livet Pierre, 2003, « Argumentation et rhétorique juridique », *Dictionnaire de la culture juridique*, Alland Denis, Rials Stéphane (éd.), Paris, Lamy / Presses Universitaires de France.

Lygre Arne, 2014, *Rien de moi*, Paris, L'Arche.

Lyons John, 1980, *Sémantique linguistique*, Paris, Larousse.

Lyotard Jean-François, 1998a, *Chambre sourde*, Paris, Galilée.

Lyotard Jean-François, 1998b, *La Confession d'Augustin*, Paris, Galilée.

Maingueneau Dominique, Cossutta Frédéric, 1995, « L'Analyse des discours constituants », *Langages*, nº 117, p. 112-125.

Maingueneau Dominique, 1998, *Analyser les textes de communication*, Paris, Dunod.

Maingueneau Dominique, [1986] 2000, *Éléments de linguistique pour le texte littéraire*, Paris, Nathan.

Maingueneau Dominique, 2004, « La situation d'énonciation entre langue et discours », *Dix ans de S.D.U.*, Craiova, Editura Universitaria Craiova (Roumanie), p. 197-210.

Maingueneau Dominique, 2013, « Genres de discours et Web : existe-t-il des genres Web ? », *Manuel d'analyse du web en sciences humaines et sociales*, Barats Christine (éd.), Paris, Armand Colin.

Marcos Isabel (éd.), 2013, *Degrés*, nº 154 : *Espace, sémiotique et cognition.*

Marin Louis, 1975, *La Critique du discours*, Paris, Minuit.

Marin Louis, 1995, *Philippe de Champaigne ou la présence cachée*, Paris, Hazan.

Marion Jean-Luc, 1991, *La Croisée du visible*, Paris, Presses Universitaires de France.

Marion Philippe, 1993, *Traces en cases. Travail graphique, figuration narrative et participation du lecteur, essai sur la bande dessinée*, Louvain-la-Neuve, Academia.

Marion Philippe, 1997, « Narratologie médiatique et médiagénie des récits », *Recherches en communication*, nº 7, p. 61-88.

Massé-Arka Pascale, 2017, « Démonstratif, article défini et construction déterminative démonstrative [*celui que-/de*]. Trois destins croisés dans l'histoire de la langue », *Revue des langues romanes*, vol. 121, nº 1, p. 207-256.

Maulpoix Jean-Michel, 1997, « Lyrisme », *Dictionnaire des genres et notions littéraires*, Paris, Encyclopaedia Universalis et Albin Michel, p. 445-448.

Maupassant Guy de, [1884] 1974, « Adieu », *Contes et nouvelles*, vol. 1, Paris, Gallimard, p. 1246-1250.

McLuhan Marshall, 1977, *D'œil à oreille. La nouvelle Galaxie*, Paris, Médiations Denöel-Gonthier.

McNeill David, 1992, *Hand and Mind. What gestures reveal about thought*, Chicago, The University of Chicago Press.

Merleau-Ponty Maurice, 1964a, *L'Œil et l'esprit*, Paris, Gallimard.

Merleau-Ponty Maurice, 1964b, *Le Visible et l'invisible*, Paris, Gallimard.

Merleau-Ponty Maurice, 1968, *Résumés de Cours* (1952-1953), Paris, Gallimard.

Merleau-Ponty Maurice, [1945] 1976, *Phénoménologie de la perception*, Paris, Gallimard.

Metz Christian, 1968, *Essais sur la signification au cinéma*, Paris, Klincksieck.

Metz Christian, 1977, *Le Signifiant imaginaire. Psychanalyse et cinéma*, Paris, Union générale d'éditions.

Metz Christian, 1991, *L'Énonciation impersonnelle ou le site du film*, Paris, Klincksieck.

Miller George A., Johnson-Laird Philip N., 1976, *Language and Perception*, Cambridge (Mass.), Harvard University Press.

Minyana Philippe, 2008, *J'ai remonté la rue et j'ai croisé des fantômes*, Paris, L'Arche.

Mitry Jean, 1987, *La Sémiologie en question*, Paris, Le Cerf.

Moles Abraham, 1990, *Les Sciences de l'imprécis*, Paris, Le Seuil.

Mondada Lorenza, 2005, « La constitution de l'origo déictique comme travail interactionnel des participants : une approche praxéologique de la spatialité », *Intellectica*, vol. 41-42, n° 2-3, p. 75-100.

Mondada Lorenza, 2010, « Constitution et exploitation de corpus vidéo en linguistique interactionnelle : rendre disponibles les détails multimodaux de l'action située », *Cahiers de praxématique*, n° 54-55, p. 327-350.

Mondada Lorenza, 2013, « Interactional space and the study of embodied talk-in-interaction », *Space in Language and Linguistics. Geographical, Interactional and Cognitive Perspectives*, Auer Peter, Hilpert Martin, Stukenbrock Anja, Szmrecsanyi Benedikt (éd.), Berlin/Boston, De Gruyter, p. 247-275.

Monte Michèle, 2011, « Intersubjectivité et coénonciation dans la poésie contemporaine », *L'Actualisation de l'intersubjectivité. De la langue au discours*, Bertrand Verine, Détrie Catherine (éd.), Limoges, Lambert-Lucas, p. 119-138.

Morel Mary-Annick, Danon-Boileau Laurent (éd.), 1992, *La Deixis*, Paris, Presses Universitaires de France.

Müller Cornelia, Cienki Alan, Fricke Ellen, Ladewig Silva H., McNeill David, Teßendorf Sedinha (éd.), 2013, *Body – Language – Communication. An International Handbook on Multimodality in Human Interaction*, vol. 1, Berlin/Boston, De Gruyter.

Nef Frédéric, 1986, « Indexicalité et indicialité : pragmatique formelle et théorie de l'énonciation », *Histoire Épistémologie Langage*, t. 8, fas. 2, p. 257-275.
Neveu Franck, 2004, *Dictionnaire des sciences du langage*, Paris, Armand Colin.
Oakley Todd, 2009, *From Attention to Meaning. Explorations in Semiotics, Linguistics, and Rhetoric*, Berlin, Peter Lang Verlag.
Odin Roger, 1988, « Du spectateur fictionnalisant au nouveau spectateur : approche sémio-pragmatique », *Iris*, vol. 5, n° 1, p. 121-139.
Odin Roger, 2000, *De la fiction*, Bruxelles, De Boeck.
Pagnol Marcel, [1929] 2004, *Marius*, Paris, Fallois.
Panofsky Erwin, 1975, *La Perspective comme forme symbolique*, Paris, Minuit.
Paolucci Claudio, 2017, « Prothèses de la subjectivité. L'appareil formel de l'énonciation dans l'audiovisuel », *Les Plis du visuel*, Dondero Maria Giulia, Beyaert-Geslin Anne, Moutat Audrey (éd.), Limoges, Lambert-Lucas, p. 53-68.
Parret Herman, 2006, *Épiphanies de la présence. Essais sémio-esthétiques*, Limoges, Presses Universitaires de Limoges.
Parrill Fey, 2008, « Subjects in the hands of speakers. An experimental study of syntactic subject and speech-gesture integration », *Cognitive Linguistics*, vol. 19, n° 2, p. 283-299.
Parrill Fey, Sweetser Eve, 2004, « What we Mean by Meaning. Conceptual Integration in Gesture Analysis and Transcription », *Gesture*, vol. 4, n° 2, p. 197-219.
Pecqueux Anthony, 2012, « Pour une approche écologique des expériences urbaines », *Tracés*, n° 22, p. 27-41, disponible sur : https://doi.org/10.4000/traces.5418 (consulté le 12 mars 2020).
Perelman Chaïm (éd.), 1984, *Les Notions à contenu variable en droit*, Bruxelles, Bruylant.
Périneau-Lorenzo Sylvie, 2016, « Énonciation audiovisuelle : faut-il renier Christian Metz ? », *Proceedings of the 12th World Congress of Semiotics. New semiotics between tradition and innovation*, Bankov Kristian (éd.), Sofia, IASS Publications & NBU Publishing House, p. 979-987.
Perret Michèle, 1991, « Le système d'opposition *ici*, *là*, *là-bas* en référence situationnelle », *Linx*, n° 3, p. 141-159.
Petitjean André, 2012, *Études linguistiques des didascalies*, Limoges, Lambert-Lucas.
Philippe Gilles, 1998, « Les démonstratifs et le statut énonciatif des textes de fiction : l'exemple des ouvertures de roman », *Langue française*, n° 120, p. 51-65.
Philippe Gilles, 2005, « Traitement stylistique et traitement idiolectal des singularités langagières », *Cahiers de praxématique*, n° 44, p. 77-92.
Pottier Bernard, [1992] 2011, *La Sémantique générale*, Paris, Presses Universitaires de France.

Prasch Allison M., 2015, « Reagan at Pointe du Hoc : Deictic Epideictic and the Persuasive Power of "Bringing Before the Eyes" », *Rhetoric & Public Affairs*, vol. 18, n° 2, p. 247-276.

Quéré Louis, 2016, « L'écologie sémiotique de Charles Goodwin », *Tracés. Revue de Sciences humaines*, vol. 16, p. 47-60, disponible sur : http://journals.openedition.org/traces/6534 (consulté le 12 mars 2020).

Rabatel Alain, 2005, « La part de l'énonciateur dans la co-construction interactionnelle des points de vue », *Marges Linguistiques*, Paris, M.L.M.S. Publisher, p. 115-136, disponible sur : https://halshs.archives-ouvertes.fr/halshs-00433337/document (consulté le 2 janvier 2020).

Rabatel Alain, 2017, « L'énonciation, la praxis énonciative et le discours », *Semiotica*, n° 219, p. 273-292.

Racine Jean, [1667] 1969, *Andromaque*, *Œuvres complètes*, Paris, Le Seuil.

Racine Jean, [1670] 1969), *Bérénice*, *Œuvres complètes*, Paris, Le Seuil.

Rastier François, 2001, « L'action et le sens pour une sémiotique des cultures », *Journal des anthropologues*, n° 85-86, p. 183-219.

Ravazzolo Elisa, 2012, « Les manifestations de l'interaction entre le guide et son public en situation de visite guidée », *Les Visites guidées. Discours, interaction, multimodalité*, Dufiet Jean-Paul (éd.), Trento, Labirinti, p. 85-120.

Recanati François, 1979, *La Transparence et l'énonciation*, Paris, Le Seuil.

Reichler-Béguelin Marie-José, 1997, « Alternatives et décisions lexicales dans l'emploi des expressions démonstratives », *Pratiques*, n° 86, p. 53-87.

Renaude Noëlle, 2003, *Promenades*, Paris, Éditions Théâtrales.

Renaude Noëlle, [1996] 2005, *Ma Solange, comment t'écrire mon désastre, Alex Roux*, Paris, Éditions Théâtrales.

Ricœur Paul, 1990, *Soi-même comme un autre*, Paris, Le Seuil.

Riegel Martin, Pellat Jean-Christophe, Rioul René, [1994] 2009, *Grammaire méthodique du français*, Paris, Presses Universitaires de France.

Rosa Guy, 1985, « Du "moi-je" au mage : individu et sujet dans le romantisme et chez Victor Hugo », *Hugo le fabuleux*, Seebacher Jacques, Ubersfeld Anne (éd.), Paris, Seghers, p. 267-285.

Rossette Fiona, 2016, « Rhetorical versus dialogic staging : "our moment is now", or the discourse that made a president », *Retor*, vol. 6, n° 2, p. 216-247, disponible sur : http://revistaretor.org/vol6num2.html (consulté le 2 mars 2020).

Rossette Fiona, 2018, « Rhetorical Staging : Embodiment and Incorporation in Two Speeches by Barack Obama », *Quaderna*, n° 4, disponible sur : https://quaderna.org/rhetorical-staging (consulté le 10 mars 2020).

Rousseau André, 2000, « Bühler et la subjectivité », *Germanica*, n° 26, disponible sur : http://journals.openedition.org/germanica/2419 (consulté le 12 mars 2020).

Sacks Harvey, Schegloff Emmanuel A., Jefferson Gail, 1974, « A Simplest Systematics for the Organization of Turn-Taking for Conversation », *Language*, vol. 50, n° 4, p. 696-735.

Sandfeld Kristian, 1965, *Syntaxe du français contemporain*, t. 1, *Les Pronoms*, Paris, Honoré Champion.

Sarrazac Jean-Pierre, 1996, « Koltès, la traversée du théâtre », *Théâtre Aujourd'hui*, n° 5, p. 58-65.

Saussure Louis de, 2018, « Introduction », *Deixis et anaphore*, Saussure Louis de (éd.), vol. 3, Londres, ISTE Éditions, p. 1-10.

Schaeffer Jean-Marie, 1987, *L'Image précaire*, Paris, Le Seuil.

Schaeffer Pierre, 1966, *Traité des objets musicaux. Essai interdisciplines*, Paris, Le Seuil.

Scherer Jacques, [1966] 1991, *La Dramaturgie classique en France*, Paris, Nizet.

Schimmelpfennig Roland, 2003, *La Femme d'avant*, Paris, L'Arche.

Schimmelpfennig Roland, 2006, *Avant/Après*, Paris, L'Arche.

Seebacher Jacques, 1993, *Victor Hugo ou le calcul des profondeurs*, Paris, Presses Universitaires de France.

Shapiro Meyer, 2000, *Les Mots et les images*, Paris, Macula.

Smith John Charles, 1995, « L'évolution sémantique et pragmatique des adverbes déictiques *ici, là*, et *là-bas* », *Langue française*, n° 107, p. 43-57.

Soulages Jean-Claude, 2007, *Les Rhétoriques télévisuelles ou le formatage du regard*, Paris/Bruxelles, INA / De Boeck Université.

Souriau Étienne, 1951, « La structure de l'univers filmique et le vocabulaire de la filmologie », *Revue Internationale de Filmologie*, n° 7-8, p. 231-240.

Sperber Dan, Wilson Deirdre, 1989, *La Pertinence, communication et cognition*, Paris, Minuit.

Spregelburd Rafael, 2012, *Lucide*, Paris, L'Arche.

Strauss Botho, 1996, *Le Temps et la chambre*, Paris, L'Arche.

Streeck Jürgen, 2008, « Depicting by gesture », *Gesture*, vol. 8, n° 3, p. 285-301.

Stukenbrock Anja, 2015, *Deixis in der face-to-face-Interaktion*, Berlin, De Gruyter.

Talmy Leonard, 2017, *The Targeting System of Language*, Cambridge (Mass.), MIT Press.

Thiburce Julien, 2018a, « *Camera fabula*. La caméra outil et objet sémiotique complexe dans l'interaction », Thiburce Julien, Ursi Biagio (éd.), *SHS Web of conferences*, 52, ICODOC 2017 : les ressources mobilisées en interaction, Les Ulis, EDP Sciences, disponible sur : https://hal.archives-ouvertes.fr/hal-01900736/document (consulté le 29 mars 2020).

Thiburce Julien, 2018b, *Le Dialogisme urbain. De l'usage tacite des espaces publics aux formes d'appropriation narrative et affective de la ville*, thèse de doctorat, Lyon, Université Lumière Lyon 2.

Thiburce Julien, 2019, « La balade urbaine : mimèsis, sémiosis et poïésis du territoire », *Territoires. Enquête communicationnelle*, Bonaccorsi Julia, Cordonnier Sarah (éd.), Paris, Éditions des archives contemporaines, Ère numérique – Lab. ELICO, p. 21-49, disponible sur : http://www.archivescontemporaines.com/books/9782813003072 (consulté le 29 mars 2020).

Thiburce Julien, Ursi Biagio, 2018, « Quelles ressources mobilisées en interaction ? Réflexions transversales sur une notion ubiquitaire », Thiburce Julien, Ursi Biagio (éd.), *SHS Web of conferences*, ICODOC 2017. Les ressources mobilisées en interaction, Les Ulis, EDP Sciences, disponible sur : https://doi.org/10.1051/shsconf/20185200001 (consulté le 29 mars 2020).

Thom René, 1990, *Apologie du logos*, Paris, Hachette.

Todorov Tzvetan, 1972, « Sémiotique », « Énonciation », *Dictionnaire encyclopédique des sciences du langage* (ouvrage co-signé par Oswald Ducrot et Tzvetan Todorov), Paris, Le Seuil, p. 113-122 et p. 405-410.

Togeby Knud, 1965, *Fransk Grammatik*, Copenhague, Gyldendals Forlag.

Ubersfeld Anne, 1977, *Lire le théâtre*, Paris, Édition Sociales.

Ubersfeld Anne, 1999, *Bernard-Marie Koltès*, Arles, Actes Sud-Papiers.

Uexküll Jacob von, 2010, *Milieu animal et milieu humain*, Paris, Rivages.

Van Rossum-Guyon Françoise, 1970, *Critique du roman, Essai sur* La Modification *de Michel Butor*, Paris, Gallimard.

Vandeloise Claude, 1986, *L'Espace en français. Sémantique des propositions spatiales*, Paris, Le Seuil.

Veron Eliséo, 1983, « Il est là, je le vois, il me parle », *Communications*, n° 38, p. 98-120.

Veron Eliséo, 1984, « Le séjour et ses doubles : architectures du petit écran », *Temps libre*, n° 11, p. 67-78.

Veron Eliséo, 1994, « De l'image sémiologique aux discursivités. Le temps d'une photo », *Hermès*, n° 13-14, p. 45-64.

Vuillaume Marcel, 1986, « Les démonstratifs allemands DIES- et JEN- : remarques sur les rapports entre démonstratifs et embrayeurs », *Déterminants. Syntaxe et sémantique*, David Jean, Kleiber Georges (éd.), Paris, Klincksieck, p. 299-315.

Vuillaume Marcel, 2018, « *Ici*, un déictique pas comme les autres », *Langue française*, n° 197, p. 5-34.

Wagner Roy, 2014, *L'Invention de la culture*, Paris, Zones sensibles.

Wittgenstein Ludwig, [1953] 2004, *Recherches philosophiques*, Paris, Gallimard.

Zilberberg Claude, 2006, *Éléments de grammaire tensive*, Limoges, Presses Universitaires de Limoges.

[illegible] [illegible], [illegible], « [illegible] », [illegible] [illegible] [illegible] et genèse de [illegible] [illegible] [illegible], [illegible], [illegible] [illegible] [illegible] [illegible] [illegible] [illegible] [illegible] [illegible].
[illegible], [illegible], [illegible].
[illegible], [illegible], [illegible], [illegible], Le Seuil.
Todorov, [illegible], [illegible], « [illegible] », « Énonciation », *Dictionnaire [illegible]*, [illegible] Ducrot et Tzvetan Todorov, Paris, Le Seuil, p. [illegible] et p. [illegible].
[illegible], [illegible], [illegible], Paris, [illegible].
[illegible], [illegible], [illegible], *[illegible]*, Paris, [illegible].
[illegible], [illegible], [illegible], *[illegible]*, [illegible].
[illegible], [illegible], [illegible], *[illegible]*, Paris, [illegible].
[illegible], [illegible], [illegible], *[illegible]* [illegible] la Modulation [illegible], [illegible].
[illegible], Claude, [illegible], *[illegible]*, Paris, Le Seuil.
[illegible], [illegible], [illegible], « [illegible] », *Communications*, [illegible].
[illegible], [illegible], [illegible], [illegible], [illegible].
[illegible], [illegible], [illegible], « [illegible] », *[illegible]*, [illegible], p. [illegible].
[illegible], [illegible], [illegible], « [illegible] », [illegible], [illegible], [illegible].
[illegible], [illegible], [illegible], *[illegible]*, [illegible].
[illegible], [illegible], [illegible], *[illegible]*, Paris, [illegible].
Wittgenstein, Ludwig, [illegible], *[illegible]*, Paris, Gallimard.
Zilberberg, [illegible], [illegible], *[illegible]*, [illegible], Presses Universitaires [illegible].

INDEX DES NOMS PROPRES[1]

1 Les chiffres en italique renvoient aux chapitres des auteurs de cet ouvrage.

RÉSUMÉS

« Introduction »

L'introduction indique les pistes que l'ouvrage propose d'explorer. Ainsi, l'accent est mis sur le passage de la deixis à la déictisation, sur le fonctionnement référentiel confronté à la réflexivité, sur les contours de la « classe » des déictiques, ainsi que sur le rôle de l'énonciataire. Enfin, elle commente la composition de l'ouvrage.

Dominique MAINGUENEAU, « Entre philosophie et politique. S'approprier l'*ici* et le *maintenant* »

Prenant appui sur deux exemples relevant, l'un, du discours philosophique, l'autre, du discours politique, cette contribution met en avant la manière dont le locuteur s'approprie la situation d'énonciation où sa parole intervient, fait siens les déictiques dans l'univers de sens qu'il configure.

Jean-François BORDRON, « Que montre-t-on exactement ? Réflexions sur une énigme de la deixis »

Ce travail met l'accent sur une double caractéristique, apparemment contradictoire, des déictiques : d'un côté, « ceci » désigne des choses particulières et, de l'autre, les déictiques possèdent une valeur universelle. Cette réflexion ouvre la voie à une possible lecture ontologique des déictiques.

Per Aage BRANDT, « La deixis langagière. Approche sémiotique »

Cet article souligne le fait que la deixis langagière peut à la fois être conçue du point de vue de la triade déictique et comme un réseau d'espaces mentaux. Il propose notamment une version sémiotique du processus du *blending* d'espaces mentaux et il étudie le rôle de ce dernier dans la déictification théâtrale du référent, essentielle à la rhétorique.

Denis BERTRAND et Verónica ESTAY STANGE, « Les propriétés déictiques du sensible »

Cette étude a pour objectif de cerner les propriétés déictiques du sensible, une « pure énonciation », abordée sous l'angle de la déictisation phénoménale interne et externe. En se référant à l'art abstrait et à la musique, elle cherche à identifier les mécanismes de production d'une « charpente déictique » élémentaire, à la fois aspectuelle et tensive.

Herman PARRET, « La deixis de l'expérience esthétique »

Ce travail aborde les déictiques au sein de l'expérience esthétique. Il soutient que, dans une œuvre d'art, dotée d'une présence absolue, il s'agit d'un ajustement entre le « je », l'œuvre d'art, et le « tu », l'audience des amoureux de l'art. L'expérience esthétique culmine ainsi dans une politique du *Nous* comme communauté de vie.

André PETITJEAN, « Deixis spatiale et textes dramatiques. Emplois et modes d'emploi des adverbes spatiaux *ici* et *là*(*-bas*) »

Cette contribution cherche à analyser le fonctionnement de la deixis spatiale dans des œuvres dramatiques. En insistant sur la dichotomie « mimétique »/« diégétique » et en s'appuyant sur des exemples de dialogues fictifs et destinés aux lecteurs et aux spectateurs, cette analyse envisage la deixis spatiale comme l'instrument clef du processus de référenciation.

Marion COLAS-BLAISE, « La deixis, les déictiques et la déictisation au risque du texte romanesque. *La Modification* de Michel Butor »

Cet article propose d'étudier le double mouvement de la déictisation interne et externe à travers, d'abord, une étude renouvelée du « vous » caractéristique de *La Modification* de Michel Butor, ensuite, un réexamen du fonctionnement du syntagme nominal démonstratif dans cet ouvrage et, enfin, l'« iconisation » du plan de l'expression (style déictique).

Amir BIGLARI, « Les déictiques et le partage passionnel dans la poésie lyrique. Le cas des *Contemplations* de Victor Hugo »

Ce texte s'attache à montrer l'effet pragmatique des déictiques dans la poésie lyrique. Il avance que les déictiques, en constituant – ou en feignant de constituer – un cadre coréférentiel entre l'énonciateur et le lecteur, en établissant le même champ de présence et le même espace tensif, sont les principaux responsables linguistiques du partage passionnel.

Boris BARRAUD, « Les discours des juristes peu ouverts aux déictiques »

Examinant les déictiques dans le discours juridique, cette étude fait remarquer que celui-ci est réfractaire aux déictiques dans la mesure où il doit avant tout veiller au respect de normes générales, présentées comme impersonnelles. Cela s'explique par le fait que les règles de droit ne sont pas limitées à un contexte d'énonciation particulier.

Odile LE GUERN, « Deixis picturale. De l'énoncé à l'énonciation »

Cette contribution analyse les déictiques dans l'énonciation visuelle. Elle cherche à indiquer comment le tableau, qu'il appartienne ou non à un contexte religieux, peut donner lieu à une deixis picturale susceptible de faire du spectateur un témoin de la scène, voire un acteur impliqué dans l'espace représenté.

Jean-Marie KLINKENBERG, « La deixis dans la relation texte-image »

Cette étude se focalise sur les déictiques dans les relations entre texte et image. Se fondant sur une série d'exemples empruntés à des aires culturelles et à des époques différentes, elle vise à rendre compte du jeu de la deixis et de l'indexicalité, en focalisant l'attention à la fois sur le composant visuel et sur le composant verbal de l'énoncé scripto-iconique.

Jean-Claude SOULAGES, « Le double corps du regardeur, les images et leurs déictiques »

Se concentrant sur l'image fixe, l'image animée (cinéma, télévision) et l'image numérique, cet article analyse les déictiques iconiques, plastiques et cinétiques. Il s'intéresse à la mise en place d'un « modèle perceptif » et propose de préciser différents régimes scopiques qui sous-tendent les relations entre le spectacle et le spectateur.

Sylvie PÉRINEAU-LORENZO, « Deixis et audiovisuel. De la quête d'un site énonciatif vers une deixis spectatorielle »

Cette étude envisage de cerner les enjeux de la deixis dans les productions audiovisuelles. À partir d'un corpus de productions modernes et contemporaines, elle se propose non seulement de distinguer la deixis anaphorique de la deixis indicielle, mais encore de mettre l'accent sur la « deixis spectatorielle ».

Ivan DARRAULT-HARRIS, « Du bon usage des déictiques en psychothérapie. Défense et illustration du débrayage énoncif »

Ce texte s'intéresse au fonctionnement des déictiques en psychothérapie, plus précisément dans la théorie du changement dénommée « psychiatrie de l'ellipse », qui suppose que le patient, afin de guérir, doit accomplir un déplacement de son énonciation, depuis la diction en « je, ici, maintenant » jusqu'à la fiction en « il, ailleurs, alors ».

Valeria DE LUCA, « Les gestes dansés ont-ils une "vocation" déictique ? L'exemple de l'esquisse et du marquage dans le tango argentin »

Cette contribution se penche sur la variabilité praxéologique de gestes à vocation déictique en danse. En analysant le cas du tango argentin, elle associe ces gestes à un déploiement lui-même double : par *esquisses* et par *marquages*. Plus généralement, elle met en avant l'idée d'une déicticité « diffuse ».

Julien THIBURCE, « "Là c'est ici hein". La deixis entre interactions *in vivo* et médiations tierces de la ville »

Cette étude porte sur l'analyse des déictiques dans une expérience de balade urbaine guidée. Elle propose une approche « écologique » de la deixis qui met l'accent sur les interactions entre les participants : elle s'attache aux usages et aux praxis sémiotiques, en élucidant la mise en correspondance de l'espace *in situ* et de sa représentation en photo.

TABLE DES MATIÈRES

PREMIÈRE PARTIE

SOUBASSEMENTS CONCEPTUELS

DEUXIÈME PARTIE

LES DÉICTIQUES À L'ÉPREUVE DU DISCOURS VERBAL

TROISIÈME PARTIE

LES DÉICTIQUES À L'ÉPREUVE DES DISCOURS VISUEL ET SYNCRÉTIQUE

QUATRIÈME PARTIE

LES DÉICTIQUES À L'ÉPREUVE DES PRATIQUES

IMPRIM'VERT®

Achevé d'imprimer par Corlet,
Condé-en-Normandie (Calvados), en août 2021
N° d'impression : 172801 - dépôt légal : août 2021
Imprimé en France